全新增訂版

經濟思想史
的
趣味

賴建誠、何泰寬

合著

貓頭鷹

經濟思想史譜系圖

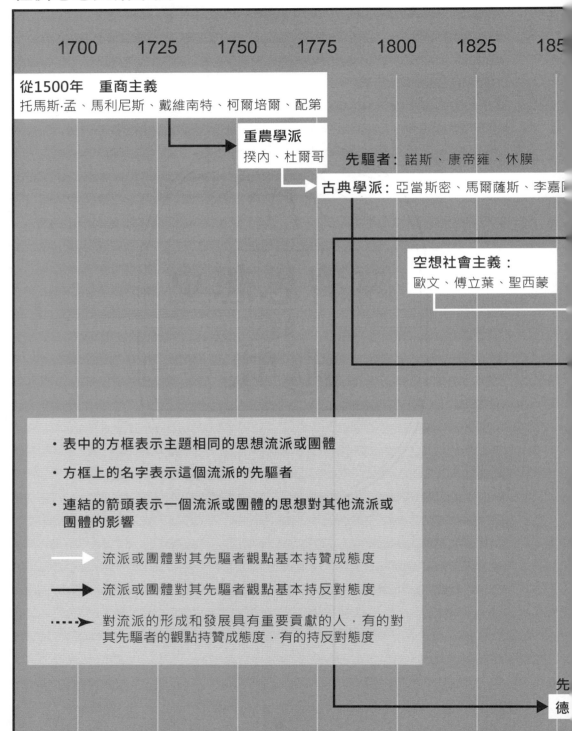

| 1700 | 1725 | 1750 | 1775 | 1800 | 1825 | 185 |

從1500年　重商主義
托馬斯·孟、馬利尼斯、戴維南特、柯爾培爾、配第

重農學派
揆內、杜爾哥

先驅者： 諾斯、康帝雍、休膜

古典學派： 亞當斯密、馬爾薩斯、李嘉[圖

空想社會主義：
歐文、傅立葉、聖西蒙

· 表中的方框表示主題相同的思想流派或團體

· 方框上的名字表示這個流派的先驅者

· 連結的箭頭表示一個流派或團體的思想對其他流派或
團體的影響

　流派或團體對其先驅者觀點基本持贊成態度

　流派或團體對其先驅者觀點基本持反對態度

┈┈➤　對流派的形成和發展具有重要貢獻的人，有的對
其先驅者的觀點持贊成態度，有的持反對態度

先
德

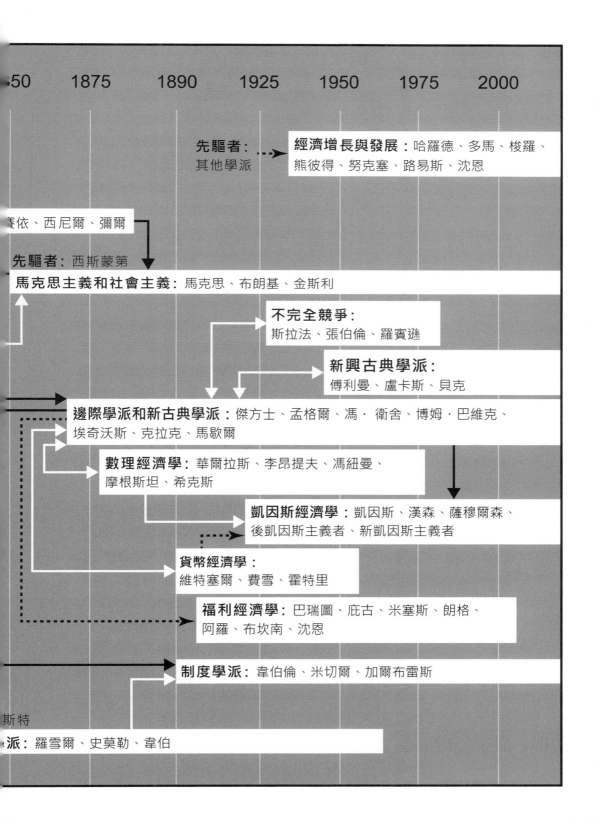

1875　1890　1925　1950　1975　2000

先驅者：
其他學派 ⇢ **經濟增長與發展：**哈羅德、多馬、梭羅、
熊彼得、努克塞、路易斯、沈恩

賽依、西尼爾、彌爾

先驅者：西斯蒙第

馬克思主義和社會主義：馬克思、布朗基、金斯利

不完全競爭：
斯拉法、張伯倫、羅賓遜

新興古典學派：
傅利曼、盧卡斯、貝克

邊際學派和新古典學派：傑方士、孟格爾、馮‧衛舍、博姆‧巴維克、
埃奇沃斯、克拉克、馬歇爾

數理經濟學：華爾拉斯、李昂提夫、馮紐曼、
摩根斯坦、希克斯

凱因斯經濟學：凱因斯、漢森、薩穆爾森、
後凱因斯主義者、新凱因斯主義者

貨幣經濟學：
維特塞爾、費雪、霍特里

福利經濟學：巴瑞圖、庇古、米塞斯、朗格、
阿羅、布坎南、沈恩

制度學派：韋伯倫、米切爾、加爾布雷斯

斯特

派：羅雪爾、史莫勒、韋伯

目 次

III　觀念與辯駁

推薦序
來聽長老說故事

唐珮玲

　　一般寫序都是請大老、長輩、社會賢達之流，我這個後生晚輩腆為長者作序，實在愧不敢當，明明沒這個資格，何德何能是我呢？我思前想後也不明白，又不敢問，為何賴建誠教授堅持要我這個經濟學被當掉的晚生寫序？

　　去年我厚著臉皮替賴教授的《經濟史的趣味》一書寫了第一篇序。僥倖把作業交出去後，自然就想開始躲著教授。只怕是魔高一尺、道高萬丈，著作等身的賴教授這回又與何泰寬教授推出新改版的《經濟思想史的趣味》。一聲呼喚，小兔崽子哪裡跑？！但我該寫什麼樣的序呢？只嘆我五專讀經濟學被當掉，從頭到尾都不知道老師在講什麼，一旦開始上課，大腦會自動運作二種模式，除了想睡就是睡著，沒有這兩者狀態以外的模式，雖然，我次次下定決心要把經濟學搞懂，可是始終沒有成功。直到 20 年之後，看了《經濟思想史的趣味》的舊版，赫然發現當年之所以被當，是因為只用片斷式供需曲線去理解經濟學，我的大腦自然而然就會陷入一種當機的彌留狀態！如果當年從歷史來理解來龍去脈，也許我的經濟學分數還有活命的希望！

　　當我們不了解一件事情背後的歷史架構，就很容易陷入斷片般的短視近利。我曾經聽過兩個朋友在聊天，一個朋友先抱怨著，現在的雞腿飯跟排骨便當都很貴，以前一個排骨便當只要 50 元，最多 70 元就能買到雞腿，現在一個雞腿便當要超過 100 元，而且雞腿還縮水成棒棒腿！另外一個朋友熱情附和說，你看現在便當這麼貴，我好懷念當年的陽春麵一碗 20 元，現在 20 元怎麼可能買得起午餐？想買便當不敢選雞腿啊，買個排骨就已經很傷了。但是這兩個大學畢業的朋友都忽略了一件事情，那就是她倆的薪水從當年的 4 萬 5 開始，今年漲到已經超過 8 萬元，而且隨著薪資逐年上漲以及通貨膨

脹，物價本來就是持續上漲。但是她們所理解的只限於，一個便當的價格幾塊錢，可是卻沒有考慮到通貨膨脹後的數字，其實並不是實質的金額「一個便當幾塊錢」可以顯現出來的。在她們的認知當中，荷包裡多拿出一元，多一元就是花了一元，但是就經濟學的歷史來說，多一元不表示多一元，貨幣並不等於實質購買力。你必須考慮通貨膨脹、你必須考慮基本工資的調漲、你必須考慮基本工資的調漲後才能創造供給需求、你必須考慮基本工資的調漲後的需求才會增加工作機會，而後才能創造整體國家經濟的流動、運作，甚至全球經濟體的活絡，我們必須考慮許多經濟學的原則，才能真正正確地理解這個世界，可惜的是多數人常常會忘記，只看見眼前的事實現象，而忽略了整個時空背景，造成盲點，而形成刻板印象而不自知。

經濟思想史到底該如何被看待、被定位呢？我自己無法用更棒的話來解釋，所以只能靠賴教授了，我節錄書裡「歷史唯物論與歷史階級說」，賴教授說明經常遭人誤解的馬克思：「在社會生產的過程中，每個人都必須依靠他人，這些關係是不可避免的，也是無法自己決定的。這些生產的關係，構成社會的經濟結構。在這個結構裡，人的存在並非由自己的意識來決定；事實正好相反，人的意識是被他們的社會存在所決定。」賴教授為此更白話的解釋這小段話的意思是：(1)經濟結構是社會生產的主體，個人的意識由他的社會屬性決定；(2)物質條件是重要基礎，歷史潮流也會決定我們的社會屬性。

賴教授的白話解釋再明確不過了，愚鈍如我也能產生一點關於經濟思想史的感想：人類是一種經濟動物，大多數的時候（無論是在意識裡或無意識之下），做決定都會考量自己利益最大化，可是在經濟長河裡，無法只靠過去的經驗或猜測獲得正確選擇，如果可以，那麼經濟大蕭條不會發生、經濟學者個個都像李嘉圖家財萬貫，而不會有一堆亞當斯密、馬克思這種窮學者，那麼學經濟思想史又不保證能當「好野人」，叫人買這本書，這不是自打嘴巴嗎？不不，就算做媒人也沒包生兒子的，況且只不過來買本書，哪有那麼容易一本萬利？又不是辦老鼠會……但是，買本書、學習經濟思想史，可以讓你理解紙為什麼變成法定貨幣、要怎麼看待便當漲價、要如何決定買房子還是股票？當你的意識是被你的社會存在所決定，來學學經濟思想史

吧！它會是為自己人生做經濟選擇時最佳的定位錨，是你的定心丸，在人云亦云的雜話時代，不會隨風亂舞。

　　為了寫序，把教授的書稿翻來翻去讀了好幾遍，深怕又交出被當掉的功課，昨晚睡前，我好像突然能理解為什麼賴教授堅持要我寫序了，因為社會賢達、鴻儒翰林，就是賴教授自己了啊！要去找其他長輩來為賴教授寫序，實在困難重重，倒不如讓我這個兔崽子，返樸歸真，像山頂洞人一樣，圍成一圈，坐在石頭上、靠近火光取暖，聽長老說故事，順便把故事畫在石洞牆壁上，讓世世代代都有機會看見長老留下的生存法則。

　　賴教授這位長老，很會講故事，所以，來讀讀經濟思想史吧！尤其是這一本，學會以後，出了山洞，才不會被殘酷的世界吞食得連骨頭都不剩啊！

唐珮玲　長期從事地檢署觀護人工作，著有《我是你的觀護人》、《監控危險心靈》。

導讀
打開 500 年經濟思想寶庫

陶宏麟

　　經濟學不是真的自然科學，沒有單一跨越時空的真理，經濟思想家可根據自己的觀察或想像來論述經濟體制如何運作，應如何運作，並推論未來的經濟體系的發展，這使得經濟思想文獻非常豐富。有些思想被視為當時壯大帝國的途徑，但隨後遭到摒棄；有些思想在當時受到冷落，卻受到後世的青睞；有些思想則在提出後就一直成為顯學，這些歷經數百年的經濟思想形成了一座一般人難以開啟的思想寶庫，這本書如同打開寶庫的鑰匙，讓有興趣的人可輕鬆進入。

　　本書有三個部分，第一部分是給讀者的閱讀暖身，包括經濟思想史的內容，說明看似冷門但卻重要的經濟思想史，經濟思想史的分析方法，以及該有的閱讀態度，這些思想家構思出他們的理論必有他們的時空背景與時代的限制，畢竟一兩百年前的科技、資料與研究方法無法與現代比擬，以後人所處的環境來批判這些思想家並不客觀公平。我們應該試圖站在與這些思想家當下的同時，理解這些思想創建的前因後果，才能明瞭為什麼這些思想為當代或後世認同，不僅在學術界開創學派，也對人類社會產生實質的影響。

　　第二部分是本書的主軸，從五六百年前的重商主義到近代的芝加哥學派，將數百年間本來該族繁不及備載的經濟學思想家，有系統地將他們的思想編織串接起來，也融入當時的思想創造的歷史背景，例如凱因斯的理論恰好可解釋當時古典學派所不能解釋的美國 1929 年大蕭條的成因，並提供解決的方法；馬克思創作的歷史背景是資本主義發展至最黑暗的時刻，握有生產資源的資本家盡可能剝削勞工，喊出生產資源共有很難不引起廣大群眾共鳴。此外，人的慾望都想讓自己無止盡的富有，以國家之名實施就是重商主義。然而過多的金銀財富升高物價與生產成本，反而不利競爭。加上政府以

國家之名積極介入市場，不一定對經濟發展有利。亞當斯密看到了重商主義的問題，也觀察到人類的自利動機就會帶動最有效率的市場分工，整個市場本身就會默默地往最有效率的方式生產，國家不用做得太辛苦，只要維持好市場秩序，就能國富民強，政府過度干預反而帶來傷害。亞當斯密《國富論》的自由市場理念奠基了古典經濟學派的核心，後續古典學派與新古典學派的大將就在這核心理念下擴展、精緻、模型化與數學化理論。我們可以看到古典學派只處理生產供給面，忽略了需求。凱因斯認為美國 1929 年的大蕭條就是民間需求不足，此時政府就應介入創造需求，政府已經不是只在維護市場的秩序，而是直接進入市場干預，這也將總體經濟學一刀直接切成了對立的兩派理論，持續至今，不僅影響經濟學術界，也影響實質經濟政策的執行。

站在第二部分的基礎上，讀者可進入第三部分，此部分補充各家觀點，並較深入的分析各學說的優缺點（例如馬克思經濟學的問題），也提出最有影響力的經濟思想家及原因，同時交叉分析彼此的異同與爭辯。例如李嘉圖雖然被視為近代經濟分析之父，但熊彼德認為李嘉圖帶動的是經濟學的學術災難，他稱為「李嘉圖的罪惡」。邏輯嚴謹卻缺乏真實假設的優雅理論模型雖能解出最適解，卻對真實社會毫無幫助。學派的論點之爭，難免帶上情緒，少見的君子之爭是本書中所提到李嘉圖寫給馬爾薩斯的最後一封信，闡述彼此意見不合卻不傷友誼。帶上情緒的爭論如本書最後一章提到凱因斯批評閱讀奧地利學派海耶克的書會讓人進精神病院。學派之爭的戰線也延伸到臺灣，1980 年代初期臺灣受第二次石油危機衝擊，經濟衰退，當時就有知名的蔣王論戰，凱因斯學派的王作榮支持政府干預，挽回頹勢。當時曾在美國康乃爾大學任教，國際知名經濟學家蔣碩傑（本書有提到他是奧地利學派大將海耶克的門生弟子）反對，兩人在報紙發文筆戰。蔣碩傑的見解就如本書最後一章「凱因斯與海耶克的爭辯」中所說：「奧地利學派注重均衡，就算碰到大蕭條，在市場機制的運作下，經濟體會逐漸回復到動態的均衡點」，這種信念與古典學派一致。王作榮的見解承自凱因斯，外部造成的蕭條已是一種失衡，政府就應介入。蔣王大戰簡直就是本書最後一章戲碼的延續，當時凱因斯批評海耶克的理論缺乏短期可立竿見影的政策，海耶克回

說，凱因斯短暫藥效的政策是以忽略長期危險後果作為代價。蔣王大戰的爭辯的核心就在這裡，這齣戲碼由兩派開山祖師交與門生弟子與信仰門徒，由西方搬至東方，延續數十年，就知道學派之爭在時空上的影響是多麼深遠與廣泛。我在筆戰當時與之後恰巧上過這兩位大師的課，他們都有提起此事，我感覺他們不僅是相信自己的學術理念，更將這理念視為信仰。

1990年代我去美國念博士班前雖然就知道總體經濟學派間的不合，但並不清楚自己去念學校的經濟系是歸在哪派，去了就完全明白那裡是新古典學派的重鎮。雖然至今仍忘不了總體經濟學滿黑板的數學，印象最深刻的有兩件事，那時的總體老師是提摩西・基歐（Tim Kehoe）（兩件事讓我更忘不了他）。有次上課他突然停頓下來，語重心長地說：「你可以不同意別人的論點，但不需要失格的情緒謾罵」，看起來學派之爭源遠流長。第二件事又更有趣，上課期間，一位老美學生舉手問老師，為什麼我們的課程總是所有市場都達一般均衡，明明就有可能失衡，為什麼你們都不管？這如同凱因斯學派強調失衡的臥底跑到新古典學派的場子鬧場，質疑他們為什麼永遠看不到失衡。好比進了少林寺學武功一陣子，一位頭腦不清的徒弟突然問師父說武當派的功夫也不錯，為什麼您都不教我們？總體課當下現場氣氛凝結，七八十人的教室鴉雀無聲，大家瞪大眼睛等著老師回答，沒想到他聽完問題後，一語不發，直接步下講台，走到窗邊，用誇張的動作把窗簾拉開，再用誇張的動作左顧右盼的看窗外，回到講台大聲對著這位學生說了句我這輩子忘不了的學派宣言：「All Equilibrium!」（全都是均衡），全班哄堂大笑，課程馬上繼續，完全沒受影響。當下我真的覺得這位穿著牛仔褲似牛仔般的年輕老師真是太帥了，他表示的太清楚了，我的主觀眼光看經濟體系就是這樣，不學就拉倒，你如果要離開少林上武當山重學武藝，沒人會攔你。

至於個體經濟學就沒有這麼對立的情況，教材也大致標準化了，如果說真的有對立的理論，就是近來蓬勃發展的行為經濟學，它挑戰人們決策必然是理性，這正是古典個體經濟學的根基，不過從一般個體經濟學教科書不包含行為經濟學，就知道兩者在經濟學中的地位是無法抗衡的。其實行為經濟學主張的與本書所說的「奧地利學派認為人性是複雜的，會衝動、會犯錯、會判斷失誤、會恐懼，不可能做出理性計算」一致，只是行為經濟學以心理

學出發，以實驗的方式分析，如果當時已有成熟的心理實驗方法，說不定現代的行為經濟學就被奧地利學派收編了。

經濟學因為沒有如自然科學的單一真理，因此也才能百家爭鳴，豐富經濟學思想的厚度。幾百年累積下來的智慧，一般人要在短時間讀通並不可能，因此這本中文書提供華人世界讀過經濟學的朋友，又對經濟思想史有興趣者一條捷徑。全書涵蓋累積了 500 年經濟思想家的智慧，讀者如果把本書第二部分讀完，就大致能掌握經濟學大思想家們的前世今生脈絡，例如凱因斯偉大的學術與實務成就是受了馬爾薩斯的啟發。讀完第三部分，又可進一步釐清觀念及學派間的辯駁。不似一般的教科書或學術書籍，本書以相當輕鬆詼諧的筆調撰寫，穿插思想家生平八卦與作者自身經歷，潤滑了全文的閱讀，就像書名所說的更有趣味。更特別的是，本書採用自問自答的格式，閱讀起來像作者就在身邊隨時為讀者解惑，有種奢華閱讀的感覺。

陶宏麟　現職為東吳大學經濟系特聘教授，中央研究院人文社會科學研究中心合聘研究員。

I

——

趣味與方法

1

什麼是經濟思想史？

在證明無誤之前，新理論是有嫌疑的，

舊理論是無嫌疑的，除非證明有誤……

大陸漂移說一直被懷疑，但終究證明無誤。

—— 大衛‧勞普（David Malcolm Raup）

想像一下，你正身處有 30 名學生的經濟思想史課堂。新學期剛開始，對於什麼是經濟思想史還一頭霧水。老師開始介紹新課程的內容……

問：什麼是經濟思想史？

答：經濟思想史是研究各個經濟思想理論的歷史演變，一般多以不同的學派作為分類。一個理論被提出，會經過許多討論與辯駁，不適合當代見解就會被人遺忘淘汰，因此有人戲稱這些是死人的錯誤見解。

問：為什麼要研究死人的錯誤見解？為什麼需要重新理解古人的觀點？

答：衡量科學的進展有兩項簡單指標：(1)該領域的研究者推翻過去錯誤認知的速度多快。(2)能把知識的前沿向外推展得多快多遠多深。

以 20 世紀初期的愛因斯坦為例，他原本認為宇宙是靜止的。在相對論的演算過程中他得到相反的結論：宇宙正在擴張中或正在萎縮。為了讓宇宙的理論系統穩定，他加進一個宇宙常數（cosmological constant）。1929 ～ 1931 年間，艾德溫‧哈伯（Edwin Hubble）證明，星際間的距離一直在擴張，確認了紅位移現象（red shift）。愛因斯坦後來接受這項證據，承認宇

宙常數是他這輩子最大的錯誤。最聰明學者的得意理論，幾十年後未必禁得起考驗，正是科學進步的特徵。

問：既然已證明錯誤，就不要浪費精神探究。科學就是勇於摒棄錯誤，才能大步向前邁進。

答：當然是。愛因斯坦也閱讀牛頓的著作，為什麼要這樣？原因很簡單：愈站在頂端，愈處於前無古人的狀態，內心愈如履薄冰。這時就想知道過去處於類似處境的人，如何確知自己是對的？最自然的做法，就是去拜訪這些人（讀他們的經典著作），看看前輩的貢獻如何影響世人，以及如何被後人推翻。

同樣的道理，1995 年以貨幣理論獲得諾貝爾經濟學獎的羅伯特・盧卡斯（Robert Lucas），在受獎演說時談論貨幣的中立性（monetary neutrality）。全文共 20 頁，從英國哲學家大衛・休謨（David Hume）的著作《論貨幣》（*Of Money*）與《論利率》（*Of Interest*），談到貨幣數量說，再談到古典學派的「貨幣是一層面紗說」（貨幣的中立性）。接著還談瑞典著名經濟學者努特・維特塞爾（Knot Wicksell）的《貨幣、利率與物價》（*Money, Interest and Prices*，1895），以及奧地利學派海耶克（Friedrich Hayek）的《貨幣理論與景氣循環》（*Monetary Theory and the Trade Cycle*，1933），還有凱因斯（John Maynard Keynes）的《一般理論》（*General Theory*，1936）。他要告訴世人這兩三百年間對貨幣問題的理解，除了技術分析與統計估算有明顯進步，對問題本質的認知有哪些明顯差異，這樣才能讓大家明白他的貢獻有什麼實質歷史意義。

問題是舊的，答案是新的

問：自然界的現象在亞洲成立，在美洲也成立，是跨越時空的有效。社會現象並無絕對是非，答案依時空而異，怎麼可以相提並論？

答：是的。經濟學的基本問題，從古至今乃至千年後，並無本質上的差別，總是在供給、需求、土地、勞動、資本、貨幣、利率、物價之間，做永無止境的排列組合，然後在各國的環境下，得出無限多的變化。這就像醫學

的研究對象，亙古不變都是人體。但是醫學的進步，讓我們從肉眼判斷，進步到運用顯微鏡，再進步到基因分析。無論醫學如何進步，人終究會死。同樣的道理，無論經濟分析如何進步，問題依然糾纏。

再舉古典樂為例。幾百年來透過更好的樂器、更優秀的演奏家，已達到更高境界。莫札特棺中復起，必然對自己的作品在幾世紀後有這種聽覺效果，感到不可思議。為什麼今天還願意聽古典樂？因為兩百多年前的音符，還能傳達有意義的訊息。如果這樣的想法有些道理，為什麼不該重新研究《國富論》或《資本論》？

回頭來看二戰後的經濟學，進步之快令人嘆為觀止：有很新很炫的數學模型，有複雜到驚人的計量方法，有前所未聞的新領域，有前所未見的龐大研究群，有數不完的專業期刊。這些眩人耳目的聲光化電背後，有什麼新的體系性學說？恐怕不多，大體上還在凱因斯學派、新古典學派的籠罩下，還是被通貨膨脹、蕭條、恐慌、失業這些舊問題困擾著。經濟學的進展又快速又多元，但問題並沒有解決多少，反而更多更大。

從這個角度來說，經濟學的進步對社會與個人，遠遠比不上醫學的進步有意義。重溫經典不是要滿足考古癖，也不是要做校讎式的注解。而是像古典樂一樣，用新概念和新工具闡釋出新意義，讓經典萬古常新。

經典是現代問題的資料庫

問：能否舉幾個實際例子？

答： 1929 年世界經濟大恐慌時，當時的新古典學派理論還籠罩在賽依法則的概念裡（供給創造本身的需求），無法回答許多混亂的問題也提不出藥方。

凱因斯有卓越才華還有豐富的古典知識，很快就從年少時期閱讀馬爾薩斯（Thomas Malthus，1766~1834）的著作中聯想到有用的概念：有效需求說（effective demand）。馬爾薩斯一直反對古典學派的基本概念：每個供給者都會先了解市場的需求，所以不會有生產過剩（market glut）。馬爾薩斯認為英國當時的衰退是供給過剩造成的，所以提出「創造有效需求」這個藥方。結果很明顯：沒有人理會他，直到 1930 年代初期凱因斯才讓這個概念

的意義與功能落實。

　　凱因斯因而提倡，政府用赤字支出創造就業，透過公共建設創造需求。這套概念成為政策的基本精神，深刻影響 1930 年代美國羅斯福總統的新政（New Deal），也影響哈佛、耶魯、MIT 的經濟學研究取向，進而影響 1960 ～ 1970 年代的各個留學生，把這套學說應用在 1970 ～ 2010 年代的政策上。凱因斯為了感念馬爾薩斯的啟發，幫他寫了兩次傳記，合成一篇收錄在凱因斯全集第十冊。

　　再舉一個近期的例子。2008 ～ 2009 年金融大海嘯時，聯邦準備銀行（Fed）出手救股市、救產業、救金融，短期成效立竿見影。其中的關鍵人物是聯準會主席（類似央行總裁）班・柏南克（Ben Bernanke）。他還因而成為 2009 年底《時代》雜誌（Time）的封面人物，2022 年得諾貝爾獎。他是 MIT 經濟學博士，寫過一本論 1930 年代大恐慌的文集《大蕭條》（Essays on the Great Depression，2005）。歐巴馬總統的紓困（bailout）手法，基本上就是凱因斯派的思維：政府赤字（國債）與貨幣調節政策。

　　同理，《國富論》和《資本論》將來也可能對我們有用。1986 年得諾貝爾獎的詹姆士・布坎南（James Buchanan）在芝加哥大學的博士論文，就是在圖書館架上，看到瑞典經濟學家努特・維特塞爾的財政學著作深受啟發。

　　讀經典不是為歷史而歷史，而是把經典當作提供解答現代問題的資料庫。經典會因為有新問題而產生新的意義，不同時代的閱讀角度會得到不同的感受。小學時期讀《三國演義》的心得，必然和中年階段在職場衝撞時的閱讀感受不同，也和老年看遍起落之後的體會大異其趣。

　　經濟理論和哲學或其他智慧性的題材，都是心智重構後的產品。如果所提出的問題具有普遍意義，後人就會在不同時空下持續提出新見解、增添新內容、新經驗。也會隨著時代進步，加入新分析工具：數學、統計、電腦。真正具有活力或關鍵性的概念，不論是經濟學或物理學或數學，都不會有時間、文化、地理的疆界。亞當斯密、馬克斯、凱因斯的體系，都具備這些特質。

狐狸與刺蝟

問：思想史的研究有哪些類型？

答：依照西元前四世紀希臘詩人阿爾基羅庫斯（Archilochus）的說法，對學理有貢獻的思想家有兩類。有些是知曉多事的狐狸，有些是知道一件大事的刺蝟。經濟思想史上著名狐狸有：亞當斯密、約翰・史都華・彌爾（John Stuart Mill）、阿爾弗雷德・馬歇爾（Alfred Marshall）。著名的刺蝟有：大衛・李嘉圖（David Ricardo）、威廉・傑方士（William Jevons，1835~1882）、努特・維特塞爾。有些思想家很難歸類，既是大狐狸，也是大刺蝟；有些時而是大狐狸，時而是大刺蝟。

馬克思可能是經濟思想史上最獨特的人物，對人文社會諸多領域產生廣泛深遠的影響。原因很簡單：亞當斯密、李嘉圖、彌爾、傑方士、馬歇爾、維特塞爾、凱因斯的思維各有巧妙與變異，還是有傳承脈絡可循。馬克思另起爐灶獨創一套學說體系、思辯邏輯、觀念與名詞，他是大狐狸加大刺蝟，是個難以歸類也難以超越的異類（超乎三界外，不在五行中）。

趁機講個小故事。馬克思的樣子大家都有點印象，他是天生反骨的德國猶太人。被德法比三國驅逐後轉到英國定居，全靠英俊多才富裕的恩格斯（Friedrich Engels，1820~1895）接濟。恩格斯結結巴巴可以講 18 種語言，家族在英國曼徹斯特有紡織廠。和馬克思在巴黎初會後，他就明白這個其貌不揚、口音濃重的猶太人，是個少見的天才，終身對馬克思不離不棄，還把他的德文手稿譯成英文出版。

這讓人聯想到床頭捉刀人的故事。「魏武（曹操）將見匈奴使，自以形陋，不足雄遠國，使崔季珪（即崔琰，聲姿高昂、眉目疏朗、鬚長四尺、甚有威重）代，（魏武）帝自捉刀立床頭。既畢，令間諜問曰：魏王何如？匈奴使答曰：魏王雅望非常，然床頭捉刀人，此乃英雄也。魏武聞之，追殺此使。」（《世說新語・容止》）有眼光的人，當然看得出外表與內在的差異。

問：能否舉一些學術上的狐狸與刺蝟，你見過這兩種人嗎？

答：1992 ～ 1993 年間，哈佛大學燕京學社資助我（賴）*編著一本書，探討《國富論》出版兩百多年來，在十個非英語國家的翻譯與接納

狀況。這是跨國跨世紀的大題材，相關資料最豐富的地方，就在哈佛商學院貝克（Baker）圖書館內，歷史檔案部的亞當斯密全集（Adam Smith Collections）。

MIT 和哈佛距離 2 站地鐵，這兩所大學的課程與名角多到讓人喘不過氣。接下來說一隻刺蝟和兩隻狐狸的事，這是當時的經歷。那時哈佛哲學系的三大名人是：威拉德‧蒯英（Willard Quine，1908~2000）、約翰‧羅爾斯（John Rawls，1921~2002）、羅伯特‧諾齊克（Robert Nozick，1938~2002）。我對這三位的著作稍有接觸，對羅爾斯的《正義論》（*A Theory of Justice*，1971）興趣較高，因為內容和福利經濟學相關，好奇地去聽他講剛出版的《政治自由主義》（*Political Liberalism*，1993）。

講堂是個中小型音樂廳，爆滿到讓人意外，聽眾很耐心地讓他用遲緩的句子，講出表面上很平淡的內容。我忘了為什麼他讓我約了時間見他，那是個相當寬廣的研究室，空蕩蕩地接近冷清，完全顯不出他的世界性行情。面對面看著他，約 70 出頭的年紀，表情很少輕微口吃，提到他的新書明顯就高興起來。如果以為面對面比較能聽到特別的事，或能感受到他的特質，那必然失望。他的外表是一盤清湯，但他讓「正義」這個哲理性與社會性的題材「改變了話題」。我的觀察是：刺蝟通常很無聊，活動力不強，常盯著腳趾呆坐，但能深刻地明白大道理。

同一時間同一校園我見到兩隻大型狐狸，都得過諾貝爾經濟學獎，他們在其他領域的名望甚至超過本業。阿瑪帝亞‧沈恩（Amartya Sen，1933~）生於東孟加拉，年幼見過大饑荒（1943）的慘狀，日後對福利經濟學和饑荒有卓越研究。他先在印度讀物理，後轉經濟學與數學，畢業後去劍橋讀經濟博士，指導教授是馬克思派的喬安‧羅賓遜（Joan Robinson，1903~1983）。沈恩很快就用數理模型，在福利經濟學界做出重要貢獻。他的關懷自然延伸到平等、貧窮、倫理諸多面向。1992 ～ 1993 年間哈佛聘他為大學教授（University Professor），條件是開的課程要讓全校公開選修，

---

* 本書中提及作者賴建誠的個人見聞與意見時，採第一人稱，並於每章第一次出現時，以我（賴）呈現。

由哲學系和經濟系合聘，各自提供研究室與各種支援。這種狐狸太可怕了：樣樣通，樣樣精（something of everything, everything of something）。1998年劍橋大學三一學院（Trinity College）聘他回去當院長（Master），同年得諾貝爾獎。

另一隻狐狸是司馬賀（Herbert Simon，1916~2001）。司馬賀和沈恩一樣可以討論太陽底下的任何事（everything under the sun）。他在芝加哥大學取得政治學的學士（1936）、博士（1943），之後受到同校數理經濟學大本營考爾斯基金會（Cowles Commission）幾位主將的吸引，開始用數理模型探討經濟行為。1949 年卡內基技術學院（日後的卡內基美隆大學）聘他為產業管理系教授，服務到 2001 年過世但換過幾個單位：電腦系與心理系。

他得過 1978 年諾貝爾獎，但好像沒在經濟系任教過。看他的得獎紀錄就更驚人了：1975 年電腦領域最高的圖靈獎（Turing award）；1986 年美國國家科學獎章（National Medal of Science），1988 年馮紐曼理論獎（John von Neumann Theory Prize）。他的主聘單位是心理系，主要的研究是人工智慧。他有兩項眾所周知的經濟概念：有限理性說（bounded rationality）、滿意就好說（satisficing）。

他還有許多精采的事，包括會說 26 種半生不熟的外國話，請讀他的傳記《科學迷宮裡的頑童與大師：赫伯特·西蒙自傳》（*Models of My Life*，1991），保證難忘。1993 年初我聽他講剛在《科學》雜誌（*Science*）發表的論文，談為什麼狗要被人豢養（docility）。他寫個簡單的數學模型，解說這種生存策略的優勢。他那時已 75 歲，挺個肚子精神飽滿，思路清晰靈活。思想史的研究對象，都是歷史上的超大型狐狸和刺蝟，實在很有意思。

日本重視經濟思想史研究

在我進行《國富論》的跨國跨世紀影響研究時，發覺日本人非常重視經濟思想史，光是《國富論》的各種版本（亞當斯密生前有過 6 個版本），日本總共翻譯過 14 次。

1990 年代初期我有機會去東京大學經濟系，根岸隆（Negishi Takashi，1933~）教授是一般均衡理論的知名學者，也是思想史學界的傑出研究者。

他那時正在做亞當斯密研究，帶我去系內圖書館參觀亞當斯密文庫。那是二戰前東大花了大把銀子，從歐美各處買了亞當斯密生前的藏書。*名古屋大學水田洋教授（1919~2023）還編過一本《亞當斯密圖書館》（*Adam Smith's Library*，2000），對亞當斯密散布各處的藏書有很好解說。

知名的熊彼德（Joseph Schumpeter，1883~1950）專家，也曾擔任一橋大學校長的鹽野谷祐一（Shionoya Yuichi，1932~2015），帶我看一橋大學的熊彼德文庫，那是1932年他離開德國，去哈佛定居時捐出的藏書。†我同時看到奧地學派創立者卡爾・門格爾（Carl Menger，1840~1921）的藏書：他逝後因為奧地利的經濟惡化，又碰到大蕭條。日本學界洽詢他的遺孀收購藏書，迫於生計她勉強答應，但運書出門時，被維也納市民圍堵抗議。門格爾的隨身筆記本大約10公分高，約200頁的羊皮精裝。主人用最細的鋼筆從左上角寫到右下角，筆墨清晰宛如昨日。這本一絲不苟的筆記讓人印象深刻。‡

經濟思想史課後讀物

問：有適合的經濟思想史讀物嗎？

答：如果你想先胡逛一圈，有三本書值得推薦給你：(1)海爾布魯諾（Robert Heilbroner）的《俗世哲學家》（1999第7版，商周出版中譯本，2020）。(2)陶德・布希霍茲（Todd Buchholz）的《經濟大師的迴響》（第2版，2021）。(3)馬克・斯庫森（Mark Skousen）的《現代經濟學的形成》（*The Making of Modern Economics: The Lives and Ideas of the Great Thinkers*，2009，第2版）。

---

* http://www.lib.e.u-tokyo.ac.jp/english/?page_id=485

† "The Schumpeter Library" (https://www.lib.hit-u.ac.jp/images/2019/12/JSinserts_About.pdf). *The Catalogue of Prof. Schumpeter Library*, published by The Hitotsubashi University Library (1962).

‡ "Learning from Hitotsubashi's Carl Menger Library" by Gilles Campagnolo (16 pages, https://hermes-ir.lib.hit-u.ac.jp/hermes/ir/re/5421/koten0002000010.pdf).

對碩博士班同學，推薦馬克・布勞格（Mark Blaug）的《經濟理論的回顧》（*Economic Theory in Retrospect*，1997 年第 5 版）。這本書 1962 年出版後多次再版，經歷 50 年的市場檢驗，有相當的品質與深度。我聽作者聊過，寫作初版與之後各版的修正過程，20 幾年來不知讀過多少次。每次重讀這本厚書，還是覺得內容精闢，見解銳利，博學多聞。布勞格是寫作高手，解說清晰邏輯順暢，很會把深奧的原著，用現代的幾何圖形與簡易數學重新呈現，綜合評估這些理論的歷史意義，不忘夾帶幾句譏刺的會心語。

大學部的選擇性較多，我最常用的三本是：史丹利・布魯（Stanley Brue）和蘭迪・葛蘭特（Randy Grant）2012 年出版的《經濟思想的演變》（*The Evolution of Economic Thought*）第八版；羅伯特・艾克隆德（Robert Ekelund）和羅伯特・修伯特（Robert Hébert）2013 年出版的《經濟理論與方法史》（*A History of Economic Theory and Method*）第六版；哈里・蘭德雷斯（Harry Landreth）和大衛・柯蘭德（David Colander）2002 年出版的《經濟思想史》（*History of Economic Thought*）第四版。以上 4 本是編寫此書的主要素材來源。

網路上也有豐富的資料，經濟思想史學會（1974 年創立）的網站（http://historyofeconomics.org/）有豐富資源。逛一圈後或許會有一種感覺：在林間漫步時，無意間掀起不起眼的木頭，看到未見過的螞蟻聚落，成員各司其職，有完整的組織，甚至還有前所不知曉的成果。認真讀了這領域的幾本著作，你還會驚訝地發現有好幾位諾貝爾獎得主，例如芝加哥的喬治・史蒂格勒（George Stigler）和 MIT 的保羅・薩穆爾森（Paul Samuelson），也是這好讀古書俱樂部的榮譽會員。

2
為什麼要讀經濟思想史？

經濟學家和政治哲學家的想法，無論是對是錯，
影響力都超過一般人的理解……生活在現實中的人，
通常自認為能夠完全免除於知識的影響，
其實往往都還是某些已故經濟學家的奴隸。

—— 凱因斯

經過上一章的說明，已經充分了解「經濟思想史」是什麼，該如何研究這門學科，以及在這領域有哪些重要的思想家，有哪些特質值得我們關注與學習。大家還是很疑惑，這門學科研究所又不考，出國留學也沒人看它的成績，就業時更沒人關心，為什麼要讀經濟思想史？

問：我連最新的好理論都吸收不完，怎麼有心情讀死人的錯誤見解？

答：是的，所以這門課一直是可有可無的小盆景。靠此為生的教師有時還要用分數吸引學生，侮辱了它的價格也屈辱了它的學格。有教師對學生說，這門課教的都是老古董，既不能用數學表達，也不能用統計工具驗證，科學性非常低，基本上是從垃圾中製造垃圾。我們希望從學術市場的產品價值，來辯解這個行業並不完全在製造垃圾。以亞當斯密為例，他的全集和傳記從 1976 年起，在牛津大學重新編校印行，當初的用意是紀念《國富論》（1776）兩百週年，這套全集至今的銷售量相當可觀。

亞當斯密在經濟學理論上，最有名的論點之一是看不見的手原理。基本意思是說：個人在追求自身利益時，未必考慮到他人。如果沒有外力干預，

就有一隻看不見的手（市場價格機能）調和眾人的利益，使個人和集體（社會）得到最大利益。這種說法在學界傳承兩百多年，也成為不同學派（尤其是主張強勢政府者），攻擊古典自由經濟學派的箭靶：天下哪有這種好事？只要自由放任隨它自生自滅，就能使個人和社會同時達到最佳利益？

思想史的研究告訴我們，兩百多年來我們都誤解看不見的手原理。威廉‧葛蘭普（William Grampp）在 2000 年 6 月號的《政治經濟學期刊》（*Journal of Political Economy*）發表一篇翻案文章〈亞當斯密的看不見之手是什麼意思？〉（What Did Smith Mean by the Invisible Hand?）。作者的論點相當專業嚴謹不便在此輕易摘述，這篇純用文字、沒有數學、沒有統計、不具科學外貌、題材古舊的文章，竟然刊在芝加哥大學經濟系（有多位現職教授得諾貝爾獎）的重量級期刊上，還放在當期首篇，這也說明經濟思想史的題材依然深具學術價值。

問：就算這個行業有些特殊人物，偶爾寫些好作品，改變我們對某個觀念的見解，但那總是少數例外，我曾拿起《國富論》也看不出所以然。

答：這些古典名著的時空背景，以及作者的切入角度和論點，對幾百年或幾十年之後的讀者確實有文化和時空上的落差。我們需要同時代的專業人士，用現代能理解的語言換個角度來解說。如果不是歷代有專家，不斷地為我們注釋解說《老子》、《墨子》，一般讀者很難理解原典的本意，遑論讀出新見解。經濟思想史學者就是做典籍整理與解說詮釋。

現在換個角度，從純智識的觀點建議你翻一下馬克思的《資本論》或凱因斯的《一般理論》。知識界對馬克思的印象大都是透過教科書得來，他常被視為反社會、提倡階級鬥爭、主張無產階級專政的代表。他曾經對女婿說：「我非常確定的是，我不是馬克思主義者！」你可能需要重新思考他的外界形象是否公平。

《資本論》是相當學術的硬書，對歐洲經濟史與思想史有長篇的深入探索，腳注充滿統計數字，引述大量學術著作。換句話說，馬克思的形象，是透過各種立場的人解讀與扭曲之後，傳達銘印入你我腦中。我們應該做的，是把各種人造面具摘除，從原著認識他的實義。

如果你是經濟學的學士、碩士或博士，一定熟悉凱因斯學派的理論。如果你熟悉這個學派的理論，對「新」凱因斯、「後」凱因斯學派的理論也駕輕就熟，建議你重讀《一般理論》。你會驚異地發現，從美國凱因斯學派文獻裡得到的知識，為什麼和凱因斯本人的著作有這麼大差距？這就是凱因斯經濟學與「凱因斯學派」經濟學的差別：太多人把自己的見解，沾上凱因斯的一點邊，打著他的旗號闖蕩江湖。弄到後來，英國劍橋大學真正凱因斯的弟子，例如鼎鼎大名的喬安·羅賓遜就說，美國的凱因斯學派是「私生子」，不是本家正宗的。這裡的用意不在傳布八卦而是要提醒：如果你聽某人在談哪個學派，說得天花亂墜深動人心，那就請保持冷靜，讓自己回歸原典，不要被牽著鼻子走。

歷史真的無用？

問：前一章提到諾貝爾經濟學獎得主羅伯特·盧卡斯，在受獎典禮上特別講述古人的研究。會不會是因為他大學主修歷史，而其他得主未必如此？

答：可以再提另一個例子，那就是受人崇敬的保羅·薩穆爾森，他是 1970 年（第二屆）諾貝爾經濟學獎得主，也是第一位美國得獎者。他有好幾篇重要論文，探討馬克思、英國的皮耶羅·斯拉法（Piero Sraffa，1898~1983）、德國的杜能（Johann von Thünen，1783~1850）的經濟分析，寫得相當專業深入。他讓人敬佩的地方，是任何題材到他手中必然增添新東西。他的文字與說理能力，甚至比數學技巧高明。

讀愛因斯坦的科學著作時，你必然會看到他對牛頓、馬克士威這些前輩的研究也有深刻的了解。東京大學經濟系一直規定思想史必修，因為他們希望學生將來有人得獎，但又不希望得獎者只會寫方程式，致詞時說不出學術脈絡與傳承。大多數人看不起沒有數學的思想史，他們認為必須有方程式才是科學。如果諾貝爾獎讓這些人遴選，那麼海耶克（1974 年得主）、布坎南（1986 年得主）、羅納德·科斯（Ronald Coase，1991 年得主）、道格拉斯·諾斯（Douglass North，1993 年以經濟史得獎），這些不用數學也不會寫模型的人，大概完全沒機會得獎。

問：你的說法像是在說歷史很有用，但為什麼社會不重視歷史？

答：我們無法證明歷史是否真的有用，舉個例子看你能否接受。《科學人》2009 年 9 月號 91 期，有篇古人類學文章〈最後的尼安德塔人〉（頁74~79）。尼安德塔人是智人（就是我們 homo sapiens）的近親，互有對方的基因。他們主宰歐洲和西亞地區 20 多萬年，大約 2.8 萬年前絕跡，主因可能是被智人侵奪領域。從外表看尼安德塔人結實強壯，腦容量比智人大，為什麼會被淘汰？

有好幾種說法，試舉三種。

1. 尼安德塔人特別愛吃大型哺乳動物，例如長毛犀，食物的來源較窄。智人雜食動植物都吃，一旦外在環境改變食物來源變化，智人的存活率較高。由於體型高大，尼安德塔人比智人需要多攝取 100 ～ 350 仟卡路里，也就是說智人比較省油。

2. 尼安德塔人男女不分工共同狩獵，智人男主外（打獵）、女主內（育嬰）。正如《國富論》首篇說的原理，分工後的生產力大增，族群穩定成長。

3. 同樣重要的是，大約三萬年前智人能活到成為祖父母（三代共存）。為什麼這對物種的延續很重要？因為知識就能直接傳給孫代，例如怎樣分辨各種香花與毒草。壽命增長後，有機會建立較大的社會網路，獲取更豐富的知識。尼安德塔人壽命較短，辛苦累積的知識容易消失。[*]

如果物種成功的定義是繁衍的數量和存續的時間，智人的成就還比不上蟑螂螞蟻。但若以最短時間內掌握最多資源來看，智人是有史以來最成功的物種。我相信歷史這個因素，必然扮演重要功能。理由很簡單：幾乎每個人都注重自己的歷史，貓狗、大象、獅虎都不在意自己的過去。如果過去對你不重要，你願意把照片、日記、家族合照、祖先牌位燒掉？

反過來說，如果過去的紀錄有可能被毀掉，那你願意付出半年的收入換回來？你願意付出的代價高低，就是歷史在你心目中的價值。為什麼幾乎所有的人類社會都會祭祀或崇拜祖先？而貓狗能覓食後就各自散去？在人類演

---

[*] 《科學人》2011 年 9 月號 115 期頁 70 ～ 81 有兩篇文章：〈祖父母的演化〉、〈老如寶〉。

化過程中，歷史這個因素恐怕比你想像的重要。一個人如果想不起自己的過去，必然會驚慌失措。

任何時期都有精采的人物、悲壯的事件、偉大的成就、驚人的見解。並不是過去的事都無聊，從前的人也未必全然無知。反過來說，今日與將來的事情或人物未必都值得注意。我們向過去學習，目的是要吸取有用的知識，提醒我們可能忽略的要點（溫故知新）。你如果肯用一個月研讀《史記》（推薦楊照在 2020 年出版的《史記的讀法》），必然會看到重要訊息，尤其是成敗之際的人性與考驗。

年輕時期對歷史的不屑是另一種形式的無知，等到中晚年才明白歷史不會重演，而是人一再重演歷史。馬克思說：歷史會重演，首演是悲劇，重演是鬧劇。人類社會不就是一再重演悲慘的鬧劇？從歷史的數據庫來擴充視野取得有用的經驗，既方便又廉價，聰明的你為何看不起歷史？

為什麼我們社會那麼不重視歷史？或許跟文化有關。漢人社會從宋朝之後經濟長期衰退，人口密度過高，無法逃脫馬爾薩斯陷阱。長期求生存的經驗，體驗到現實利益最重要。第二次世界大戰（二戰）後經濟開始成長，長期窮苦翻身後，價值觀不會立刻改變，還是認為美術、哲學、文學、歷史無意義。我年輕時在法國求學，他們的價值觀很不一樣，哲學家、歷史學者、藝術家的地位相當高。以知名的哲學家米歇爾‧傅柯（Michel Foucault，1926~1984）為例，父親是知名外科醫生，希望兒子繼承父業。他高中就對哲學高度感興趣，母親請家教輔導他哲學考試，進入巴黎高等師範學院，日後成為重要哲學家。當社會富裕到第三代，哲學、藝術、歷史的重要性必然提升。

過往的經濟學有很多寶藏

如果你對經濟學的認知，被效率、最適化、均衡這類的數學概念占據，那就該冷靜地思考一下，是否得了知識上的狹心症。西方經濟學發展三百年來，各國各派人士累積豐富的智慧，但在當前的教育中，這些美好的景觀卻長期有系統地被輕忽了。如果你同意凱因斯的說法：「生活在現實中的人，通常自認為能夠完全免除於知識的影響，其實往往都還是某些已故經濟學家

的奴隸。」那麼你或許會想進一步了解，你的見解是否為某人或某派的奴隸，卻一直未警覺地意識到？

　　希望你藉由經濟思想史這門學問，成為有自我學習能力的 AI（人工智慧），有綜述解說的能力。這本書就像導覽手冊，我們是手冊的解說員，協助你迅速掌握這門學問的精神與內在邏輯。許多年後，當你的老闆、朋友、親戚問你《國富論》的主要內容，希望你能簡答到讓他們點頭稱許。內容不是重點，由此培養的觀察視野、綜述能力、轉述技巧，必然終身受益。

3

角度與方法

每個複雜的問題，都有個簡明但錯誤的答案。

—— 孟肯（H. L. Mencken）

經濟理論無法用單一事實來否證，只能用更好的理論取代。

—— 約瑟夫・熊彼德

　　上一章談到為什麼需要重新理解古人的經濟見解，本章談個相關問題：研究思想史的角度與方法。評判先人著作時，很容易看出錯誤與限度。這些典籍經過時代考驗，怎麼常被解構得那麼不值？因為我們常會（不）自覺地以現代條件來評判，忽略他們的時代限制。例如古典學派還不具備邊際效用的概念，因而無法解決鑽石與水的矛盾（參第 6 章）。我們還會對先賢過度預期，誤以為讀通《國富論》就能解決我們的問題。

　　我們不自覺地會有三種態度：(1)以今日較成熟的概念，批判先賢的思考缺乏深度。(2)以今日較先進的技術工具（電腦統計軟體），低估先賢的思慮廣度。(3)急切地把先賢論述納入自己的架構，合用就高興，不合用就鄙棄。對先人缺乏同情的理解，只有眼前的實用取捨。凱因斯年輕時不具功利心地廣泛閱讀，才能在 1930 年代大恐慌、世界束手無策時，猛然想起馬爾薩斯的有效需求說。

　　危急時有救命功能的，恐怕不是多年苦心經營、最在意的東西，而是平時鄙棄的小玩意。識大體的人不敢輕視前人智慧：從前有過扔掉線裝書之說，現在對經典又重視了。經典對我們的意義是：(1)古人經驗累積的資

料庫。(2)記錄各種狀況與解決方式：這些狀況現在想像不到，但實際存在過，日後可能會重現。

問：如果沒辦法提煉出對現代有意義的構想，那歷史有什麼用？

答：沒錯，歷史學必須要跟得上時代。隨著時代進步，我們一直有新概念和新工具，對歷史的理解愈來愈透徹，對過去的認知也不斷更新。以前我們對王莽的評價，總是說他過度改革造成民不聊生，好像責任都在他身上。現代的氣候史研究顯示，西漢末年氣候進入小冰期，氣溫下降造成農作歉收導致動盪，此時誰當皇帝都沒用。從環境結構變化的角度來看，我們對歷代君王的看法就不同了：太平盛世可能是氣候的幫助（風調雨順），太平天國的起因可能不只是人禍。把視野拉開，把眼光放大，對歷史的理解較全面，避免苛責或歌功式的理解，也能提供全新的見解。

相對主義 vs. 絕對主義

問：經濟思想史學界有哪幾種分析手法？

答：有兩種主要分析手法，分別是相對主義和絕對主義。相對主義在處理某項理論時，會注意建構那個理論的時代與社會背景。也就是說，要把概念和它的時代結合（例如自由主義 vs. 保護主義的概念與背景），以免犯孤立判斷的錯誤。相對地，絕對主義就不管什麼時代的背景與特色，而是注重某個理論（例如勞動價值說）的發展，在亞當斯密之前有過哪些見解，到亞當斯密時代時變成如何，到馬克思時又添加哪些面向。

換句話說，絕對主義者注重某個觀念（例如貨幣數量說：貨幣和物價有比例性關係），如何從模糊的觀察，逐漸發展到 18 世紀大衛・休謨手中，再發展到 19 世紀末爾文・費雪（Irving Fisher）手中，再發展到 1960 年代米爾頓・傅利曼（Milton Friedman）手中。絕對主義注重這一連串由小到大、由錯誤到正確（逐步趨向真理）的過程。

相對主義較不注重誰對誰錯，而是同情地理解貨幣數量說，在休謨時期有過哪些看法，有過哪些對照性的見解。這些不同的論述受到哪些因素的影響。在相對主義者眼中，沒有對的錯的好的壞的，而是要更理解「為什

麼」？思想史研究者可能有 20% 的絕對主義，與 80% 的相對主義。這個比例依人而異，0% 與 100% 的兩極很少見。這兩種立場各有優劣，作者依各自的專長發揮。先明白這項基本區別，可減少不必要的爭議。

從相對主義的角度來看，各時代對經濟學的界定就有很大的差異。以《國富論》為例，它的主要訴求是探討「國家財富的本質與起源」。到李嘉圖時，他的重點放在「土地所生產出來的東西，是透過哪些法則來分配」（注重所得分配的原理）。馬克思要探討「資本主義的變動原理」。1870年之後的主旨和我們現在較接近，要分析「有限的資源與既有的技術下，人類如何做不同的效益運用」。此時的經濟學轉向求極大化、求最適化的探討，和古典學派的目標並不同。二戰後的界定，探討的是資源效率配置、效用極大化、利潤極大化、廠商的競爭策略、消費者效用滿足。

換個角度來說，古典學派較注重總體的議題：國家財富、貨幣、物價、人口。新古典學派注重個體議題：消費、廠商、競爭。到了凱因斯，他開創近代的總體經濟學，和個體經濟學構成兩大領域，沿用至今。也有人提倡總體研究的個體基礎，以及個體研究的總體效果，兩者很難完全切割。

理性重構與歷史重構

從歷史的解釋上，也可分成理性重構和歷史重構兩個概念，可用來互補相顯。歷史重構的基本意思很簡單：如果要評估過去某位思想家的某項概念，就要從他的立場去理解。例如為什麼亞當斯密會提出看不見的手這個概念，他受過哪些人的啟發，或受到當時哪些事件的影響。換句話說，要儘量「真如其實」地重構亞當斯密提出看不見的手的情境。

理性重構和絕對主義一樣，不必顧慮亞當斯密的時代背景、特色、出發點、目的，而是把他當作和我們同時代的人，用我們的想法來分析古人的觀點。目的是要找出先賢的不足或錯誤，或用以彰顯我們對看不見的手這個概念，在這 250 年間已比亞當斯密所理解的深刻多少。理性重構的好處，是建構出某個概念在各時代的進展軌跡，缺點就是「時空錯置」。

歷史重構的好處是讓我們更明白，在較初始的狀態下先賢如何有那種感受，提出至今仍適用的概念。歷史重構的缺點是，很難真正回到過去的時

光，只能用現代的眼光模擬史實，誤差必然很大。若單從理論進展的觀點，當然要用理性重構的方法，缺點是完全抹去時代特色，好像這些概念是在真空試管裡長出來的。有無可能結合這兩種手法？如前所述，這是百分比的問題，0% 和 100% 的情況罕見。

不論用任何內容來指稱經濟學，有一項不變的原則就是：經濟分析和其他科學研究一樣，都是在昨日的偏見錯誤上追尋更能解釋實況的學理。如何判斷經濟學在進步？這倒容易，因為有愈來愈新的概念、愈多的實際證據、愈好的分析工具。自然科學可以說愛因斯坦比牛頓正確，但經濟學無法說傅利曼必然比亞當斯密正確。因為經濟學不具有這種「前劣後優」的特質，所以古典著作才有存在的空間，才有必要學習經濟思想史。

經典的解讀方法

問：如果想讀經濟思想原著，應該注意哪些面向或角度？

答：經典名著的時代離我們較遠，作者的風格與當時對著作的要求都和我們不同。不論讀多久以前或多左派多右派的書，基本上要掌握五個重點。

1. 要弄清楚這個學派和這位作者的歷史背景（根源性）。因為每種思潮不會只有單一起源，必然有複雜多元的根底。經典著作的重要性，在於能回應時代的特殊性，提出新概念或新手法，得到對後代有啟發性的答案。例如《國富論》的主旨之一，就是批判當時主流的重商主義，提出自由放任的政策，取代政府干預式的管制。

凱因斯的《一般理論》是要解決 1930 年初期的大蕭條，因為古典學派的自動充分就業說、賽依法則（供給創造本身的需求），已不能回答 1930 年代的失業與需求不足問題。凱因斯被迫提出許多新理論，包括：有效需求說、不充分就業下的均衡說、工資僵固性、流動性陷阱、乘數原理、加速原理。這些都是在新環境下提出的新學說。時常忽略的關鍵問題是：為什麼凱因斯之前的理論，碰到大蕭條時會束手無策？

2. 要弄清楚這個學派或這本著作的主軸。每本名著必然包羅諸多面向，要先弄清楚主流意見和反對意見。例如重商主義特別注重金銀累積，但為什麼大衛·休謨卻反對累積金銀，認為那不是真正的國家財富？因為他認知到

生產力的優勢才是長期努力的目標，累積金銀（外匯存底）會讓英國的貨幣升值，不利出口，工商業受害。失去國際競爭力之後，反而要用先前累積的外匯去買外國商品，到頭來白忙一場。

3. 這個學派或作者讓誰獲益（受損）？為什麼有人繼續追隨這個學派？他們想得到什麼？以支持《資本論》者為例，主要訴求是譴責資本主義體系下利潤極大化的行為，認為那是造成社會不公、人間無義的罪惡根源。他們痛恨《國富論》的自利說、反對自由放任的政策、認為亞當斯密是資本家的走狗，是替資產階級辯護的魔鬼律師。換言之，支持《國富論》和《資本論》的人，不會只是單純的讀者，他們有背後的用意與目標，還牽涉到左右兩派激烈爭執，甚至人頭落地。

4. 要了解這個學派的有效性、有用性、正確性、有限性。單從書生的角度來說，《國富論》和《資本論》的論點，對你自己是否有說服力？能幫助我進一步做什麼？是否能說服同學、親友或決策者？

5. 判斷著作是否為經典，最簡單的標準就是時間。就算我對《資本論》毫無興趣，但總要弄明白為什麼會流傳至今，百年內好像還不會絕版。對當今的人來說，凱因斯的《一般理論》比《國富論》切身，但兩、三百年後，《國富論》必然還會流傳，《一般理論》就未必了。凱因斯的學說相當有創意，但在主義的層次上，恐怕比不上《國富論》對人文社會學界影響的廣度與深度。經得起時間考驗的著作，就值得去了解背後的因素，不宜用有限知識和喜惡妄斷。

中國經濟思想史提案

問：現在聽到的思想史人物都是歐美人士，其他的文明，例如中國、阿拉伯世界，難道沒有對自己經濟現象的觀察？

答：當然有，但還處於各說各話的階段，相互間缺乏共同語言。以中國為例，目前較完整的兩套著作，一是胡寄窗《中國經濟思想史》（1962、1963、1981）。在 1950 ～ 1970 年代，一個人用這麼長時間寫這套書確實不容易，有人嘗試把它譯成英文。但對外國讀者有幾項困難：(1)要先花很大力氣，才弄清楚什麼是先秦諸子。(2)不容易用西洋觀念來解釋墨子的兼愛

和管仲的輕重說。(3)作者在某段時期大量套用馬列主義,解說中國經濟思想。熟悉馬克思概念的西方人對這種手法反而困惑了:到底是在講中國的思想還是馬克思的?

趙靖與石世奇主編的 4 冊《中國經濟思想通史》(北京大學出版社,2002),是集眾合寫的通史,廣度很夠,從先秦到晚清。但和胡寄窗的 3 冊對照,比較看不出作者的特色,而是表面地解說個別人物傳記,綜述他們的想法。流水帳地解說個別見解,流於平淡乾澀。不容易和西洋人對話的主因是:就算讀完這兩套書的完美英譯本,還是不能明白中國經濟思想的主要概念與分析工具。

我(賴)構思過用對話體寫一本中國經濟思想史,但總是被懶惰和畏難打敗。以下是我的基本構想。先虛擬一個鹽鐵續論的超時空會議,找來十位歷朝的代表人物,爭辯 30 個貫穿時代性的主題。這十位與會者代表不同的時代與立場,有豐富的文獻可以呈現他們的立論。還有一位會議主持人廣泛引述各式見解與論點,全場提問挑撥離間,讓激辯的會議火花四射。與會者是:管仲、商鞅、桑弘羊、王安石、司馬光、張居正、康熙、張之洞、文學、賢良。30 個主題是:本末、義利、奢儉、貧富、井田、邊防、平準、均輸、輕重、市易、專賣、茶鐵、酒榷、國用、戶口、荒政、繇役、漕運、鹽法、雜稅、錢鈔、賑恤、蠲貸、抑商、疾貧、治河、兼併、縱民、田賦、會計(參見本章附錄)。

如何搭起有效的對話,進而產生激盪的火花?這些難以否認的困難,在研究阿拉伯與日本經濟思想時也存在。不同時代不同國家的人,在寫經濟論述時主要目的是解決自己的困境,主觀性必然很強。西方國家也是如此,要到 18 世紀中葉,尤其在《國富論》出版時,才整理成較學術性的形式:除了具體的賦稅與貿易這類政策問題,也開始提出看不見的手、鑽石與水的矛盾這類哲學性的學理。

隨著學術發展與分工,19 世紀在大學裡出現政治經濟學講座,把具體的經濟問題學理化,到 20 世紀中葉時更是大量數學模型化。如果只用今日的美式經濟學理來理解中、日、阿式的古典經濟著作,必然覺得落伍失望。這時就不能用絕對主義,要用相對主義的手法來做歷史重構(而非理性重

構）。每個時代都有主流、有異端，最好抱持生物多樣性的態度，理解百花齊放的重要性。沒有哪套主義或學派是超越時空的真理。人是運用工具的動物，思想本身就是一種工具，可以用來相互爭鬥。思想也一種商品，必須和其他思想在學術市場競爭。我們在教科書上看到的人物與派別，就是過去幾百年來在學術市場競爭的優勝者。今日以市場機能為首的認知，到了下個世紀就未必合乎時代需求。

經濟學是社會科學，和自然科學有幾項主要差異：

1. 經濟思想不必然是向前進步的，而是對千古不變的問題（貨幣、失業、利率、物價）提出新觀點、新經驗、新分析工具。

2. 經濟思潮沒有真理，沒有統一共認的標準，來檢定哪項理論較優越；而是以論理的說服力、影響政治決策的強弱來判斷高低。

3. 各派之間的主要差異，主要是信念與目標的問題。經濟派別和政治派別的相同點，是會（強烈）互斥、攻擊、搶奪發言權與資源分配權。從生物多樣性與思想多樣性的角度來看，這也不是壞事。人在絕望或束手無策時，先人的智慧就變得重要。

附錄
群英聚議・鹽鐵續論

仲夏愁讀西漢桓寬《鹽鐵論》，文字古奧費解，文學與賢良之論既冗且迂，屢作無義之言。淺顯之論，飾以雕文，牽引比擬，意味索然。腦中浮起清代桐城派大師姚鼐之論斷：「其明切當於世，不過千於言，其餘冗蔓可削也。……寬之書，文義膚闊，無西漢文章之美，而述事又頗不實，殆苟於成書者與！」（《惜抱軒文後集》）。

然猶努力盡心，概其間所涉問題仍有思索餘地也。原書已難，注解者猶錦上添花，注文屢屢長於本文，然多膠著於文字訓詁，盡作外圍解說，對鹽鐵會議之本質反而少探究解說，思之益發無奈。遂發奇想：辯論雙方兩千年後棺中復起，目睹歷朝諸代各種變化，若能就原題再辯一番，何等奇妙趣味？

濕熱累倦，百緒未解，昏昏然半醒半夢間，忽覺有人飄然而至。疑惑中睜眼，只見古裝十人群立，貌皆昂然，應非鬼妖之輩。掙扎起立，請問來者何人？曰管仲、曰商鞅、曰桑弘羊、曰文學、曰賢良、曰王安石、曰司馬光、曰張居正、曰清聖祖康熙帝、曰張之洞。「久仰諸位，敢問何事畢集寒舍？」「吾輩生前或掌國政或主經濟財政或久居民間，死後不忘社稷。古今多少英偉雄者，多少風流才識人物，在陰間亦常議論歷代政策利弊得失。議題既廣，見聞又異，立場分歧，爭論不休，亦無結論。人間世事，地府無人決訟，久論無果。今知君讀《鹽鐵論》甚惑，乃邀眾人同來議論，各舒己見，請君作裁人。」

　　「諸位歷經風浪起伏，切膚之受豈是後學晚輩讀書者所能企及？」「君勿卻，我等亦知歷代讀《鹽鐵論》者甚眾，而未現身爭辯，乃讀者多屬文史學者，皆非財經專業或決策人士，相隔一層，論之無味。且歷代研讀此書，多見秋毫不見輿薪，專事訓詁文學考證，小學而大遺。」「此書牽涉問題甚廣，財經之外旁及社會與政治諸事項。此外，這些問題貫穿時代，非一朝一代之斷事。諸位既有實際體驗，又目睹長時期變化，可論之事必多且深，你我眾人如何在一夕之間盡興？」「今逢七月中旬，我等可告假一月，入夜即來，雞鳴則去，日論一題，若何？」「善。古今不拘，派別無束，暢所欲言，君子動口，點到為止。」

　　遂聚議題材，刪增推敲，各俱氣勢主見。歷數時辰，議決。天將明，約定時日，一拜而別。驚醒，苦思如何準備應對。所難者二：一是對歷代史實所知有限，恐群雄見笑；二是對各派見解掌握不足，恐立落下風難以相駁辯。遂取《古今圖書集成》之〈食貨典〉，與《十通》之〈食貨志〉，囫圇吞棗，備戰群雄。平日散讀無方，常自譏書到搬時方恨多，誰知人生難測，如今卻是書到用時方恨少。

II

人物與派別

4

重商主義與富國強兵說

　　重商主義是跨越時空的普遍現象，例如戰國時期東方的齊國重工商、二戰後的日本、南韓、台灣都是顯著的重商主義。不同世紀、不同地區的重商主義，具體做法與內容差異很大，但共同的基本特徵是：由國家擬定具體政策，透過工商業與進出口，積極累積外匯存底。這類重商主義的例子，從16世紀的西歐諸國，到今日的開發中國家從未間斷。

英國的重商主義

　　本章以 1500 ～ 1776 年間的英國為例，原因有二。

　　1. 1492 年哥倫布發現新大陸後，歐洲掀起貿易與殖民地熱潮。大約 250年後，有一股強烈的反重商主義思潮興起，其中最具代表的就是《國富論》。

　　2. 以英國為例的主因很明顯：這是都鐸王朝亨利七世開始向上爬升的階段，亨利八世積極對歐陸發動征戰，伊麗莎白一世在 1588 年打敗西班牙無敵艦隊，積極開發殖民地與貿易路線。1500 ～ 1776 年間是擴展洲際經濟活動（全球化）的早期階段，這時期英國的各項作為，奠定日後歐洲重商主義的基本模式。

　　問：重商主義是怎麼興起的？

　　答：如果看過電影《俠盜王子羅賓漢》，就可以想像在英國諾丁漢（Nottingham）這類的封建領地裡，領主擁有一座城堡，四邊有寬闊的耕地和深廣的森林，耕地的農戶要納稅服勞務。同樣的道理，領主對國王有納稅與打仗的義務。哥倫布航海大發現後，從海外帶來的商品與白銀逐漸增多，商人階級逐漸掌握金銀，領主擁有土地、掌握人力與糧食。簡言之，競爭

的形態與要素不同了，商業與貿易逐漸成為主要目標，各國競爭殖民地與金銀，封建領主的優越地位逐漸被商人與殖民者取代。

英國重商主義的特點

問：以英國重商主義為例，手法與政策上有哪些特點？

答：最明顯的特徵就是累積金銀，共同的心態是：外匯存底是貿易順差的結果，而貿易順差是國家生產力的表徵，金銀累積愈多表示更富裕、更強大。第二個特徵也是古今貫通的：國家主義高漲，強悍爭取國際資源。這種心態是零和式的：你強我就弱、我多你就少。16 ～ 18 世紀間，西歐諸國在這種心態下花招盡出，例如荷蘭為了發展漁業與造船業，規定全國每星期五晚餐必須吃魚。

第三項特徵是鼓勵國外原料免稅進口、禁止本國原料出口。平行的做法是獎勵出口、打擊進口（高關稅保護）。以英國關鍵的羊毛業為例，如果走私活羊出口會沒收財產砍掉左手，再犯就判死刑。商業戰打到這種程度，和商鞅的農戰與首功同樣激烈。

第四項特徵就是殖民主義，搶奪各大洲的資源、礦產、金銀。附帶的做法就是頒發特許權，以獨占方式瓜分海外地盤，目的是增加國王（庫）稅收。英國在 1651、1660 年頒布航海法，規定國貨國運、外國船隻不准入內、不准外國貨進入殖民地，目的都是排擠外國的競爭。

以上是對外的策略與手法，對國內的工商業與政策有三大特徵。第一是把國內原本林立的關卡逐漸廢除，鏟除國內通行稅以免妨礙出口競爭力。其次是中央政府的權力日益集中，例如發給工商業各式經營特許權（從玻璃到紙牌都有）、補貼策略性產業出口、管制生產項目與數量。政府積極介入工商業，目的是極大化稅收與增強海外競爭力。

第三則是宏觀性的政策。在勞力密集型生產的時代，政府明白廉價的勞工是國家財富的重要根源，人力充沛可提供更強大的海員、軍人、工人。另一方面，壓抑物價減低工商界成本，目的是增強國際競爭力與累積外匯。今日的亞洲國家也在做同樣的事，但 16 ～ 18 世紀的英國做得較直接：懲罰偷懶的工人，還會割掉耳朵，把不努力工作者罰為奴送給檢舉者。小孩滿 4 歲

就可以上工（童工），每日至少工作 12 小時，大人甚至 18 小時。

問：重商主義的最大受益者是哪些階層？

答：最大受益者就是追求超額利益（超過正常利潤）的那群人。我們稱之為利益（rent），而不稱為利潤（profit），因為利潤是會計性的概念（收入減去成本），而 rent 的概念來自地租，獲利程度依地主（黨政）的經營能力而異，不是常見的勤奮耕作收益。

與王室有交情的人或太子權臣，較有機會得到特許權經營殖民地或某項產業，這些人稱為「追逐超額利益者」（rent-seeker）。他們的種種作為（效忠、奉承、勾結），稱為「競租作為」（rent-seeking behavior）。這些追求自利自肥者對社會有害，例如英國的羊毛業者反對棉花進口，法國的蠟燭製造商要求政府禁止民間白天開窗簾。只要有管制，就有人因而受益或受害；政府是最大的管制者，法令多如牛毛人民動輒得咎。

反過來說這種做法也有優點，否則英國不會強盛起來，其他國家也不會積極跟進。最明顯的好處是經濟強壯，軍事實力超強，跨國性的大企業（例如東印度公司）興起，交通網發達，物暢其流，GNP 迅速爬升。這種基本思維流傳至今不變。最簡明的共同特徵有幾項：保護本國產業、刺激國內工商業發展、壓低幣值追求出口順差累積外匯。

休謨的物價與金銀流量調整機制

問：有學者支持這種做法嗎？

答：從分析的觀點來看，重商主義時期並沒有什麼重要的學者。當然你會說，托馬斯・孟（Thomas Mun）1630 年出版的《英國的財富與國外貿易》不就是眾所周知的名著？是的，托馬斯・孟是東印度公司的負責人，他的主要見解和重商主義學說近似。整體而言，重商主義時期談論經濟議題的著作很多，大都以小冊子（pamphlet）的形式出版。作者群相當多元：商人發表海外經商的感受和各地奇風異俗、主管貿易的官員各依立場提出政策、國會議員針對某項議題提出說帖。凱因斯在 1940 年代之前大量蒐集這些五花八門的小冊子，逝後轉贈劍橋大學馬歇爾圖書館。

教科書上的重商學說，其實是後代學者的理性重構，其中最有名的著作是瑞典經濟史學者伊萊‧赫克歇爾（Eli Heckscher，1879~1952）的《重商主義》（*Mercantilism*）。原著以德文撰寫，1935 年譯成英文（2 冊）。法、德、荷、葡、西、義諸國在那段時期也有各自的重商學說。雖然面貌與經驗不一，但本質應該和英國類似。如果你上網查索「重商主義」（mercantilism），會出現許多想像不到的文獻，然後再連結到法、德、荷、西、義語文的版本，就會看到讀不完的文獻。

以下舉大衛‧休謨和理查‧康帝雍（Richard Cantillon，1680?~1734）的學說為例，內容有點繁複，我們盡量簡化。休謨是亞當斯密的友人，年長 12 歲。他在哲學與經濟分析上相當重要，我們挑他最有名的物價與金銀流量調整機制（price-specie flow mechanism）來說。

Price 指的是英國物價，specie flow 是指因貿易而流進流出的金銀。休謨的基本意思很簡明：重商主義以累積金銀為目標（金塊主義），但到了 18 世紀中葉，累積的金銀已經相

圖 4-1　大衛‧休謨（1754）

當可觀，必然的結果是物價明顯上漲。物價上漲後糧價水漲船高，工資跟著攀升，結果是各行各業的成本竟然被辛苦累積的金銀，逼升到遠超過貿易對手國（德、法、荷）。

後果很明顯：英國產品的國際競爭力必然下降，到頭來反而要用前人累積的外匯，去購買外國較廉價的糧食與商品，金銀因而逆流出去，這是自己打敗自己（self-defeating）的過程。休謨提醒說：金銀不是真正的財富，貨幣只是交易的媒介，貨幣是一層面紗，真正要儲存累積的是工商業的生產力與競爭力。

從歷史的發展來看，休謨擔心的事並未發生。因為在 1800 年後，英國

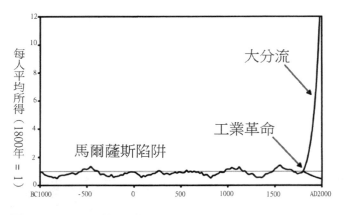

圖 4-2　1800 年後英國實質所得以將近 80 度仰角急速上升

的實質所得以將近 80 度的仰角，急速上升到一戰期間（1914~1918）。這就是引人注目的產業革命，也是人類逃脫馬爾薩斯陷阱的分水嶺：所得成長率高過人口成長率，英國成為世界的龍頭，締造日不落國與大英國協。

休謨的理論既簡單又合理，為何沒發生？從重構的理論可以看到，如果國內物價高升，休謨預期國際收支會惡化，但當國內對進口物品的需求彈性（Ed），和國外對本國產品的需求彈性（Ef）兩者之和小於 1（即 Ed + Ef < 1），也就是學界周知的馬歇爾－勒納條件（Marshall-Lerner Condition）不成立時，休謨預期的情況就不會發生。

第一個條件的意思是說，不管國外物價的變化，英國人對外國商品（例如法國葡萄酒）的需求彈性（Ed）還是很低（不買不行）。第二個條件的意思是說，雖然英國的物價上漲，生產成本比外國高，但由於英國產品的品質（例如羊毛織品）領先世界，就算價格明顯提升外國人還是會買。這時就可以說：國外對本國產品的需求彈性（Ef）很低（不買不行）。如果兩者的總合小於 1（Ed + Ef < 1），休謨的說法就不成立了。

休謨的理論在什麼情況下會成立？很簡單：Ed + Ef > 1。此時英國就會掉入重商主義的窘境（自己打敗自己）。對英國人來說，休謨擔心的事沒發生（幸而言錯）。

康帝雍效果

問：理查 · 康帝雍有什麼重要學說？

答：他是愛爾蘭商人和銀行家，大約 1680～90 年間出生。大部分的時間在巴黎，最主要的著作是《論商業體系的本質》（*Essai sur la nature du commerce en général*）。書稿大約在 1720 年代寫成，1734 年據說他被僕人殺害放火燒屋燼掉不少文稿。這本著作在 1755 年才出版，現有英法文對照版。學界有個說法，這本書是《國富論》之前最具體系性的分析著作。

我們只解說其中最有名的論點，稱為康帝雍效果。在他之前的學者，大都持貨幣數量說：英國因貨幣供給增加，物價會等比例性地上升。如果外匯累積造成貨幣供給增加 3 倍，國內物價大體而言也會增長 3 倍。這個原理到了美國經濟學者歐文 · 費雪手中，寫成著名的費雪的交易方程式延用至今：MV = PT（M ＝貨幣存量，P ＝物價水準，T ＝交易數量，V ＝貨幣的流通速度）。這個方程式是貨幣數量說的根基，但康帝雍認為是錯的。

他認為透過貿易所累積的外匯，轉換成英鎊後，並不會均勻地分到各行業，所以不會有「貨幣供給量增加 3 倍，物價就漲 3 倍」的結果。真實的狀況是：這些透過貿易順差賺來的錢，大部分會流入王室、貴族、富商手中，人口比例較高的農民與工匠根本分配不到，怎麼會讓農工產品也漲 3 倍？

康帝雍的意思簡單又正確：貨幣數量說太天真，外匯存底的物價效果，要看這些錢流入誰的手中（用在炒房產、奢侈精品，或教育研究上）。這些錢流入不同行業後，透過不同的花錢管道，會改變社會的財富結構，進而改變物價結構。凱因斯說過類似的話：貨幣供給改變後，並不會對各種物品的價格，產生相同方式、相同程度、相同時間點的影響。

重商主義的評價

問：後代的經濟學家如何看待重商主義？

答：凱因斯在《一般理論》中以一章篇幅探討重商主義，第 23 章的章名就是〈論重商主義、高利貸法、鑄幣、消費不足論〉。這是他對思想史重要議題的評論，說明古今學理如何相貫通。此章中最重要的，當然是他對馬爾薩斯的消費不足論與有效需求說做出積極回應，認為這是拯救 1930 年代

初期大蕭條的良方。

　　針對重商主義這個議題，凱因斯的理解就因為歷史知識不足，受到專家的嚴厲批評。其中一個例子，是以研究格雷欣＊（Sir Thomas Gresham，1519~79）聞名的德魯福（Raymond de Roover，1904~1972）。1949 年他在哈佛大學出版《格雷欣談外匯》（*Gresham on Foreign Exchange*），全書最末（頁 287）注解 17 說，凱因斯對重商主義的理解「充滿不正確的內容與錯誤的詮釋」。

　　另一位是前面提過的瑞典經濟史學者伊萊‧赫克歇爾，他對重商主義的研究舉世公認，對凱因斯的理解也很有意見。其中最重大的批評是有關失業的見解。凱因斯犯了時空錯置的錯誤，認為重商主義時期的失業，本質上與1930 年代工業化國家的失業問題類似。

　　1930 年代失業問題的起因是投資不足，這個現象在產業革命之前很少存在過。17 ～ 18 世紀英國經濟的主體仍是農業，大部分的失業是由於季節或歉收引起。當時規模尚小的工業如果有失業問題，主要是因為冬季河流結冰，或春季河水泛濫，造成水力推動的磨坊車停擺。

　　重商主義時期當然也有景氣循環，例如太陽黑子的活動影響作物收成。這類因大自然因素而起的失業，必須以特殊的方式救濟。重商主義者真正擔心的是自願性的失業：農村人口轉到都市部門後，對長工時苛求的反彈，寧可放棄工作機會，選擇休閒式的失業，這和凱因斯說的非志願性失業（產業結構萎縮後裁員），本質上完全不同。

　　在此順便比較凱因斯和馬克思對失業觀念的差異。凱因斯式的失業是由於投資不足，造成 GNP 的水準不足以提供充分就業。馬克思式的失業不同，那是三項因素的綜合體：(1)人口過剩（勞動供給無限）；(2)所得水準太低，無法累積足夠的儲蓄；(3)技術水準尚在初始狀態。這種失業是結構性的，不是景氣循環性的。

　　增加公共投資、貨幣擴張、政府赤字支出這類的政策，是治療 1930 年代大蕭條失業問題的有效藥方。但這對 19 世紀中葉馬克思式的失業問題就沒效，對 16 ～ 18 世紀重商時期的失業也沒效。打個比方：雖然外觀症狀同樣是發燒，但病因完全不同，藥方自然不同。這個例子告訴我們，如果某個

國家的失業率嚴重，思想史與經濟史的知識就可以提醒執政者，要先判斷這是屬於哪種類型的失業，要開哪種處方才對症。

問：沒想到那時的商人和知識份子，對外匯、貿易、工商管制、富國強兵、競逐超額利潤，已有相當成熟的見解。

答：如果你搜尋相關著作，就會明顯感受到，我們對這個議題的知識既有限又偏頗，這個領域的文獻相當複雜寬廣。日本對重商主義有很好的研究，其中的一個縮影，就是台大經濟系的張漢裕教授（1913~1998）。他的博士論文《重商主義及其殖民政策》，由東京大學矢內原忠雄教授（1893~1961）指導，1954 年在岩波書店出版（260 頁），當時這是很榮耀的事。[†]

---

* 編按：格雷欣提出的「劣幣驅逐良幣」是教科書裡最早出現的經濟學理論。

† 參考：「第一位獲得東大經濟學博士學位的臺灣人：張漢裕教授」（http://web.lib.ntu.edu.tw/koolib/collection/udcpaper09.html）

5

重農主義與自然法則說

短命又長命的重農學派

我們把場景從英國轉到法國，從重商主義轉到重農學派（Physiocrate school），這個學派既短命又長命。從實際的存續時間來說很短命：起點是 1756 年揆內（François Quesnay，1694~1774）在《法國大百科全書》（*Grande Encyclopédie*）發表的第一篇經濟論述起算。終點有兩個，都在 1776 年，其一是這個學派的重要成員安·羅伯特·雅各·杜爾哥（Anne Robert Jacques Turgot，1727~1781）在 1776 年離開財政部長職位，失去政策影響力。二是亞當斯密發表《國富論》，把自己的見解和法國的反重商思想、經濟自由主義結合得很好，重農學派的光彩反而被《國富論》掩蓋。

從長命的角度來看，揆內的〈經濟表〉（*Tableau économique*，1758~1766）在 20 世紀有過兩項主要影響。一是芝加哥大學的法蘭克·奈特（Frank Knight，1885~1972），1930 年代初期把〈經濟表〉簡化，畫成現今教科書中的經濟流通圖（circular flow diagram）：有兩個市場（生產要素市場、產品市場）、兩個經濟單位（家戶與企業廠商）。經濟資源、勞力、商品、服務、貨幣、消費、工資、利息、地租、利潤、土地、資本，就在這流通圖內不斷循環（圖 5-1）。

二是哈佛大學的瓦希里·李昂提夫（Wassily Leontief，1905~1999），把〈經濟表〉的概念轉換成投入－產出分析（input-output analysis）。1936 年李昂提夫發表一項研究，分析 1919 年美國 46 個部門之間的投入與產出關係。這讓人一目瞭然，各部門的產業關聯效果有多大，對政府的總體決策有重要價值，因而在 1973 年獲頒諾貝爾獎。法國重農學派在短暫 20 年間（1756 ～ 1776）的著作，沒想到對後世的影響超過 200 年。

收入與支出的經濟流通圖

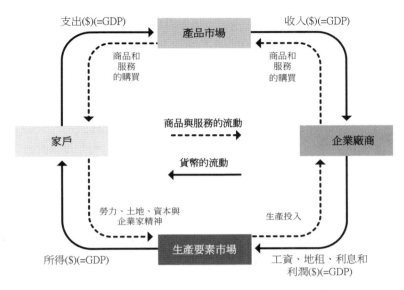

支出($)(=GDP)　　　　　　產品市場　　　　　　收入($)(=GDP)

商品和
服務
的購買　　　　　　　　　　　商品和
服務
的購買

家戶　　　　　　商品與服務的流動　　　　　　企業廠商

　　　　　　　　貨幣的流動

勞力、土地、資本與
企業家精神　　　　　　　　　生產投入

所得($)(=GDP)　　　　生產要素市場　　　　工資、地租、利息和
利潤($)(=GDP)

圖 5-1　經濟流通圖（circular flow diagram）

問：重農學派是怎麼發展起來的？

答：17 世紀末法國進入長期衰退，不可抗拒的天災外還有兩項人禍：
(1)路易十四捲入一連串耗費驚人的戰爭；(2)一系列失敗的重商主義政策。
自然的反應就是推翻路易十四、推翻重商主義。

關鍵在重商政策的代表人物：財政部長尚－巴蒂斯特・柯爾貝（Jean-
Baptiste Colbert，1619~1683）。他抱持不擇手段的富強論，認為只有四項東
西有用：農業、貿易、戰爭搶奪土地、海外經營。他是典型的零和觀念者，
主張透過商戰和各國競爭。對內採取積極干預：管制產業品質與數量、補貼
新產業、頒授獨占權增加稅收、鼓勵勤奮工作、早婚生子提供勞動力、童工
6 歲就可進工廠、取消 17 天的宗教節日、度量衡公制化。

這些措施在短期內對法國的強盛有顯著貢獻，但也產生許多副作用：管
得太多太細妨礙發明與進步；積極鼓勵工商而引發反彈；管制太嚴、稅關卡
過多諸多不便；為了國庫盈收採包稅制，造成民間負荷過重；為了尋求政治

支持，允許宗教界、富人、貴族免稅造成社會不公；禁止穀物輸出造成農業不夠興盛；工商業的法規過多妨礙競爭。這些諸多阻礙，加上所得不均、王朝腐敗，改革聲浪大起。

重農學派的基本主張

問：聽起來相當複雜，重農派有哪些基本主張？

答：1. 從哲學面來說，他們主張政策制訂者要遵從自然法則（natural law）。過多的干預短期內有速效，但長期必因違反自然法則而自敗。

2. 把這套哲學落實在政策上，就是政府採取自由放任原則，讓百姓做自己喜歡的事，人盡其才物暢其流：管得愈少管得愈好。

3. 法國以農為本工商業並非國本，柯爾貝的重商政策違逆經濟本質。

4. 重商主義為了追求國富，過度徵收各種稅源民間負擔過重。重農派主張單一稅制：只要課徵土地農業稅，廢除其餘各式稅收。

5. 注重各部門之間的依存關係，因為經濟體系就像人體，是由肌肉、血液、神經、骨骼組成的有機結構，不能獨重工商輕農業或消費，必須顧及部門間的需求與差異。

問：重農派提出這些悖逆執政者的學說，是希望農民得益？

答：字面上看來是如此。這個學派最重要的兩項措施是：去除繁複的層層規定，讓農業部門鬆綁後自由發展，以及積極協助農產品出口賺外匯。重農派主張企業化的大規模耕作，而不是消極地把農地租佃出去。另一方面，希望農業發達後可以簡化稅制：全國只課徵土地稅（單一稅）。這項理想沒有成功，但影響 19 世紀末的亨利·喬治（Henry George，1839~1897，美國社會改革者），轉而影響孫中山的土地漲價歸公說。

重農學派有這種主張，主因是當時手工商業占 GNP 的比重太低，利潤額的規模太小不足以轉化為有效投資。相對地，農業是唯一有可能儲存資本的部門，這和二戰後開發中國家的狀況類似。從 21 世紀工商業的觀點來看，重農主義的工商無用論與土地是財富的根本，這兩大訴求已無重大意義。

從思想史的角度來看，重農派在分析上的長遠貢獻比具體政策更重要，可分四個小點：

1. 重農學派的主角揆內，是《國富論》之前最具體系性的經濟分析者。

2. 同樣地，重農派在分析上，也比亞當斯密之前的手法更具科學氣息：已經能運用哈維（William Harvey，1578~1657，英國醫生）的血液循環論，類比各部門相互流通的原理（參見附錄1）。

3. 提出報酬遞減法則，分析農業與各種經濟現象。

4. 釐清政府的角色與功能，主張自由放任、管得愈少愈好。

揆內的貢獻

問：能否介紹這個學派主角揆內的生平與主要學說？

答： 揆內是富裕的地主之子，成為路易十五的宮廷醫生。1750年左右對政治經濟學產生興趣，希望能把信任他的國王轉變為開明的君主。揆內的訴求之一，就是當時的小農制沒有效率，希望鼓勵企業化經營大型農場。

國王向揆內抱怨「君難為」，揆內回答說：我看不出有什麼困難。國王說：如果你是國君會怎麼做？他回答：什麼也不做。國王又問：那你怎麼治理國家？他的答案是：我依靠自然法則。他的意思

圖 5-2　揆內（1747）

是：社會運作的原理就像天體運轉，有既定的法則在支配，國君的任務就是讓社會與經濟依照自然法則運轉，不要插手。法文的字句是 laissez-faire，laissez-passer（就隨他們去做），中文譯為精簡的「自由放任說」。用今日的語言來表達，就是國君只要靠看不見的手（市場機能）協調運作，不要作

之君、作之親，伸出看得見的腳，反而礙事擾民。

　　揆內影響最長久的貢獻就是創造出〈經濟表〉，1758 年呈給國王，1766 年修正。初見之下內容相當複雜，但可以簡化成三個主要階級與部門。⑴生產階級（農業部門）供應糧食與勞力。⑵有產階級（地主）提供土地與資金。⑶手工業與商人階級，提供商品與服務，揆內認為這是個「無生產性」的階層。

　　經濟表的主要功能，是說明這三個階級各自提供的糧食、資金、商品，如何在體系內交換、流通、累積、循環。〈經濟表〉的重要性，不在於圖內的具體數字，而是第一次有人以圖解的形式，描繪流通與循環原理，也是第一次出現總體經濟的系統分析，意義非凡。用現代的語言來說，〈經濟表〉是原初的國民所得流通圖，已有粗略的所得帳觀念。而且明確指出多部門（N）之間，多項物品（M）的交換模式（N×M），具有一般均衡體系的運作概念。

　　揆內的本業是醫生，雖然國王信任他，但政策是由 1774 年擔任財政部長的杜爾哥執行。他是出

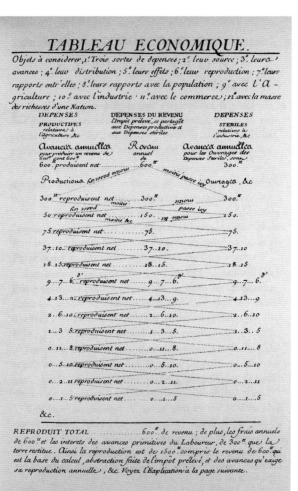

圖 5-3 〈經濟表〉

身諾曼第貴族家庭的神職人員，還俗後進入司法與行政體系，主掌經濟與財政決策。他的路線和柯爾貝的重商主義相反，主張反重商、反封建，主張重農，因而引起激烈反對：封建貴族怨他、宗教界與神職人員不信任他、包稅者大反彈。原因很簡單：杜爾哥的政策牴觸既得利益。

他的下場和宋神宗的王安石類似：在激烈的反對聲浪下，被國君忍痛免職。杜爾哥最讓人熟知的兩項政策是：(1)主張自由貿易，打破關稅保護。(2)不要過度課稅（殺雞取卵），要做到拔鵝毛而不要讓鵝尖叫。杜爾哥是精采人物，網路文獻非常豐富。

重農是第一個具體成形的學派：有共同的觀點與政策，崇尚自由主義與自然法則，主張自由放任、政府干預極小化。這群討論經濟議題的人，自稱為 Économistes（經濟學家）。其他主要成員還有米拉波侯爵（Marquis de Mirabeau）、默西爾·李維埃爾（Mercier de la Rivière）、杜邦·德奈穆爾（Dupont de Nemours）、勒特羅斯內（Le Trosne）、尼可拉斯·鮑多（Nicholas Baudeau）。重農派對外國的影響主要是透過《國富論》，因為亞當斯密曾在法國遊歷兩年，和重農派的成員（尤其是揆內）的見解有共鳴。重農派透過與《國富論》的結合，才讓他們的自由學說廣傳至今。

重農學派的評價

問：從現實利益的角度來看，重商主義者必然反對重農派。有人從學理上批評過重農學說？

答：他們在那 20 年間只提出方向性與原則性的論述，簡言之就是重視農業與尊重經濟自由。政策方面，他們的主要關懷是稅制與貿易問題，以及前述的農業企業經營化，但沒多少具體成果。若從學說面來看，他們對貨幣、物價、金銀、殖民地、人口、勞動力這些問題，沒有重要見解與政策；對產業、商業、消費、糧食，也沒獨特洞見。

重農派的自然法則觀，猶如創造地球後，就讓萬物依據簡潔的規則運作。就像鐘錶師傅製作後，就由鐘錶自己轉動。國君的主要任務，是充分體認背後的法則，適時上緊發條看著它運轉。這些規則是什麼？就是市場機能，放手讓百姓各司其職、各盡所能，大自然有自我調整的能力，外力的介

入與干預長期而言未必有效益。

　　從時空背景來看，重農派出現前科學界已有顯著進步。例如牛頓（1642~
1727）在 1687 年就把天文學家克卜勒（Johannes Kepler，1571~1630）與伽
利略（Galileo Galilei，1564~1642）的行星運動體系向前推進一大步。牛頓
的《數學原理》（1687）已具備萬有引力的概念。這類具有推理性質的科學
革命，要比哲學性的自然法則，對經濟分析的啟發更重要。

　　因此進入牛頓革命後，就要了解自然法則的具體內容與原理，不只是表
面性的應用。重農派只是借用自然法則當作武器或工具，來推銷自己的見
解，還沒到科學分析的層次，不宜用牛頓式的純科學比擬。自然科學的革
命，講求學理的內在邏輯，還要求證據印證，這種思維當然深刻影響探討經
濟現象的學者。牛頓從對天文的認知，明白太陽系內的個體相互牽動、相互
影響。經濟學者也意識到，這種科學觀可應用在社會分析上。因此 18 世紀
中葉之前，經濟思想還相當原初性。

產業革命的影響

　　還有一項革命對經濟分析的進展更有幫助，那就是 17 世紀末醞釀的產
業革命。產業革命對產出規模影響很大，對原料、人工、資源的需求急速
增加，國內外貿易規模水漲船高。在社會方面，開始出現工人階級與資產階
級，商人的數量與地位大增，原本的貴族逐漸衰退，以獨占追求超額利潤的
政經關係，逐漸被市場競爭取代。另一方面，農業生產開始專業化、規模
化，圈地養羊而趕走農人（羊吃人）的事愈常見。工業方面，中大型的工廠
逐漸興起，傳統工匠的生存空間逐漸減縮。短暫的百年間，經濟結構、社會
問題、政治權力都面臨急速變革。思潮方面，更朝向鬆綁、減少管制干預，
財產權與人身權愈來愈自由化。在這樣的變化氛圍下經濟思想跟著轉變，主
要特色有五：

　　1. 政府的干預減少：政府不必介入太深，一來減少行政成本，二來民間
的自主性提高，管得更少管得更好。

　　2. 隨著宗教勢力的弱化，以及高利貸法的廢除，民間更傾向表達自利的
動機。自利論逐漸高漲，不必隱藏利益的動機與作為。

3. 自利與公益不一定衝突，是可以和諧共存的觀念。努力賺錢不再是羞恥，反而是榮耀性的成功象徵。

4. 國際間興起交換資源、商品、人員的熱潮，貿易是國與國的互利，是國家富強的重要因素。

5. 經濟學理受到物理學影響，逐漸走向追尋不變的法則（類似超越時空的真理），例如報酬遞減法則、賽依法則、比較利益法則、勞動價值說。

問：重商主義的受益者是獨占者、權臣、王公、貴族，重農學派的受益者是農業部門。自由化與鬆綁化的受益者是誰？

答：就是要社會體系普遍受益，不為特定階級或某個族群謀福利，要群體共享解禁後的大繁榮。在這個概念下，每個行業都有各自的貢獻與尊嚴。當然，工人與農民仍居劣勢。另一方面，經濟概念與辭彙也有明顯轉變，例如競爭成為合理化的名詞，是市場機能的代名詞，是效率化的核心概念。隨之而來的變化就多了，例如私人部門的比重上升、公共部門的重要性下跌、GNP 與所得以高仰角爬升、貿易量大幅增長、勞工人數激增、農業部門衰減、農產品都市化。這些明顯的變化，奠定產業革命的基礎。

然而過度強調自由化也有弊端，例如不適應者或弱勢工人與農民，會被無情地淘汰。另一方面，積極鼓勵成長，造成生產過剩與過度競爭。碰到天災人禍蕭條時，自由主義容易造成失序混亂，反過來變成吞噬性的怪獸。這些事在歷史上已出現多次。

6

亞當斯密與市場機能說

這章的主題是眾所熟知的古典學派創立者：亞當斯密。他的自由學說與成長理論流傳至今，他也是 18 世紀中期政治經濟學的集大成者。以下簡介兩本傳記，有助於理解他的生平與見解。第一本是約翰・雷（John Rae）的《亞當斯密傳》（*The Life of Adam Smith*），中譯本有北京商務印書館與華夏出版社兩個版本。第二本是伊恩・羅斯（Ian Ross）的《亞當斯密傳》（*The Life of Adam Smith*），牛津大學 1995 年初版，2010 年增訂版，浙江大學出版社 2013 出版中譯版。亞當斯密全集有兩個主要來源：⑴牛津出版社的網頁（www.oup.com）；⑵Liberty Fund（www.libertyfund.org）提供平價版。

圖 6-1　亞當斯密（1787）

《國富論》的版本與見解

《國富論》的中譯本有好幾種。如果想了解《國富論》在 20 世紀初期，如何被嚴復譯成「駸駸與晚周諸子相上下」的《原富》（1902），請參看《亞當史密斯與嚴復：《國富論》與中國》（三民書局 2002）。這本小書回答兩個問題：⑴在中文詞彙與概念尚不足夠的情況下，西洋經濟學說用哪種詞語和思想方式傳入？⑵從追求富強的角度來看，以提倡自由放

任、反重商主義、最小政府為主旨的《國富論》，對清末的知識界和積弱的經濟，產生哪些影響與作用？

為何以嚴復和《原富》為分析對象？一因嚴復譯介的西方學說，對知識界產生廣泛影響；二因《國富論》在思想史上有其開創性地位。這本名著在近代思想啟蒙的階段，透過「譯文雖美，而義轉歧」的節譯和豐富的案語，從中國經濟學史或思想史的角度，都有顯著意義。

圖 6-2 《原富》書名頁

問：請簡要解說《國富論》的主要見解。

答：主張自由放任、自由競爭、最小政府，反對 16 ～ 18 世紀的重商主義。國家干預經濟運作的初始目標是要增進全國利益，但政府猶如看得見的腳會妨礙市場機能運作。這套干預的政策有幾個特色：

1. 明顯維護有政治權力和影響力的利益團體。
2. 干涉私人部門活動的自由。
3. 積極追求貿易順差，引起夥伴國敵對。
4. 需要武力保護商業活動與殖民地，導致軍事花費過鉅。
5. 英國的國際市場競爭力因而減弱。

《國富論》第四篇主張讓個體自由行動，因為他們在追求自己最大利益時，會有一隻看不見的手在調和，使得社會的總體利益比看得見的腳在干預時，來得有更長遠、更高的利益。《國富論》反對的，不是重商主義所追求的國富，而是反對在此項目標下政府的干預過程與後果。亞當斯密不是國家主義者，也不是大同世界主義者，他是理性的利益維護者，他的自由經濟政策基本動機是維護英國競爭力。

《國富論》並不只研究理論，也探討長期增長的政策。亞當斯密被稱為「經濟學之父」，因為他是有系統討論經濟現象與原理的集大成者。此外，《國富論》已隱含生產與分配的理論基礎，也能運用抽象原則檢討政策史，

建議以有限政府的概念，取代兩個多世紀來的政府大有為。此書的創新論點並不多，但它處理的範疇、概念、寫作方式、內涵精神，是在經濟學史上留存的重要因素。

亞當斯密的基本主張可簡化成三點：

1. 人的基本動機是自利。

2. 他假設一種自然法則（猶如宇宙間有自然律），會使得個人在追求自利的同時，也會達到社會的最高共同利益（看不見的手定理）。

3. 要達到這個境界，最簡單也最有效的方法，是自由放任不干擾；政府的功能限於司法行政、保衛國家、公共建設、公共制度（如教育）。

分工可以增加生產力

問：為什麼亞當斯密會有這樣的想法？當時的知識界流行什麼觀點？

答：那個時代的知識圈，現在稱為蘇格蘭啟蒙運動，有兩項特色。(1)運用理性推理解釋各種現象。(2)運用牛頓式的科學觀，以尊重自然的秩序為原則（自然法則說）。這和法國重農派近似，因此亞當斯密和揆內有共鳴，因為他們都反對重商主義，反對人為的干預和障礙。《國富論》出版時若揆內健在，亞當斯密打算把這本書獻給他。從亞當斯密的師友關係來看，有好幾位也是蘇格蘭啟蒙運動的代表人物，例如前幾章介紹過的大衛‧休謨，他是年長亞當斯密 12 歲的師友；以及亞當斯密在格拉斯哥（Glasgow）學院讀書時的老師法蘭西斯‧哈奇森（Francis Hutcheson，1694~1746）。

《國富論》的全名是《對國家財富本質與起因的探討》，亞當斯密認為分工是國富的根本，他舉個著名的例子：製針廠流程的分工效果。如果同一個工人負責全部過程，每人每天平均可做出 20 支。如果製針廠讓每個人只負責某個流程，例如有人專責升爐火，另一人專拉鋼絲，另有人專門磨尖、打孔，把生產流程拆成 18 個階段，各司其職，讓每個人專業化、靈巧化。結果相當驚人：每人每日平均可生產 4,800 支，產量大增 240 倍。

這個例子顯示：不必增加僱用人數，也不必提高薪資，只要透過分工與流程合理化，生產力就可以指數性地增長。1980 年代平均每人每天可生產 8 萬支，比 4,800 支增加 167 倍。但過度分工也有明顯缺點：工作單調化、目

圖 6-3　製針廠的流程

光如豆化、工人與產品的關係疏離化。優點是：生產效率提高，實質工資上漲，國民所得提高。

問：只靠分工不會讓所得大幅長期成長，還需要搭配其他因素吧？

答：那當然。分工增加生產效率、增加整體產出。這是邏輯推理的結果，中間還需要幾個過程：效率增加後就有人肯投資，可僱用更多人、購買更多設備，增加產能與產出後，國民所得就增加了。這是《國富論》的大致結構：財富起因的探討。

但分工也是有條件限制的。以製針廠為例，分工後每人每天製造 4,800 支，需要分工是因為針的市場很廣。相反地，如果市場需求只有 20 支，那還要分工嗎？所以市場的大小，決定分工的廣度與深度。以電腦業為例，市場是全球性的，每年銷售幾億台。這麼大的市場範圍下，分工必然也是全球性的：面板在中國做，記憶體在韓國做，組裝在馬來西亞做。這個道理今日很顯然，早在 1776 年亞當斯密就用一句名言：「分工受到市場範圍的限制。」（the division of labor is limited by the extent of the market）講得透徹。亞當斯密的特點就是能提出學理分析與政策意涵，也能把各派學說納入《國富論》，建構出體系性的框架。

分工雖然是《國富論》的首章，但他也很強調資本的重要性。如果沒有資本怎麼購買設備、聘員工、落實分工？1776 年金融市場尚未健全，資金是稀有財，是生產的重要根源，是資本主義的泉源，也是成長的引擎，重要

性當然在分工之上。亞當斯密的意思很清楚：在不增加資本的情況下，分工是增強生產效率的重要方式。增加資本後加上分工之助，結果就是如虎添翼的產業革命。

鑽石與水的矛盾

問：將近 900 頁的書，不會只講這個道理吧？

答：建議各位找中譯本翻看一下。這本 1776 年的老書，當然不是每章每頁都會引起你的興趣。如果讀幾頁與自利說、自由貿易論、有限政府論的原文，就可以理解為什麼有人說，亞當斯密的文句有種音樂性，可以高聲朗讀。你也可以明白，這本書不斷重印的重要原因：譬喻生動、文字簡單優美。舉一小段人性自利說為例：「屠夫、釀酒者和麵包師傅，並不是因為想到我們的晚餐要吃喝什麼，才去做這些東西；他做這些事時，其實只想到自己的利益。」消費者想用最便宜價格買到，生產者想賣到最高價。這些交易隱含一項重要法則：有隻看不見的手（市場的競爭機制）在導引買賣雙方，各自得到最符合自己的利益。

換句話說，每個人在追求自利的同時，透過這隻看不見的手，不必特意去考慮別人，也會讓社會的利益達到最佳狀態。再換句話說，市場機能會讓經濟效率化，追求自利並不是自私的行為，只要透過競爭機制，就可以讓產出極大化，國民所得快速成長。為什麼？因為每個人最知道自己的需求，比政府和國會更知道如何讓自己滿意。政府放手不干預，每個人就能依照自利原則，追尋自己的目標。

相對地，政府自以為是，擔心人民無知無能，想要「大有為、作之君、作之親」，反而會妨礙百姓追求自利，結果是阻礙進步與富裕。同樣的道理也適用對外貿易：採取自由放任政策，讓國際產品自由流通，各國互惠互利，而不是你增我減、我多你少的零和概念。換句話說，把餅做大比你多我少更重要。

在這個概念下，應該廢止重商主義的獨占權、殖民地的經營權，讓一切自由化、分工化、專業化，這才是國家財富的根源。政府只需做：⑴保衛國民不受外人攻擊；⑵維持行政效率與司法公正；⑶執行公共建設（造

橋、修路、運河、港口）；(4)發行貨幣與管理利率；(5)保障專利權；(6)保護幼稚民族產業；(7)推廣商業與教育。

除了談這類政策原理，《國富論》也有學理探討，以鑽石與水的矛盾為例。鑽石很貴但不能充飢不能解渴，另一方面，水是日常的廉價物品，但飢渴時能救命。為什麼你肯花大把銀子買救不了命的鑽石，而能救命的水又那麼不值錢？你當然會說鑽石很有用，可帶來社會地位與注意力。但你肯花同樣的代價買第 3 或第 4 顆鑽石？亞當斯密時代的哲學家對這個矛盾提不出答案；他們已經具有效用的概念，想用來分析價值是如何決定的，但沒成功。

19 世紀中葉有了邊際效用的概念，才能對這個問題提供簡明答案。鑽石很貴是因為它的邊際效用很高，只要有 1 個 20 克拉在手，立刻吸引社會欣羨目光。但你不願意付出同樣的高價，去買第 2 個或第 3 個。因為鑽石的邊際效用遞減快，第 2 個的效果比第 1 個差太多了。為什麼能救命的水反而那麼便宜，答案很簡單，因為數量多，取得容易（邊際效用很低）。一輩子沒鑽石也不會怎樣，但 3 天不喝水大概就活不了，所以水的總效用很高，每天都很重要。

請試著回答另一個相關問題。(1)珍珠會這麼貴，是因為要花很大力氣，潛入海中才能取得；(2)或是因為珍珠很昂貴，才有人肯冒險潛入海中？如果你認為答案是(1)，那就是以下要談的勞動價值說。意思很簡單：為什麼一張桌子賣 100 元？因為除了 20 元的材料成本，還要工人投入 7 小時（價值 70 元），加上利潤 10 元。材料與利潤可壓縮的空間有限，所以影響桌子價值的主要因素，就是勞動投入量：如果你工作馬虎，3 小時就做好，就可以用 60 元低價促銷；如果你慢工出細活，10 小時才做好，那就要賣 130 元。對 18 世紀大多數的製造品來說，勞動的投入量決定了大部分商品的價值。

你可以輕易反駁：畢卡索 5 分鐘繪的圖，比我用 50 小時繪的價值高 5 萬倍，價值與勞動力可以完全不相干。是的，但那是特例。對亞當斯密（與我們）而言，在日常生活中，勞動成本對大部分的商品，還是（最）重要的構成因素。這個概念後來被馬克思用來提出剝削說：工人投入 7 小時製造桌子，產出 70 元的價值，雇主只付 40 元工資，這 30 元的差額就是對勞動者

的剝削。

如果你花 20 小時打一隻鹿，別人 5 小時打到狐狸，勞動價值說認為，鹿的價值是狐狸 4 倍。但另一群獵人 3 小時就能獵狐，所以勞動投入量不是衡量價值的好標準。現代採用 19 世紀末的方法：價值的標準由供需決定。供需的背後是價格，價格的背後是（貨幣的）效用。畢卡索的畫只花 10 分鐘，但富豪錢多（貨幣效用很低），花 1 億買還認為便宜。

亞當斯密有項重要特質，今日經濟學家很可以學習：從基本人性出發，注意現實政策，不輕忽哲學面向，還能綜觀歷史變化，很少人能同時做到這些面向。他逝前不久執意燒掉許多手稿，要不然還有許多著作流傳下來。《國富論》剛出版時，有人寫過不好的評論，有個說法是：亞當斯密沒做過生意，這種人對經濟現象的分析，大概不會比律師寫的物理學好多少。

亞當斯密的貢獻不只在經濟學

順便講個小誤解。大家以為亞當斯密反對所有的干預，主張一切都由市場機能來運作。其實他主張制訂航海法讓國貨國運，外國船不准進入港口，這些都違反自由貿易的精神。亞當斯密的基本目的是要英國強盛，只要對富國強兵有助益的，他就贊成（例如航海法）。他反對重商主義的干預，是因為在 18 世紀時這種手法對英國的害處高於益處。如果他生在 16 世紀，就會贊成重商主義，因為那是幫助都鐸王朝興起、打敗西班牙無敵艦隊（1588）的重要策略。

自由經濟主義不是超越時空的真理，政策與路線的優劣會隨著時代條件而異。《國富論》在今日仍受歡迎，是因為美國式的資本主義主宰世界，亞當斯密的自由學說正好是資本主義的神主牌。再過幾章我們就會看到，馬克思派如何詛咒《國富論》，如何咒罵亞當斯密是資本家的走狗。如果跳脫現實世界的功利算計，純就學術發展史的貢獻來看，亞當斯密當然是座高聳的里程碑。

蘇格蘭經濟學者亞歷山大・格雷（Alexander Gray，1882~1968）說：「亞當斯密在政治經濟學史上居於核心地位，謹慎的海員很少敢冒然進入這麼大片的汪洋大海。」格雷的意思是說，除了《國富論》以外，亞當斯密在

哲學、社會學、法學、修辭學都有重要貢獻。

　　如果翻一下亞當斯密全集 6 大冊，必然會驚訝他的廣度與深度。經濟學只是他的貢獻之一，他是個多學門、多角度的大型狐狸。他是個書呆子，生活的低能者，但受人愛戴。他完全不是狹隘的技術型分析者，他是廣泛型的人文社會科學家。用 Google 查索 *The Wealth of Nations*，出現 265 萬筆資料。單是《國富論》的研究就是個產業，如果更廣泛地以亞當斯密的研究來看，規模就大到難以形容了。*

---

* 參見五本綜述評論：

(1)*Adam Smith across Nations: Translations and Receptions of The Wealth of Nations*, Oxford University Press（2000，29 篇 446 頁）。(2)Knud Haakonssen (2006) ed.: *Cambridge Companion to Adam Smith*（14 篇 409 頁）。(3)Jeffrey Young (2009) ed.: *The Elgard Companion to Adam Smith*, UK: Edward Elgar（20 篇 374 頁）。(4)Christopher Berry, Maria Pia Paganelli and Craig Smith (2013) eds.: *The Oxford Handbook of Adam Smith*（28 篇 656 頁）。(5)Ryan Patrick Hanley (2016) ed.: *Adam Smith: His Life, Thought, and Legacy*, Princeton University Press（32 篇 571 頁）。

7

馬爾薩斯與有效需求說

　　介紹兩位好朋友，也是意見相左的論敵，對後世都有長遠的影響。先談以《人口論》聞名的湯瑪斯・馬爾薩斯（Thomas Malthus，1766~1834），下章解說李嘉圖（David Ricardo，1772~1823）對分析與政策的貢獻。英文版的維基百科對馬爾薩斯有 16 頁的解說（2023 年 9 月），可連結到他的學會網站，值得參訪。

馬爾薩斯與人口論

　　大家都聽過他的著名譬喻：食物的增長是算術級數（1、2、3、4、5、6），人口的增長是幾何級數（1、2、4、8、16、32）。也就是說，人口的成長（分子）會遠快於糧食（分母），頭重腳輕的結果，就是難以逃離馬爾薩斯陷阱：陷入人多糧少的貧困窘境。大眾對他的印象大約僅止於此，其實他對社會議題與經濟政策都有重要分析。*

　　凱因斯的 30 冊全集，第 10 冊是傳記文集，有一章談馬爾薩斯的生平與貢

圖 7-1　馬爾薩斯（1834）

＊　建議讀一本以此為主題的書：葛瑞里・克拉克（Gregory Clark）的《告別施捨》（*A Farewell to Alms*）。第 2 章是對陷阱理論的好解說。建議選讀第 1、2、3、10、12、13 章。

獻。文章一開始就說,馬爾薩斯本來寫為 Malthaus(釀酒者),這個家族已有好幾代從事神職,就去掉後面那個 a,讀起來就和釀酒無關。他父親丹尼爾(Daniel)是有名氣的鄉紳,和當時的重要知識份子如法國的盧梭(Jean-Jacques Rousseau,1712~1778)及蘇格蘭的大衛‧休謨有密切往來。馬爾薩斯 1788 年從劍橋大學的耶穌(Jesus)學院畢業後擔任牧師。1798 年出版《人口論》(32 歲),1803 年增訂,1820 年出版《政治經濟學原理》。

問:《人口論》(1798)離《國富論》(1776)才 22 年,為什麼亞當斯密的語調那麼樂觀,馬爾薩斯卻那麼悲觀?

答:你問到重大問題,在此只能大略回答。現在已有英國的長期實質工資統計(1200 ~ 2000),證實一件事:英國大約在 1800 年才完全脫離馬爾薩斯陷阱,1800 ~ 2000 年間是英國有史以來增長最迅速的時段。如果把這200 年間局部放大,可看出有過好幾次衰退,18 世紀下半葉最嚴重的大蕭條,就是 1795 ~ 1800 這 5 年間。

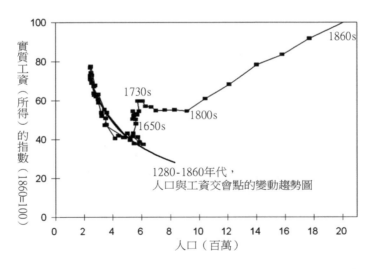

圖 7-2　1280 年代～ 1860 年代工資與人口的交會點
(粗線負斜率部分,表示人口成長高於所得成長的陷阱期)

《人口論》的初版是 1798 年，正值英國陷入貧困狀態，工人失業嚴重，政府積極施行救貧法（Poor Laws）。由於民不聊生，有人要求廢止穀物法。第 4 章介紹重商主義時說過，英國透過順差累積金銀，同時高關稅保護工商業與農業。金銀累積多了，物價與糧價必然高漲。但在關稅保護下，外國的廉價穀物無法進口，這就是知名的穀物法（Corn Laws）。

如果讓德國的廉價小麥自由進口，就不會有饑荒問題，工人的實質購買力上升，何樂不為？反對者是地主和貴族，因為進口廉價小麥會打垮農業。如果農業垮了，當戰爭時港口被封鎖糧食從哪來？馬爾薩斯不是地主，也不是貴族，他主張維護穀物法的理由是：當時工商業占 GNP 的比重不高，農業是唯一能累積資本的部門。廢止穀物法不但打擊農業，恐怕連工商業都沒機會發展。

問：馬爾薩斯說人口是幾何級數增加、糧食是算術級數增加。若此說成立，為什麼 1800 年之後英國能逃脫陷阱、進入產業革命？

答：幾何級數與算術級數是解說上的譬喻，對策當然是雙管齊下：農業增產與減少人口。前者是農業技術問題，不是每個人都能有所貢獻。減緩人口成長率人人可以參與，例如減少生育、晚婚、禁欲、道德教育。另一方面，戰爭、瘟疫、饑荒、天災也會減少人口。馬爾薩斯是牧師，但他反對濟貧法，因為無條件救濟貧困，反而會增加品質較差的人口。悲憫式的救助對社會沒有意義，他建議婚後 2 年出生的小孩政府才提供社會協助。

為什麼能逃離陷阱？要刻意減少人口並不容易，不如把努力放在所得的增長：鼓勵自由貿易、投資、生產。李嘉圖就是持這種看法，認為前途是樂觀的，事實證明他是對的。雖然英國碰到短暫蕭條，但長期而言資本與工資的成長並不差（史實支持此點），馬爾薩斯過慮了。李嘉圖晚年說：現在我當了祖父，明白馬爾薩斯的幾何級數和算術級數都錯了。

為了實行他的理論，馬爾薩斯 38 歲才結婚，生了 3 個孩子，但無孫輩。李嘉圖 21 歲早婚，生了 8 個子女和 25 個孫子。

有效需求說

問：1930 年代大恐慌時，凱因斯提出的理論與政策，相當受到馬爾薩斯的有效需求說啟發。馬爾薩斯有什麼見解值得我們關注？

答：18 世紀下半葉景氣跌落谷底，馬爾薩斯觀察到，工人扣除生活費後不足以購買自己生產的產品。也就是說，會有過剩的物資滯銷。他認為那時期的症狀是有效需求不足（insufficiency of effective demand），現代的用語是消費不足（underconsumption）。這個觀念違反當時學界的基本認知：供給會創造本身的需求（supply creates its own demand），這個概念是有名的賽依法則（Say's Law），紀念法國經濟學者尚－巴斯蒂爾·賽依（Jean-

圖 7-3　賽依

Baptiste Say，1767~1832）。意思是說：生產的目的是為了消費。沒有人是為了生產而生產。生產者也是消費者，會將所得用於消費，所以不會有過度供給。

其實《國富論》早已提過這個概念，因為凱因斯在《一般理論》內只引述賽依的說法，學界就誤稱為賽依法則。不管是誰先說的，古典學派基本上認同這個概念：供給不會過剩，因為在生產的過程中，自然會產生足夠的工資、利潤、租金、所得來購買各種產品。某項商品在短時間內或許會因為規畫不當，或由於外力干擾而生產過多，但整體而言，這種現象會自我修正，會自動恢復均衡。

這些人怎麼這麼天真，難道不明白失衡才是常態，均衡反而是異常？還記得我們舉愛因斯坦的例子，說他認為宇宙是穩定的。廣義相對論告訴他，宇宙要不就正在膨脹或正在萎縮，他還特意加上一個常數，來讓他的宇宙靜止。不要嘲笑賽依法則，也不要嘲笑古典學派，我們說不定也一樣，正在自

以為是地誇耀著某些會被後代嘲笑的真理。

回頭來談有效需求不足說。這是收錄在《政治經濟學原理》（1820）第二篇，他的正式用語是「市場過剩」（general gluts），理由如前所述：工人的收入不足以購買所生產的物品。他認為有效的方法是鼓勵非生產性的消費，具體的做法是王公貴族地主把地租，透過配偶、子女、情婦、僕役，花費在奢侈品與非生產性的用途，這樣才能刺激消費、鼓勵生產、拚經濟救國家。如何鼓勵有閒階級花錢救經濟？那就要保障地主收益，不能廢止穀物法，因為地主是唯一能累積資本、投資產業、僱用勞動的階級。

另一個消除過剩物資的辦法就是對外戰爭，這能刺激各種產業還能解決失業。還有個辦法就是政府擴大支出，做公共建設（修橋造路蓋學校）。這項原則後來被凱因斯吸收，1930 年代初期美國大蕭條能快速復甦，就是這麼做的。另一個辦法，就是政府花錢養失業者，領乾薪後去購買庫存商品。凱因斯也學到這個觀念，建議政府聘僱失業者，每人發一把鏟子和 50 英鎊，各自找個地方把錢埋地下。再僱一批失業者，也發給鏟子，告訴他們埋錢的方向，挖到就算救濟金。

《管子‧侈靡篇》鼓勵富人多消費或浪費，目的就是振興經濟。這些概念古今中外都有，只是到了 1930 年代凱因斯寫在《一般理論》第 3 章，美國把這些觀念政策化才為眾所熟知。馬爾薩斯的消費不足論在百多年後大紅大紫，主因是博學的凱因斯在年輕時讀過馬爾薩斯，才讓有效需求說翻身，在大蕭條的對策上大展身手。

啟示錄型的錯誤

問：馬爾薩斯陷阱還有用嗎？

答：馬爾薩斯陷阱是經濟史上的大議題，不屬於思想史的範疇。以 21世紀的眼光來看，馬爾薩斯對人口的預測錯了，但他的說法一直沒被人忘記，不只是因為幾何與算術的說法引人注目，而是許多開發中國家還沒能跳脫陷阱。用哲學的術語來說，這種未落實的預言稱為「啟示錄型的錯誤」（apocalyptic fallacy）。意思是：只用簡單的推理，來預測一個沒有時間終點的結果。類似的預測錯誤，就是馬克思說人類會從資本主義進化到社會主

義，最後會進入共產主義的天堂。

這類預言不具備理論基礎，根據太少事實得出過多、過遠的結論。同時代的人沒有更好的實證，也無從駁斥或推翻。太少證據得到的太大結論通常是錯的，主因是世事變化既大又快。馬爾薩斯怎麼也想不到200年後的人口只增到70億，他更沒想到科技進步竟然這麼快。單就糧食來說，基因改造已不是新聞，已有垂直耕種法，30層的專業種植大樓，高效率、低汙染生產糧食。

馬爾薩斯的貢獻是思想性的、觀念性的，缺乏分析性的剖析與概念性的延伸。下一章談李嘉圖，他是個鮮明的反差。

8

李嘉圖與差額地租說

李嘉圖生平及理論

　　李嘉圖是荷蘭裔猶太人，父親是
證券業者，把兒子帶進商界（14 歲）。
21 歲他娶貴格派（Quaker，或稱公誼
會或教友派）的妻子，因而脫離猶太
信仰，成為一神論（Unitarian，反對三
位一體論）的教徒。父親怒而斷絕關
係，日後重修舊好。靠著金融界的協
助，他在證券業獨立經營，財富很快
超過父親，43 歲退休改在幕後經營。
51 歲中耳炎過世，遺產超過今日的 1
億美元，其中 2/3 是不動產與宅邸。

　　李嘉圖能大富，主要是在威靈頓
公爵與拿破崙的滑鐵盧會戰時賭對了
邊。當時拿破崙的聲勢如日中天，英

圖 8-1　李嘉圖（約 1821）

國政府為了籌戰費所發行的公債沒人敢買。李嘉圖賭性堅強低價大量買入，
馬爾薩斯因膽小而全部賣給李嘉圖。沒想到拿破崙竟然在滑鐵盧大敗，李嘉
圖手中的公債價值翻了很多倍，幾乎是一夕致富。

　　李嘉圖富裕後對經濟學產生興趣，27 歲讀《國富論》，還成為議員參
與政策爭論。最主要的著作是《政治經濟與賦稅原理》（1817），加上他和
馬爾薩斯的長期通訊與各式文章，皇家經濟學會委託皮耶羅‧斯拉法編輯為
十冊（加上索引 1 冊），1951～1955 年間在劍橋大學出版。

馬克・布勞格的博士論文研究李嘉圖的方法論（分析經濟問題的眼光與手法）。他說李嘉圖「在知識分析上具有一種特出的抽象天賦，在過去與今日同樣令人讚嘆」。亞當斯密被尊為政治經濟學之父，因為他的視野開闊、體系完整、文章動人。從近代重視抽象分析的角度來看，李嘉圖才是真正的理論建構鼻祖：探討具體政策時，先建構背後的理論，以及理論背後的基本概念。

在具體政策方面，他主張廢除穀物法、自由貿易論，這兩點和亞當斯密立場相同。他們只用文字表達，很少用數字，沒有幾何圖形，也沒有方程式。兩人的理論基礎與分析方法很不同，各自的理念、概念、方法，今日仍深刻地影響我們。

從個性來說，李嘉圖是原則性強的人，守承諾重信義，常會建議違反自身利益的政策，例如上一章提過的廢除穀物法。他的正式教育只到 14 歲，但對科學與數學很有興趣。雖然只活 51 歲，也不是專業研究者，竟然能寫十冊全集，還能提出重要學理。更驚訝的是，他竟然有寫字的困難，具體原因尚不夠理解。

他在理論分析上的特點，是很能做抽象演繹，據以提出政策建議。古典學派受到牛頓的影響，希望能從社會現象中，找出超越時空的原理（例如報酬遞減法則）。就分析手法來說，亞當斯密從廣博史實，歸納出原則性的結論。李嘉圖反其道而行，從基本的假設推論問題的邏輯基礎。他是商界出身，目的不在建構純粹理論，而是要讓現實的政策更健全。沒有學理基礎的政策，對國家社會的傷害遠超過行政不效率。

問：李嘉圖提出哪些值得關注的理論？

答：篇幅有限，在此只介紹他最特殊的學理：差額地租理論。這個理論可以引申到兩個重要面向：所得分配論與成長停滯說。

差額地租說是他的原創概念，基本意思很簡單：兩塊田地的租金為何不同？他認為原因出在生產力不同：甲地每年產 9,000 斤米，乙地 7,000 斤，所以甲地的租金是 2,000 斤，乙地的租金是零。這種說法很奇怪，租地不是你情我願的事？這不就是簡單的供需原則？

現在就來比較這兩種決定地租的方式：

1. 甲乙兩地生產力相差 2,000 斤，所以地租是 2,000 斤。

2. 若透過供需決定地租高低，地租就和生產力無關：若簽約付 2,000 斤租某塊地，即便因天災人禍害收成為零，還是要付租金。

第一種方式考量生產力的差異，不是更合乎經濟分析嗎？但是在現實社會中第二種方式才是常態。如果你要擺個香雞排攤位，當然會挑人多的好地點，一方面銷售量大，二方面每塊雞排可多賣 5 元。所以你向街頭商店主人談攤位租金時，雙方都明白這會比街尾的攤位貴，因為街頭每平方尺的生產力比較高。

李嘉圖根據第一種方式的考量，提出重要論點：在關稅保護下，糧價變得很高，農人耕種 A 級的耕地生產力會很高。A 級地的租額如何決定？就由 A 級與 B 級耕地「生產力的差額」來決定，這就是差額地租說。

以當時的英國為例，在穀物法保護下，若英國小麥的價格是德國的 3 倍，會出現幾種可能性：

1. 地主會耕種 D、E、F 級的土地，因為穀價高所以耕劣地還合算，這表示穀物法會造成資源的使用不效率。如果穀價持續增高，人口繼續增加，又不開放穀物進口，總有一天連 X、Y、Z 級的爛地都要整理、灌溉、施肥，甚至會拿花瓶種小麥。

2. 這麼一來，A 級耕地的租金就會高到不合理。也就是說，地租的高低是由穀價的高低決定，用英文來說就是 rent is corn price-determined（高價穀物造成高價地租）。你同意這個邏輯吧！

3. 但這和生活上的觀念不同：我們先和街頭商店主人談好攤位的租金每月 1 萬元，比偏遠位置的貴 5,000 元。我每月能賣 1,000 塊雞排，所以每塊雞排必須貴 5 元。換個方式來說，這是高地租造成高價雞排，租金影響雞排價格（price-determining，高租金造成高物價）。

反對穀物法

問：這不是同一件事嗎？我和屋主都知道這個地點好，每塊雞排可多賣 5 元，才同意租金貴 5,000 元。這麼簡單的供需原理，需要複雜的分析？

答：日常生活的租金是由供需原則決定，不是由生產力的差額決定，因為太難計算了。聰明的李嘉圖為什麼要自找麻煩，去構思差額地租呢？他有兩個目的：(1)提醒主張穀物法的人，說這會讓英國的穀價異常、地租異常、資源不效率化（去種 X、Y、Z 級的爛地）。(2)從分析的角度來看，區別 price-determined 與 price-determining 的概念，目的是要說明：由於穀價高（被穀物法害的），才會導致地租高，而不是因為地租高，才導致穀價高。原凶不是地主，而是關稅保護。

差額地租說還有個重要目的：解說國民所得如何在地主、資本家、工人之間分配，也就是要建構各階級間分配所得的基本原理。先說工人的「所得份額」如何決定。17 ～ 18 世紀時工人收入增加必然多生小孩，接下來就是生活惡劣化，養不起的就餓死或病死。雖然工人的實質收入會隨著景氣而有高低，但長期平均而言實質工資只能維持基本的生活，古典學派稱之為工資鐵律。假設工資鐵律在 1810 年是 10 鎊，全國有 100 萬工人，那麼大體而言，國民所得中分給工人的總額度（工資份額）就是 1,000 萬鎊。

接下來的問題就麻煩了：工人拿走工資份額後，你怎麼知道剩下的部分，在地主與工商（資本家）之間如何分配？李嘉圖想出個絕妙辦法，不很精確，但可以很快知道大致的百分比，祕訣就是差額地租。

他知道一公頃 A 和 B 級耕地生產力的差額就是 2,000 斤，他也知道全國的 A 級地大約有 3 萬公頃，就可以估算出 A 級地的租金，總收入是 6,000 萬斤。同樣的道理，假設 B 和 C 級耕地的生產力差額也是 2,000 斤，B 級地有 4 萬公頃，那麼 B 級的地租總額就是 8,000 萬斤。

用這個方式繼續算下去，假設只耕作到 K 級土地，假設你也知道各級耕地的總面積，也知道它們的生產力差額，很快就可估算出全國的地租總額。你當然會問：這和實際的地主總收入會有多少差距？我怎麼知道？就算逐戶調查，地主通常不肯明說或必定低報。你耗神費錢全國跑一趟，不如我在書桌估算一小時。李嘉圖的目的不在數字的精確，而是要知道方向性與級

數性的高低。從實用的角度來說就是要告訴大家：如果繼續維護穀物法讓糧價高漲，就會讓地主耕作到 X、Y、Z 級的地。耕地的級數愈低，被地主分走的所得比例就愈高。

這有什麼影響？很簡單：全國只有三個階級，工人分到的部分只能維持基本生活，無法再壓縮。地主分到的愈多，工商業界能分到的就會被壓縮，能用來投資的資金必然減少，工商業怎麼起飛？產業革命怎麼可能成功？換句話說，英國的長期命脈很可能就斷送在穀物法上。李嘉圖的差額地租說，確實違反日常生活概念，也不容易計算精確。但你也很容易明白，這種抽象思考提出看似奇怪的概念，但在理論上與政策上都很有解釋力。

李嘉圖與馬爾薩斯的爭論

問：我有點跟不上，可否多解釋一下穀物法的爭議？

答：穀物法的存廢，國會有激烈爭執，社會歧見很深，也是保護主義 vs. 自由貿易的大論戰。簡述此事：穀物的衡量單位是 quarter（= 8 bushels = 291 公升）：1770～1779 年間的穀物價格，每個 quarter 約 45 先令，1790～1799 年間約 55 先令，1800～1809 年間約 82 先令，1810～1813 年間約 106 先令，其中的頂點是 1801 年的 177 先令。價格這麼高有三個原因：(1)16～18 世紀重商主義期間，英國累積太多外匯導致物價上漲。(2)穀物法的進口稅高導致糧價過高。(3)拿破崙戰爭期間的禁運，以及擔心戰時缺糧的預期心理，更拉抬了糧價。

1813 年下議院建議禁止國外穀物進口，直到國內每 quarter 的小麥價格達到 4 英鎊（= 80 先令，2010 年的幣值約 202.25 英鎊）。馬爾薩斯認為這個價格合理，但李嘉圖這派認為這種保護政策後果嚴重。(1)農業會愈來愈沒效率，因為受到價格保障農民會耕作更貧瘠的土地。(2)高穀價等於高工資等於高生產成本，英國產品必然失去國際競爭力，過去辛苦累積的成果會被保護政策摧毀。經過激烈的長久爭論，1846 年元月國會決議，3 年後（1849 年 2 月 1 日）廢止穀物法，這 3 年期間稅率逐年遞減，之後每 quarter 只收 1 先令關稅。

馬爾薩斯是神職人員與知識份子，他支持穀物法的動機是公益性而非自

利：他擔心地主被外國穀物打垮，國內資金累積困難。相對地，李嘉圖投資證券發大財，27 歲後無生活擔憂，對政治經濟學產生濃厚興趣，買了大量土地當鄉紳，還成為國會議員。他主張廢除穀物法，其實最違反自身利益，因為他的收益會蒙受損失。

換句話說，這兩個人贊成或反對此事，完全不考慮個人利益，而是國家的長期發展。他們的通訊後來彙集成書，方便理解主要的觀點差異，引一段話來說明這項高貴情誼。1823 年李嘉圖逝世前，寫最後一封信給馬爾薩斯：「現在，親愛的馬爾薩斯，我的話都說盡了。正如其他好辯者，經過這麼多辯論後，你我皆可保留自己的看法。但這些辯論並不影響我們的友誼，即使你完全同意我的話，我也不見得會更喜歡你。」

回頭來看當時的背景，在李嘉圖的時代產業革命跡象還不明顯，雖然棉紡業已開始用機械取代人工，但還停留在報酬遞減階段。要到 19 世紀中葉，許多重要發明（如蒸汽機、鐵路）有 GNP 意義後，產業才進入報酬遞增階段。19 世紀中葉前的經濟有幾項特徵：(1)工人只在生存邊緣掙扎。(2)由於穀物法的不當保護，導致農業邊際生產力大降，甚至小於零。(3)工商界資金有限，難以自發性地成長，生產力不易突破。在這三種情況下，英國很快就會達到停滯點（stationary state），甚至負成長。

有個簡單辦法可以同時打破這三種窘境，那就是廢除穀物法。工人可買到較廉價的食物（然後生更多小孩）。工商界因糧價下降，可以減低工資與生產成本。地主不再暴富，社會分配公平化，降低階級衝突。廢除穀物法的另一個重要意義就是主張貿易自由化，讓各國互通有無共享繁榮成長。

問：沒想到虛擬的差額地租說能提供實用政策。

答：米爾頓‧傅利曼對經濟分析有一項著名的說法：「假設」本身是否真實（符合實況或只是虛擬）並不重要，重要的是能根據這些（虛擬）假設推論出有意義的內容。舉個天文史的例子當佐證。當地心說（地球是宇宙的中心）逐漸被日心說取代後，天文觀測者必須解說星球之間的繞行軌道與週期。他們很早就從觀測上得知，這些軌道不是正圓形。但世人對圓形的數學關係已有很好的知識，用圓形來解說既方便又「接近」事實，所以哥白尼對

太陽系的運轉模型是正圓形。*

正圓簡單但不夠準確，這類的解說稱為啟發式（heuristic）模型。差額地租說就是「假設並不正確」，但能歪打正著的啟發式模型：能得出有用的結論，是能抓到大老鼠的好貓。換個方式解說同一個問題。大多數小孩都問過父母：我是從哪裡生出來的？答案幾乎都一樣：肚子。這個答案當然不正確，那你會怎麼回答

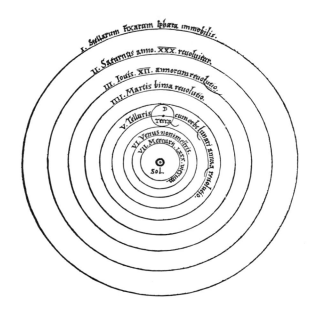

圖 8-2　哥白尼（1543）的圓形太陽系模型

子女或孫子？我猜還是用世界通行的錯誤回答：肚子。啟發式模型和肚子模型有三個共同特點：不正確、人人懂、繼續用。

問：我以為「邊際」的觀念要到 19 世紀中葉之後，才普遍運用在微觀（個體）題材上。沒想到早在 1817 年，李嘉圖就透過差額地租說，運用得這麼巧妙。還用在所得分配、階級矛盾、經濟成長這類的總體議題上，得到引人注目的結論。

答：李嘉圖是讓人驚異的素人學者，但你直接讀他的全集未必能看出這

---

* 現代對星體軌道形狀的定義更精確。正圓形的定義是離心率＝ 0。地球的離心率＝ 1.7%；水星＝ 21%；冥王星＝ 25%。離心率越低，對恆星（太陽）繞行時，距離的變異度越固定，因而 1 年內的溫度變化度較小。冥王星的離心率約是地球的 20 倍，所以 1 年內的溫度變化比地球猛烈，更不利智慧生命演化。（資料來源：《科學人》2015 年 4 月號頁 16）

麼多的巧妙。上面解說的學理是近代學者的理性重構，才能讓我們有另一番感受。當然李嘉圖也有他的缺點，大都是時代性的限制。例如他在 19 世紀初期認為資本家開始採用機械，會排擠工人的就業機會。當時這是個事實，他沒能預見機械帶來的報酬遞增，會降低成本，擴大市場，反過來更能創造就業機會。為什麼要注重機械造成的就業問題？因為失業在兩三年內，就會演變嚴重的社會問題。今日的 AI 也引發類似的擔憂。

李嘉圖的另一項缺失，是在他的認知與模型裡，科技進步沒有重要功能。這是因為大發明的時代尚未到臨，怪不得他。同樣的道理，他也隱含假設，失業工人只能待業或接受救濟，沒有轉業或創業的機會。這和現代的認知有差異，也不好怪他。

比較利益說

問：李嘉圖還有什麼理論是值得注意的？

答：如果你對經濟學有些認識，就知道李嘉圖對國際貿易理論的貢獻。雖然國貿理論的教科書都可以找到他的學說，我們想提一個常被誤解的名詞：比較利益說。如果甲國生產電視機的成本是 100 元，生產香蕉的成本是 10 元；乙國生產電視的成本是 150 元，香蕉是 5 元。那麼甲國就會專業生產電視，乙國專業生產香蕉。這就是比較利益說嗎？No，這是絕對利益說。

比較利益的意思較廣泛。甲國比乙國更具生產優勢的，除了電視還有汽車、還有機械、還有很多工業製品；乙國比甲國更具生產優勢的，除了香蕉還有稻米、蔬菜與其他農產品。如果要讓雙方的貿易利益極大化，就要挑一項最具成本優勢與資源優勢的產品，專業化生產這項產品，去和外國交換「各自最具優勢」的產品。

很少國家只生產單一產品，比較利益是概念性地說：要從同時具備絕對優勢的幾項產品當中，選出最具優勢的那種去做專業生產，貿易夥伴間的總福利才會更大。聽到這裡你就明白，「比較利益」這個名詞是李嘉圖提出的，沒錯，但他的解說其實是「絕對利益」。如果你同意我們對比較利益的解說，那你就明白李嘉圖是用比較利益這個名詞，來解說絕對利益的內容。

另一個值得注意的是李嘉圖等價定理（Ricardian equivalence theorem），這是《政治經濟與賦稅原理》（1817）內的一個概念。等價定理的基本意思很簡單：拿破崙戰爭（Napoleonic Wars，1803~1815）期間，英國政府要籌軍費，請問哪種方式較佳？(1)增加稅收，好處是日後政府不必還錢，缺點是民間負擔變重，反彈抱怨罵聲四起。(2)發行國債付息借錢，好處是不增添民間負擔，缺點是日後政府要償付本金與利息。李嘉圖說：「純就經濟的角度來看，這兩種方式並沒有實質的差別。因為一次償付 2,000 萬鎊，和每年償付 100 萬鎊（本金與利息），長期地償付下去，兩者的價值相同（數學意義上等價）。」

你要給猴子香蕉，問牠們要朝三暮四，還是朝四暮三？李嘉圖說，反正總共是 7 根，兩者的數量相同。如果你是英國人，你要增加稅收還是發行國債？等價定理是個實證問題，甲國成立，乙國未必。較新的研究顯示，用美國的數據驗證，等價定理並不成立。＊

李嘉圖的歷史評價

問：前面說到，凱因斯對馬爾薩斯的有效需求說（或市場過剩說，或消費不足論）讚譽有加。李嘉圖的觀點和馬爾薩斯一直相對立，那凱因斯怎麼評價李嘉圖？

答：馬爾薩斯的貢獻是思想性與觀念性的，有直覺但無殺傷力，他的分析能力遠不及李嘉圖，這是學界的共識。1930 年代凱因斯寫作《一般理論》時，心中有個特定目的：解救大蕭條。在這個脈絡下，李嘉圖的分析對凱因斯無意義。但凱因斯也很明白，在 19 世紀中葉之前，李嘉圖的分析手法主宰了學界，馬爾薩斯的《人口論》與有效需求說完全無法相比擬。

＊ Alfred Haug (2020): "Testing Ricardian equivalence with the narrative record on tax changes", *Oxford Bulletin of Economics and Statistics*, 82(2):387-404. "For the [US] post-1982:IV period, fiscal anticipation plays an important role as many of the tax increases are implemented with substantial delays. Anticipated tax hikes increase economic activity in the delay period. Ricardian equivalence is rejected." (Abstract)

這個鐘擺在 1930 年代初期又盪回馬爾薩斯這邊，凱因斯因而偏頗地說：「過去 100 年來，經濟學界被李嘉圖完全主宰，實在是經濟分析進步的一大災難。」你同意這個說法嗎？正好相反：如果馬爾薩斯的經濟學主宰了 19 世紀，那才是經濟學理分析的大災難。如果你想看凱因斯對比這兩人優勝劣敗的全文，可以看《一般理論》第 3 章第 3 節的頭兩段，寫得很漂亮。

9

彌爾與古典學派的頂峰

對清末讀者來說，穆勒（John Stuart Mill，1806~1873，現譯為彌爾）是耳熟能詳的名字，因為嚴復（1854~1921）1903 年出版彌爾兩本名著的中譯：(1)《群己權界論》（*On Liberty*，1859），詳見黃克武（1998）《自由的所以然：嚴復對約翰彌爾自由思想的認識與批判》。(2)《穆勒名學》（*A System of Logic*，1843）。《彌爾自傳》（*Autobiography*，1873）已成為名著，從中譯本可讀到相當的知性內容。

彌爾的父親詹姆士（James，1773~1836）是知名經濟學者，師承邊沁（Jeremy Bentham，1748~1832，著名的效用派哲學家）。彌爾從小在家受教育，3 歲學希臘文，8 歲學拉丁文，12 歲學邏輯，13 歲讀李嘉圖經濟學，14 歲完成大人教育。《自傳》說他比同時代的人前進 25 年，但成長過程與社會生活相當隔閡，20歲之前他就編輯 5 冊邊沁全集，也得了憂鬱症。

圖 9-1　彌爾（約 1870）

彌爾的貢獻

問：彌爾何以是古典學派的頂峰？主要貢獻何在？

答：古典學派到彌爾時，浪潮開始轉向社會主義、馬克思主義和新古典學派（neoclassical school）。古典學派其實沒有被「終結」，因為今日的芝

加哥大學與許多人自稱為新興古典學派（new classical school），特色是用新概念與工具，闡述古典學派的理念。從知識演變的角度來看，為什麼彌爾的《政治經濟學原理》（*Principles of Political Economy*，1848，2 年內寫成，修正過 7 版）是古典派的成熟期？主因是彌爾承襲當時最具主導性的李嘉圖經濟學，對國際貿易理論與供需分析有新的呈現與詮釋。

另一個原因是彌爾修補古典派的許多缺失，因為他的環境已經和李嘉圖、亞當斯密大不同。例如：

1. 他把科技的創新引入，說明《人口論》的「陷阱」問題其實不嚴重。

2. 批評古典派的諸多舊說不正確，提醒社會分配不公的嚴重性。

3. 批評資本主義的缺失，認為亞當斯密看不見的手其實不會造成社會和諧，主張社會成員要相互合作。

4. 反駁報酬遞減法則，因為英國已進入產業革命。

另一方面，彌爾和 1870 年代興起的新古典學派，在幾個方面又大不相同。新古典學派大量運用邊際的概念，用微積分和幾何圖形表達，分析的題材從古典派的貨幣、貿易、物價、人口這類總體議題轉向個體議題，如消費、效用、廠商、競爭、福利。彌爾在思想史譜系的位置，正好處於古典與新古典的交會。與彌爾同時代的另一股重要思潮，是社會主義與馬克思主義，那是下兩章的主題。

從實務問題中推演出理論

問：彌爾這麼重要，他的學術傾向與分析有什麼特點？

答：他生長在知識家庭，來往的都是上層人士。歷史上常可看到，這樣的出身容易同情弱者，不必驚訝彌爾有社會主義、反對物質主義、反對工業主義的傾向。在分析方面，雖然要彌補李嘉圖的某些缺失，但他也承襲相同的路線，認為演繹法（注重內在邏輯的嚴密推演，以求得具體的政策建議）是重要的分析方法。

原因很簡單：我們不能只憑肉眼和直覺，就看穿社會與經濟問題的複雜性。透過演繹邏輯（或幾何圖型與數學推演），才能得到「並非無意義」（non-trivial）的結論。而這些純邏輯推理得到的結論，反過來還要接受實

證資料（活生生的事實）檢驗。這種方法論影響至今：經濟學期刊論文，會同時有數學模型與實證數據。稍後會說明彌爾的方法論。

　　古典學派三本代表作是：亞當斯密《國富論》、李嘉圖《政治經濟與賦稅原理》、彌爾《政治經濟學原理》。彌爾的《原理》主宰半世紀後，才被馬歇爾的《經濟學原理》（*Principles of Economics*，1890）取代。為什麼彌爾會廣受歡迎，原因正如前所述：關懷實際議題、理論上有重要推展、把這兩個面向緊密結合。

　　以最簡單的供需法則為例。經濟學原理看到的供需曲線，是現在熟知的版本：縱軸是價格，橫軸是數量，討論的區域都在第一象限，因為有經濟意義的東西不會有負值。在這個象限內，有一條負斜率的需求曲線（價格變高，需求量就變小），還有一條正斜率的供給曲線（價格變高，供給量就增加）。供需曲線交叉的樣子，看起來很像十字架，因為馬歇爾在《經濟學原理》常用供需圖，很多讀者戲稱為「馬歇爾的十字架」。其實最早畫出十字架的，是愛丁堡大學的工程學教授弗萊明・詹金（Fleeming Jenkin，1833~1885），發表在1870年的論文〈論供需法則的圖示與其在勞動市場的應用〉（On the Graphic Representation of the Laws of Supply and Demand, and their Application to Labour）。

　　詹金明白界定：(1)供給與需求都是價格的函數；(2)需求曲線是負斜

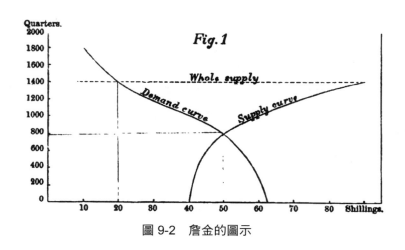

圖 9-2　詹金的圖示

率，供給曲線是正斜率；(3)供需曲線的交會點，就是價格與數量的均衡點；(4)均衡點是透過市場競爭達成的。詹金的推理與幾何圖，就是今日供需曲線的原型，主要的傳遞者是傑方士與馬歇爾。這個圖還有另一項重要性：奠定價格的部分均衡分析法。

彌爾則借用詹金十字架的基礎，進一步解說聯合供給的觀念，例如養牛羊就會同時供應皮和肉。也就是說，第一象限會出現 2 條供給曲線和 2 條需求曲線。請問如何求均衡解？這個好問題的困難點，在於肉與皮的市場相異，無法以生產成本來推算皮、肉的合理價格。他也無法畫出幾何圖形，分析這個聯合供給（joint supply）的均衡解，只能提出理論性的解說：肉與皮的價格相加後，等於肉與皮的聯合成本。

你從網路上可以找到現代對聯合供給的解法。在此只是要說明，聯合供給有三項特點：(1)對羊肉的需求增加時，羊皮的供給會隨之增加。(2)養羊成本增加時，皮和肉的價格會同時上漲。(3)皮與肉的供應量有固定的比例（羊愈重皮與肉愈多）。

這樣的議題對日後的分析有什麼用？有聯合供給性質的行業都用得上，例如鐵路要載多少比例的人與貨？飛機對超重行李如何收費？工廠對社會有貢獻，但汙染應如何收費？這些問題可以弄得很複雜，例如石油可以生產出石化原料、汽油、柴油、瓦斯等一系列產品；甘蔗可以生產出黑糖、白糖、甘蔗板、健素糖等一系列產品，這些複雜的事情就無法使用平面幾何圖型表達了。

國際貿易理論上的貢獻

前一章說過，李嘉圖對國貿理論的貢獻是比較利益說（其實是絕對利益說），另一項貢獻是析述自由貿易為何對國際的福利有助益。彌爾問了一個馬爾薩斯式的問題：就算生產豬肉的成本每斤只要 1 毛錢，但某些國家不吃豬肉，所以再便宜也沒用，重要的是有效需求。如果需求有效強烈（例如 iPhone），就算偏貴都有人半夜排隊。換言之，成本並不是貿易的唯一考量，李嘉圖把問題想窄了。

彌爾認為根本不需要考量成本，真正要考慮的是相互需求彈性：如果

甲國生產的東西某人非買不可（價格彈性小於 1），自然就會貿易。如果乙國的產品某人可以不買（價格彈性大於 1），就不一定有貿易。如果丙國產品價格變化的程度，等於某人的需求量變化的程度，這種情況下的彈性等於 1。根據這個原理，理論上可以在第 1 象限上畫出兩個國家、兩種商品的相互需求曲線。

彌爾對方法論的見解影響至今，例如為什麼經濟學不是完美的科學，因為預測能力很低，缺乏跨越時空的性質。要怎麼改善？彌爾建議同時運用歸納法（從許多具體事實，歸納出共同特徵與原則），以及演繹法（講究邏輯的完整性），最終目的是要得出像物理學一樣的法則（laws）。我們現在相信，經濟學的本質和物理學不同，可以學物理的嚴謹分析，但不必追求相同目標。彌爾很早就明白表示，單是觀察具體事實，無法真正掌握問題本質，必須佐以理論推演，來洞察肉眼觀察不到的內涵，更重要的是讓事實與理論相互檢驗。

問：如果說彌爾是古典派的頂峰，可否綜述古典派的整體貢獻？

答：最重大的貢獻是完成論說體系，例如《國富論》從分工說起，一路推演到經濟成長的完整過程。這套結構至今仍相當適用，期間有大師級的人物，加蓋許多房間、增添很多面牆、樹立新梁柱；追隨的學者添加磚塊、屏風、雕飾。

古典派的特點大概有幾項：

1. 勞動成本說：勞動是主要的成本，會影響相對價格。

2. 貨幣的中立性：貨幣是一層面紗，外匯與貨幣供給的增加只會改變物價，不會改變國家財富。

3. 勞動與資本的比例固定：在技術創新不明顯的時代，勞動與資本的搭配比例短時間不易改變。

4. 農業部門的報酬遞減，工業部門的報酬大致固定，19 世紀中葉才出現報酬遞增。

5. 基本上假設充分就業。

6. 認為人口論（或馬爾薩斯陷阱）成立。

對彌爾的評價

問：我覺得李嘉圖的特點，是把抽象思考和政策議題巧妙地結合。但他畢竟是金融界出身的實用派，這和知識份子出身的彌爾應該不太一樣。

答：李嘉圖的分析較缺乏歷史面與制度面。彌爾認為經濟是社會現象的一環，不能不顧史實（過去的力量）與習俗（社會的規則）。李嘉圖式的抽象推理雖然較具科學觀，但事實是複雜的多面體。每種理論就像是特別設計的網子，有它的特殊用處，也有它的限度，不要把理論萬能化。從這個角度來看，彌爾其實和亞當斯密較接近，和李嘉圖的距離較遠。

他有典型的紳士性格，溫和不偏激不走極端。雖然生活在古典派的氛圍，卻主張大有為的政府，支持社會主義和干預主義，這和亞當斯密、李嘉圖的主張差異很大。亞當斯密的對手是重商主義，所以反對政府干預。但在彌爾的時代，資本主義出現嚴重弊端：社會不公、所得分配不均、階級衝突、工人受虐、窮人待救。這些都是看不見的手造成的，彌爾主張要用看得見的腳（政府積極作為），來扭轉社會紛亂。

從認知的觀點來看，他不同意父親與邊沁的見解，認為不能用同一套標準來衡量所有人的快樂與痛苦。彌爾主張人與人之間的效用不能比較，而政府的職能是創造最大多數人的最大幸福。彌爾反對馬克思式的階級鬥爭說，主張溫和式的改革。他是哲學性的，是書房派的，不上街頭遊行暴動。

有人說他是左派裡的右派，或是右派裡的左派，因為他承襲古典派的自由原則，但反對政府最小化。放任會引來惡魔，需要大有為的政府，排除黑道與貪汙這類障礙。社會不可能自動和諧，需要公權力矯正。他主張對富人課重稅以維持社會公正，對地租與遺產課高稅用來做國民教育。

他有一段名言的大意是：如果要在共產主義和現今痛苦不公的社會之間抉擇，他會忍痛選擇共產主義。但若要在私有財產制與共產主義之間，他寧可選擇改良過的私有財產制。他反對馬克思說私有財產是萬惡的根源。他認為競爭有它的功能，而非社會混亂的根源。彌爾反對中央計畫，反對齊頭式平等：不區分個人能力而給付相同報酬。他傾向社會主義，但對不同才能與貢獻的人要有報酬上的差異，才能鼓勵創意與工作意願。

10

古典學派的反對者與社會主義的興起

到 1850 年代的彌爾時，古典學派已經發展到頂峰，這時期興起兩股敵對力量：⑴反對資本主義的社會主義；⑵反對自由主義與市場機能說的保護主義。本章介紹社會主義的見解，下一章是社會主義思潮中最顯著的人物（馬克思），再下一章是德國的歷史主義與保護主義。

社會改革風潮

英國在 16 ～ 18 世紀間從貿易順差賺取相當財富，1800 年進入產業革命，積極從殖民地進口廉價原料，加工後行銷世界追求利潤極大化。工業革命帶來繁榮，也帶來邪惡：工業城例如曼徹斯特的人口密度過高、公共衛生條件太差、職業傷害嚴重、汙染嚴重。另一方面，在自由放任、市場機能的面具下，資本家嚴重剝削工人（薪資太低、工時太長、虐待女童工），透過經濟暴力做出各種殘酷行為。擁有道德良心的知識份子與反抗性強的受害者，開始要求社會改革降低不公與對立。受到 1789 年法國大革命的鼓舞，英國與德國興起幾股逆流，尤其反對資本家犧牲社會造福個人。

問：社會主義為什麼會興起？

答： 古典學派和重農學派不是說「管得愈少，管得愈好」嗎？不是說「看不見的手會自動調和各種利益，使社會更和諧」嗎？不是說「自由放任是讓經濟效率化的最好方法」嗎？事實正好相反：英國 18 世紀末進入產業革命，半世紀內資本主義迅速擴張，大型工廠逐漸增多出現新的勞動階級。這些人生活無保障，住在髒亂狹窄的貧民窟，工廠對他們不人道。

另一方面，社會的階級差異逐漸尖銳，貧者益貧富者益富。簡言之，這

個社會性的炸彈隨時要爆裂，必須馬上做社會改革、政治改革、經濟改革。經濟學界也開始反省：古典學派主張自由放任與最小政府，這種學說還成立嗎？19 世紀中葉有人開始積極提倡革命，發起人道主義運動，連經濟思想與政策都要改革。

社會主義百百種

但每個人想到的改革方法都不同，因此孫中山曾說「社會主義有 99 種」，意思是派別眾多，各立山頭，各國各派間的複雜度遠超乎想像。更驚訝的是，同派系內的爭鬥甚至比對敵人還殘酷，不少領導人物假借主義成就自我。社會主義是一部血淚史，在此只能簡要解說它的歷史根源與經濟特質，介紹幾個主要派別。

第一種是烏托邦式的社會主義，最具代表的是英國羅伯特·歐文（Robert Owen，1771~1858），與法國夏爾·傅立葉（Charles Fourier，1772~1837）。其實古今中外的各種社會在各個階段都有過烏托邦的概念，例如上古的〈禮運大同篇〉和清末康有為的《大同書》。

以歐文為例，他是紡織業者，娶了老闆的女兒後成為廠長，看到可憐的工人每天工時超長又沒知識。他起了善心想建設新村讓工人住一起，讓工人與子女免費受教育，發行社區貨幣。還成立商店由員工自己管理，每個人只有一

圖 10-1　歐文（1834）

票，這就是消費合作社的起源。歐文愈做愈起勁，遠赴美國購買土地大力推廣他的新村理念，經過長期努力還是失敗了。為什麼會產生烏托邦的社會主義？原因都一樣：他們認為自由競爭的市場必然帶來不公、不正、不理性的惡果，所以要從基層做起改造社會，手段是生活性的，不革命也不鬥爭。

第二種是蘇聯式的社會主義。1917 年大革命後，蘇維埃社會主義聯邦

圖 10-2　歐文的烏托邦和諧新社區（1838）

共和國走的路線稱為國家社會主義（state socialism），經濟由中央統籌計畫，所有資源國家化，這種做法深刻影響二戰後的東歐諸國與許多社會主義國家。國家社會主義最初的意思並不是要中央集權化，而是走向福利國家：每個人從搖籃到墳墓都由國家照顧。

第三種是宗教團體發起的社會主義。例如德國和英國在 1848 年之後都出現過基督教社會主義（Christian socialism）。他們的主要訴求是以宗教理念為主，走向理想社會，反暴力反鬥爭，主張改革教育、衛生、工廠法、勞基法。

民國初年有過無政府運動，廣義來說也是社會主義的一種。無政府主義（anarchism）認為，任何形態的政府都是壓迫性的，他們不要直接政府，也不要間接政府。他們根本不要政府，認為只要有人管人的形式就是宣告自由死亡。主要的訴求是廢止私人財產，一切財產公有化，人民有權自組團體，互助互利不相爭奪，建立理想社區。

同樣訴求廢止私人財產的，還有馬克思派的社會主義。馬克思基本上是個書生，對上街頭搞革命的事沒興趣。他的理想是建構一套科學的社會主

義，是學術性的。他對參與革命行動很沒興趣，還對他女婿說，他們那些人借用我的名義搶奪權力，其實「我根本就不是馬克思主義者」。馬克思本人是概念性的，是分析性的，不是權力性的。他的學說基礎，建立在資本家對勞動者的剝削，認為壓迫者與被壓迫者之間的階級鬥爭不可避免；將來的世界會由無產階級專政，透過計畫經濟消除激烈競爭。

馬克思說在共同的漁獵社會之後，人類的歷史有五個階段：

・第一階段：用戰俘來當奴隸的社會；
・第二階段：以領主莊園為主的封建經濟；
・第三階段：追求利潤極大化的資本主義；
・第四階段：無私有財產的社會主義；
・第五階段：人與人之間不再互爭互鬥，而是各盡所能、各取所需的共產世界人間天堂。

但歷史是殘酷的，到了 1990 年代末期不少社會主義國家接連崩潰。馬克思的美景暫時無法實現，我們還生活在第 3 階段。

當然還有各種社會主義流派，例如 19 世紀末英國有費邊社的溫和社會主義。取名費邊（Fabian）的原因，是仿效羅馬時期的將軍費邊（Fabius Maximus），他主張用溫和漸進的形式進行改革。1884 年元月費邊社在倫敦設立，主導者是韋伯夫婦（Sidney & Beatrice Webb）。他們主張從生活上的事情做起，因而被對手取笑為水電瓦斯的社會主義。當時在倫敦的孫中山認同這套理念，對他的民生主義學說有顯著影響。

社會主義的共通點

問：可否綜述一下五花八門社會主義的共通點？

答：1. 反對古典學派，尤其是亞當斯密的利益和諧說（看不見的手原理），主張社會有階級存在，相互對立壓迫。

2. 反對政府極小化，反對自由放任，主張政府應維護工人的利益。

3. 反對賽依法則（供給創造本身的需求），認為經濟會出現停滯與危機，政府要積極介入解決。

4. 反對人性本善論，但可以透過教育改變社會。

5. 生產工具公有，反對個人自由。

6. 主張中央政府強大化，人民應集體合作互助。

主張社會主義的人基本上是替工人階級講話，就像古典學派是替資本階級講話。但是社會主義有 99 種，各式各樣的主張都有。如果不依門派而依強烈的程度來區分，大致可分為溫和派和極端派。溫和派主張緩進改良，社會福利要普遍受益。極端派主張階級鬥爭，上街頭搞革命奪取政權，最終目的是要無產階級專政。

對社會主義的評價

問：從學術角度來看，這樣的主張長期而言有用或正確嗎？

答：社會主義有明確的短期目標，就是推翻資本主義的不公正，長期而言要建立更合理性、合乎人性的公平社會。19 世紀中葉到 20 世紀中葉，這套理念吸引許多聰明才智者，鼓舞了工人階級的希望，富家子弟和理想青年也大批參與。

二戰後西歐知識份子分左右兩派激辯，反對左派的人士模仿改寫馬克思的話說：社會主義是知識份子的鴉片。左派鐵粉明明知道史達林殘殺同志的事實，但仍執著於社會主義的理念。

若以成敗論英雄，蘇聯和東歐的社會主義國家已經崩潰；社會主義制度諸國中，現在成長最迅速的反而是在亞洲。那是 1980 年代改革開放後，積極向錢看和下海的成果，甚至比資本主義更資本主義。

在社會主義 150 年的發展過程中，許多知識份子積極投入，也累積深厚的著作。也就是說，社會主義派的經濟分析並非全然無知盲目。蘇聯的數學家利奧尼德‧康托羅維奇（Leonid Kantorovich，1912~1986），就是以線性規畫應用在中央計畫，和耶魯大學的特亞林‧科普曼斯（Tjalling Koopmans，1910~1985）共享 1975 年經濟學諾貝爾獎。

從實際的生活來說，社會主義有許多主張沒能通過時間考驗。例如歐美的工人生活並未貧困化，因為資本主義往福利國家的方向修正。以今日的眼光來看，中央計畫經濟（中央調控）有優點，也有不靈巧、無效率、不公平的地方。看不見的手（市場機能）還是有它的效率，當然也有很大缺點，例

如 1929 年的大蕭條、2008 年的金融大海嘯。

　　社會主義學說提出替代資本主義的方案，當然也有重要貢獻，例如主張
生產工具公有、注重社會福利、主張免費的基本教育、最低工資、退休年
金。他們對獨占問題、所得分配問題、景氣循環問題都有重要的分析，提出
和古典學派很不相同的見解與理念。

11

馬克思與資本主義崩潰說

　　資本主義發展到 19 世紀中葉，累積相當深厚的社會怨恨，主因有二。(1)資本家積極地掠奪壓榨，對殖民地與奴隸如此，對勞工也不放過。(2)1840 年代中期農業歉收景氣下滑，史稱飢餓的 40 年代，失業率超過 10%，社會不公的炸彈終於引爆。這時期發展出五花八門、山頭林立的社會主義，其中的馬克思派影響深廣。

革命導師馬克思

　　馬克思給世人的印象是革命導師，他有名的口號是：「全世界的無產階級，聯合起來吧！除了手銬和腳鏈，你們沒什麼好失去的！」前半句還刻在墓碑上。上一章說過，馬克思對上街頭、搞運動、搞革命的興趣不高，他的主要目標是建構科學的社會主義。這是個龐大的題材，這裡只能介紹書生馬克思的經濟分析。單是這個主題就夠大了，以下介紹其中的三項：歷史唯物論、勞動價值說與剝削論、資本主義崩潰說。

圖 11-1　馬克思墓碑上刻有：Workers of all Lands, Unite!

問：請說明馬克思的成長背景。

答：最簡單的方法是進入維基百科，先看英文版（48 頁），再看中文版（39 頁），再看德文版（57 頁），就會找到讀不完的書目與主要網站。他生於今日德國和盧森堡交界的特里爾（Trier）小鎮，父親是律師，在馬克思出生前轉信路德派基督教，目的是有助於事業的發展。他在波昂、柏林、耶拿（Jena）讀過法律、歷史、哲學，23 歲取得耶拿大學哲學博士。這個小城位於德東，耶拿大學的校區廊下有四位聞名教授的塑像：哲學家黑格爾、費希特、謝林、詩人席勒。

當過報社記者，見解和作為激進，不見容於當道，去了法國之後又被逐，轉到比利時，最後定居逝於倫敦。他在倫敦海格特（Highgate）的墓地，至今鮮花不斷。他在巴黎結識恩格斯，一方面是他的終身金主，二方面是他的合著者與翻譯者。倫敦一直對知識份子很重要，主要有三個方面：(1)大英博物館豐富的藏書與免費暖氣。(2)海納百川收容各國異議份子，例如日後的列寧、孫中山。(3)思想包容性大，各種派別與異端共存。

馬克思的著作相當豐富，從經濟學的角度來看，當然以《資本論》最重要。如果你不想看 3 大冊正文，只要看每頁注腳，就能明白他的閱讀有多廣泛，掌握的細節證據有多豐富。他發明許多嶄新的觀念與推理邏輯，在政治經濟學界很難找到同等級的狐狸或刺蝟。他的影響不只限於觀念與邏輯，甚至到主義的層次，影響半個地球人口的生活方式。

問：馬克思的思想如何形成？這對他的經濟見解有何影響？

答：馬克思受黑格爾辯證思考的影響，他從黑格爾學到正反合辯證法，只要有一種論點出現（稱為正，thesis），必然會有對立的論點（反，antithesis），兩者對抗磨合後會出現新的綜合論述，稱為合（synthesis）。主要意義是，只要是人為建構的觀點，就不是超越時空的真理，因為有道就有魔，有白就有黑，正與反的爭論永不休止。

此時正值英國古典政治經濟學當道，當時德國的經濟學不夠發達，他的主要知識來源與批評對象是古典派的亞當斯密、李嘉圖、馬爾薩斯、彌爾，以及各國社會主義者的諸種學說。據說他受李嘉圖的影響最深，主因是李嘉

圖的抽象分析相當獨特，既抽象又實用，很有心智上的啟發。李嘉圖是富裕地主，但反對穀物法肯替窮人說話，半左派的理想與社會公義觀念吸引馬克思。

馬克思知識多元廣博，達爾文的物競天擇論也很影響他。這種優勝劣敗學理佐證了他的鬥爭史觀：社會演進史是鬥爭的，也是階級性的，必然是動態的，是大自然進化的一環。

歷史唯物論與歷史階段說

問：歷史唯物論是什麼意思？

答：不同書籍文章有許多複雜的解說，這裡有個簡潔的版本。唯物論的意思很簡單：人是動物的一種，生存物資最重要，經濟民生是根本，沒有物質的基礎就不可能談論思想與理念。「歷史」的意思也很簡單：社會是延續的，影響今天生活的不只是眼前的變數，還有遠早的根源。歷史唯物論告訴我們：民生物資與經濟生活是社會的基礎，但不要只考慮眼前因素，歷史的深影遠比想像重要。也就是說思考經濟議題時，不要忽略你位處的歷史潮流是在哪個匯聚點上。

「在社會生產的過程中，每個人都必須依靠他人，這些關係是不可避免的，也是無法自己決定的。這些生產的關係，構成社會的經濟結構。在這個結構裡，人的存在並非由自己的意識來決定；事實正好相反，人的意識是被他們的社會存在所決定。」這小段話的意思是：(1)經濟結構是社會生產的主體，個人的意識由他的社會屬性決定。(2)物質條件是重要基礎，歷史潮流也會決定我們的社會屬性。

問：聽起來有點道理又有點虛玄，這和他的歷史階段說有關係嗎？

答：上一章簡要提過他的歷史階段說，現在換個角度詳述。他認為歐洲歷史有五個主要階段：

1. 從初期的漁獵社會，進入希伯來、埃及、希臘、羅馬的奴隸社會。基本特色是有個統治階級，把戰俘或次等居民當奴隸。奴隸社會的生產力有過重大成長，但會因統治者的怠惰與被奴役者的反抗，導致社會進步緩慢。

2. 被奴役者團結革命推翻統治，之後進入封建時期。雖然社會有明顯進步，但轉變成領主與農奴的階級對立：農奴替領主工作打仗，被領主剝削。

3. 哥倫布發現新大陸後，歐洲在 16 世紀進入重商主義，19 世紀進入產業革命。16 ～ 19 世紀是資本主義的擴張期，出現資本家與工人階級，處於對立的爭鬥與剝削。資本家獨占資源，追求利潤極大化，引發景氣起伏，造成失業，勞工貧困化。

4. 當前（19 世紀中葉）的任務，就是把世界的無產階級團結起來，推翻資產階級，把生產工具公有化，把土地國有化，把資源國家化，經濟由中央規畫，不要讓市場機能運作，免除貧富懸殊。能達到這些目標，就進入社會主義的美好階段，不再有階級鬥爭改由無產階級專政。

5. 接下來要進入純正的共產主義階段，讓人人各盡所能各取所需不再有爭鬥，這才是人類的天堂。

剝削論與勞動價值說

問：《資本論》的主旨之一是論證資本主義必然崩潰，可否解說主要概念與推論。

答：這是個龐大的問題要分好幾個面向。這些論點一環扣一環，先說他的剝削理論。馬克思認為資本家（例如棉紡廠主）的利潤主要來自於剝削工人勞動所得。現代高科技業的利潤，主要來源是創新與不完全競爭（保護）。但傳統產業的創新空間小，市場過度競爭只能從降低成本下手。最容易的手法就是苛扣工資，要員工超額工作。馬克思說資本家的主要利潤，源自剝削員工的超額勞動。

在這個概念下他提出幾個名詞：勞動能力（labor power，勞動者的工作能量）、勞動時間（labor time，工作時數）。工人在就業市場出售他的勞動能力，資本家的利潤來自兩方面：對勞動能力給付低工資，同時要求長勞動時間。原本工人做 8 小時就夠溫飽，但資本家要求做 15 小時才肯僱用，這 7 小時的差額就是工人的剩餘價值，也是資本家的主要利潤來源。

剝削論背後隱含另一個理論：勞動價值說。這是亞當斯密時期常用的觀念。桌子要賣 1,000 元，因為木材成本 200 元，工人要投入 5 小時（每小時

工資 100 元），還有 300 元是運送費用與銷售利潤。在這個簡化的例子裡，每個工人的價值都相同：時薪 100 元。

但很容易找到反例：畢卡索花 5 分鐘的畫，比常人投入 3 年的畫更值錢，所以勞動投入量並不等於產品價值。如果用特例來爭辯社會問題，就很難得到具有普遍意義的結果。馬克思剝削論的背後，有個流傳已久的勞動價值論，如果你反對它，剝削論就無法成立。為什麼馬派學者願意接受剝削論？那是因為除了少數特例，對大部分業主與工人來說，這符合實況，只要當幾天生產線工人就明白了。

問：剝削論解說資本家如何吸血自肥，這和資本主義的崩潰有何關係？

答：這牽涉到下一個推論：資本家的利潤長期而言，會下跌到無利可圖。這個推理在理論上與實證上都不正確，原因如下。馬克思說工人會怠惰、會罷工，所以資本家就愈傾向於用機器取代工人。但剝削論告訴我們，資本家的主要利潤來源是勞動剩餘價值。如果機器完全取代工人，勞動的剩餘價值就不存在了。如果這種推論正確，怎麼會有資本家笨到要用機器取代工人？以 21 世紀初期的科學園區為例，工人和工程師都超時工作，資本家也投入大量新設備，利潤率不但沒下跌，還製造出大批科技新貴，把房地產的價格炒到高不可攀。

為什麼馬克思會提出利潤下跌說？19 世紀中葉，尤其在寫《共產黨宣言》時，正好碰到饑荒的 1840 年代。1930 年代大蕭條時或許這套說法仍適用，其他時期就未必了。我們會有一種感受：馬克思的學說很能解釋衰退，很能看出病症，也就是孫中山說的馬克思是個病理家。在景氣上升、發明與創新湧現時，他的理論就不適用了，只要景氣上升就會從《資本論》轉向《國富論》。

說馬克思是個病理家並無貶意，因為他對景氣循環提出重要見解。風不調雨不順，造成糧荒或水旱災流離失所，是史不絕書的事，我們對這些天災也沒辦法。對經濟的另一項重大打擊是人禍，例如君主無道、奢侈浪費好戰，解決的辦法是推翻暴君。馬克思說還有一種經濟性的人禍，就是資本主義為了追求利潤做出各種不當行為。

古典學派在認知上遵守賽依法則，認為供給會創造需求，不會發生供需失衡。馬爾薩斯反對這個見解，認為 1840 年代的景氣衰退，以及人口與糧食的失衡，其實是人為因素大於自然因素。直到 1930 年代凱因斯才替市場過剩論與失衡論辯護，他的《一般理論》第 1 章（只有 1 頁）提到馬克思對他的啟發。

馬克思認為賽依法則只在一種情況下才可能正確：在簡單的商品生產上（例如桌椅），在有限的地區（鄉村）內銷售。如果經濟體系複雜到有 N 種商品和 M 種交換，供需就無法保證均衡，不論是供給過剩或需求不足，都會產生危機。資本主義的特質就是累積再累積，也就是賺了還要再賺，唯一的手法就是生產再生產。

在這種心態運作下，很容易生產過剩庫存過多，導致有效需求不足，生產設備過剩。必然的結果就是失業與蕭條，接下來就是社會動亂、階級對立嚴重化。解決的辦法是暴動與革命，推翻資本家，消除剝削，由工農兵無產階級專政，把生產資源公有化，締造新的社會主義。

問：從今日的實況來看蘇聯已經分崩離析，東歐諸國逐漸脫離社會主義，柏林圍牆在 1989 年倒了。馬克思預期資本主義會崩潰但長期結果正好相反，根本原因何在？

答：長期而言，左右雙方都在修正，資本主義社會也會反省。英國在 19 世紀發展出工廠法（類似勞動基準法），規定基本工資與最高工時，工人有權罷工，能和資方議定工資。政府注重社會福利，建立健保與退休年金制，這些是 GNP 提升後的共同路線。相對地，非洲與拉丁美洲國家就算高舉馬列大旗，也無法有效改善生活。歷史讓我們理解簡單的道理：GNP 提升後，主義和革命就次要了。

問：馬克思一直強調剝削、階級、鬥爭、專政這類強悍主張，怎麼會吸引知識份子和理想主義者？

答：把社會主義理念落實，是《共產黨宣言》出版半世紀後的事：1917 年俄國革命時，才以馬克思、列寧的思想作為國家建設的指導。當時的革命

手段激烈，看到同志間的諸多手段與下場，很快就明白資本主義和社會主義的旗幟雖然不同，本質上都是人與人之間的鬥爭，只是換了主義、旗幟、口號、目標、工具。就政治面來說，史達林的手法、西伯利亞集中營的狀況，讓許多原本有崇高想像的美夢破碎了。

對馬克思的評價

問：該如何評價馬克思的經濟思想？

答：如果你跟得上《資本論》的論點，會感覺作者有建構龐大系統的才華。為什麼至今仍少有人能超越馬克思？最簡單的理由就是：知識界的影響力大都限於知識圈，而《資本論》指引好幾個國家的上層結構（制度、法律、文化），影響幾十億人的生活形態。

大體而言馬克思的經濟分析貢獻是：(1)說明資源如何透過國有化（與中央計畫），改善人民的生活與減縮貧富差距。(2)建構資本主義的動態法則，說明透過剝削、利潤降低、景氣循環、財富集中、企業集團獨占化，資本主義會走向自我毀滅之路。若不以成敗論英雄，一個人能建構出這兩套大系（其實也是一體的兩面），實在不容易。

從思想根源來看，馬克思受到李嘉圖的影響很深，但解決問題的角度不同。李嘉圖是地主，但主張廢除穀物法讓國外廉價穀物進口，一方面降低民間生活成本，二方面降低地主（因受穀物法保護而獲得）的超額利潤。從這個角度來看，他注重階級間的對立，也留意所得分配的重要性，這些角度與見解和馬克思的理念相呼應。但這兩位的問題取向和意識形態完全不一樣：馬克思對資本主義持批判態度，要分析它的錯誤與內在矛盾，要得出它必然會崩潰的結論。

李嘉圖基本上認同資本主義甚至是個護衛者，只是批評保護政策會增加生產成本，這對國際競爭不利，所以主張自由貿易廢除保護。他認同亞當斯密看不見的手的概念，以及透過自利的理性行為，會讓社會更和諧成長。李嘉圖的重點放在掃除市場機能障礙（主張自由貿易），他同意資本主義有許多缺失，但那不是資本家的問題而是人口與糧食的失衡，因為英國的農工產業當時進入報酬遞減階段。

馬克思的見解相反：問題的根源在資本主義造成剝削、機械取代勞工造成失業、財富集中、景氣循環、階級鬥爭與暴動革命，這是一套必將自我毀滅的制度。他的分析有許多缺點但也有幾項優點：(1)注重長期的歷史潮流分析，不光看去年、今年、明年，或甚至是上半年與下半年。(2)注重長期的動態的變化，而不看重短期的均衡，認為失衡是常態，均衡是靜態時的例外。(3)注重上層建築（制度、法律、文化）的影響，不只分析成本與利潤。也就是說不是單從經濟角度分析問題，注重森林的複雜結構如何對樹木有重大影響。

　　不論從問題意識、所創造的分析概念、主要的探討對象，馬克思的分析都和其他學者大不相同，相當具有原創性，提出新視野與解決方案。150 年來他的學說不斷受到批評，史實也證明他的預言錯誤。這是一套宏觀性分析，也是少見的體系性創造者，原創性與重要性不亞於亞當斯密或凱因斯。2008 年金融危機爆發從華爾街席捲全球，紐約百老匯大街的書店前有人排隊購買《資本論》，書店的海報上寫著：馬克思所說的都應驗了。

12

德國歷史學派與保護主義說

　　德國歷史經濟學派的存續時期大約在 1840 ～ 1917 年間，基本立場是反對英國古典學派看不見的手的概念，反對最小政府、自由競爭、自由貿易說。歷史學派的主要訴求是：德國在 19 世紀中葉仍以農業為主，必須有強勢政府領導，透過關稅保護幼稚產業逐步提升競爭力。本章只能談歷史學派的基本概念，舉一位代表人物為例。歷史學派分新舊兩陣營，還有許多議題可以探索，若想了解更寬廣的面向，可上網查詢「經濟歷史學派」（Historical school of economics）。這個學派也影響英國的歷史學派（English historical school of economics），以及美國的制度學派。

歷史學派的起源

　　問：德國為什麼會產生歷史學派？

　　答：普法（拿破崙）戰爭簽署和平協定後，德意志地區分裂為 39 個邦，政治上與經濟上幾乎各自獨立。奧地利希望德國維持分裂以免壯大，英、法、俄也各懷鬼胎，但德國有股民族情緒希望統一強盛。19 世紀中葉，在首相俾斯麥（Otto von Bismarck，1815~1898）強勢領導下逐漸統一。19 世紀下半葉，德國的心態就像清朝末期，以追求富強為首要目標。哪種主義最適合？當然是重商主義：透過國家的積極規劃與保護，追求金銀與軍事強盛。從英國的經驗得知，重商主義必然採取管制與干預手段，民間希望政府積極扶助產業。

　　這和晚清的狀況類似：達爾文式的物競天擇、適者生存說最有刺激效果。在富國強兵的共同前提下，德國式的國家主義和英國式的個人自由主義是截然相反的概念：國家是人民的保姆，國家至上、民族至上、領袖至上、

個人最後。

這種價值觀打擊個人自由，但最直接的受益者之一就是主張歷史學派的經濟學者。這些人的路線與國家的利益結合，取得學術界主導權掌控教育部與教科書的審核權。在德語系統內，他們排斥當時在奧地利成為主流的邊際學派（分析消費者的邊際效用，主張自由市場機能，與英國古典學派遙相呼應）。

這些經濟學者特別看重歷史，他們認為理解歷史的根源與發展，很能用來解釋現今狀況。舊理論必須用新狀況來檢驗適用性，據以修正舊學說或發展新理論。在這種認知下，他們認為英國式的自由經濟學說並不是超越時空的真理，市場機能與自由主義無法保證最佳化的成果，適合英國的理論未必適合德國。

從經濟分析的角度來看，採取歷史觀點與歸納法，要從史實發展的經驗中觀察整體現象，以及各種因素的交互影響，從經驗歸納實用法則。古典派的抽象演繹法，例如亞當斯密分析鑽石與水的矛盾，或李嘉圖的差額地租說，只是靜態的書房哲學不具現實感也缺乏歷史感，從抽象演繹得到的法則沒有應用價值。

德國人要切題實用的知識，要對國家行政、稅務徵收、產業發展、外匯累積有所幫助。政策必須服從史實的發展，必須基於對歷史與當前的實證研究。經濟理論的主要功能是解釋現今實況、發展新理論。一切的一切都以對民生社會有用為依歸，領導人就是要把國家帶到富強。

對古典學派自由論的抗拒

問：可否舉個代表人物，說明歷史學派的主要見解？

答：最知名的人物是李斯特（Friedrich List，1789~1846），他是歷史學派的前導者。父親是皮革工人，自己是公務員出身，1816 年當副部長，還當過杜賓根大學教授，1819 年因政治見解離職。他擔任過工商協會總長，目標是把四分五裂的經濟統合起來，抵抗外國工商產品入侵，鼓吹以國家為主體的國民經濟學。

基本上他是個政治狂熱者，主張諸邦團結統一。當時境內共有 38 個稅

關，雖然有利稅收但無法物暢其
流。1820 年李斯特當選議員，倡
議以激進手段改革行政與金融體
系，但碰到相當大的阻撓。1825 ～
1832 年間他移民美國，主張德美
兩國應採取保護主義，才不會被英
國產業革命打敗。從他的經歷來看
那是個不幸的人生：健康不佳、生
活困難，失望自殺。

圖 12-1　李斯特（1845）

他的代表作是《國民政治經濟
學體系》（1841），此書有英文版
（1856）和中文版（台灣銀行譯
本）。李斯特說，德國還處於落後的農業階段，無法和英國的高度工商業相
比，古典派的經驗不適合德國。他提倡各國要依各自國情發展符合自身利益
的學說，不必跟著古典學派搖旗吶喊。

他認為經濟發展有五個階段：原始、畜牧、農業、農業與製造業、農工
商並重。在前三個階段實行自由貿易，對經濟發展會有顯著效果。但在第
四過渡到第五階段就需要關稅保護，讓幼稚工商業不受欺凌才有機會成長
茁壯。各國的發展階段不同，19 世紀中葉的德、法、美諸國都還在第四階
段，所需的政策自然和處於第五階段的英國不同。各國必須考慮自身特質與
現況，不可毫不質疑地套用自由放任學說。如果德國開放自由貿易，工人與
產業必然受到衝擊。他明白財富並不等於國富，擁有競爭性的生產力才是重
點，要維護本國的資源不能讓強國巧取豪奪。

他對古典學派的自由論很抗拒，他把英國貶為充斥商店的國家，不脫小
商店主的狹隘視野。他認為亞當斯密的自由放任說其實是最奸詐凶狠的毒
計：英國在重商主義之後金銀存量已領先世界，產品具有價格與品質的雙重
優勢，產業革命之後更成為世界霸主。在各種優勢下主張自由貿易，猶如重
量級拳王主張應採自由對打，不要依體重分級。看起來開明的自由學說，背
後的狠毒目的就是讓英國更方便征服殖民地、打敗競爭對手、主宰世界資源

稱霸全球。

引一段他對亞當斯密的批評：「亞當斯密的國際貿易自由學說，其實只是法國重農派的延續。他和重農派的經濟分析，都忽視國家的特性，完全不考慮政府與政治的角色。他們假設世界會有長久的和平，各國會和睦相處。他們不重視本國產業的優勢，也不重視強化製造業。他們希望有完全自由的貿易。」他認為《國富論》的主要缺失是忽視各國實況的差異，以為自由經濟是每個國家都適用的萬靈丹。英國的美食可能是德國的毒藥，德國千萬不能走政府極小化路線，也不能採取自由貿易政策，而應該保護幼稚產業，等國內茁壯具備競爭力之後，才逐步開放與世界自由貿易。這是他的主要觀點，可以深入探討的分析並不多。我們趁這個機會，來談談資本主義與宗教的關聯。

啟發韋伯的新教與資本主義關係論證

德國著名社會學者韋伯（Max Weber，1864~1920）師承歷史學派的古斯塔夫·史莫勒（Gustav Schmoller，1838~1917），他的名著《基督新教倫理與資本主義精神》（1904~1905）反而更具爭辯性。

圖 12-2　韋伯（1918）

圖 12-3　史莫勒（1908）

韋伯可算是半個經濟學者，他寫過一本經濟史著作《經濟與歷史》（*General Economic History*）。《基督新教倫理》的主要論點是：資本主義的發展和基督新教的教義積極鼓勵經濟成就密切相關。

　　馬克思說宗教是人民的鴉片，韋伯認為宗教有它的正面功能，例如資本主義的發展很可能是宗教改革的結果。這個觀點引出許多研究，但這類的文獻大多圍繞著韋伯的「宗教（文化）精神與資本主義」，很少從韋伯命題「之前」的角度，檢討這個命題的歷史情境。也就是說，很少人檢查過韋伯當初是：(1)根據哪些史實提出這個命題？(2)韋伯對那些史實的理解可靠嗎？

　　西歐自 16 世紀起，受到宗教改革影響的地區，以及資本主義發展的地區（如低地國和倫敦），兩者有相當程度的重疊，韋伯認為這不是單純的巧合。他認為新教教會對高利貸、利潤這些觀念的改變，解除了追求利潤時的文化壓抑，以及潛意識上的焦慮。韋伯說新教徒在信仰上有種新心態，可稱為資本主義的典型心態，這和近代資本主義的興起有因果關聯。

　　為什麼會做出這樣的推論？韋伯的學生奧芬巴赫（Martin Offenbacher），大約 1895 年在德國巴登（Baden）地區做調查，顯示信新教的人比信天主教的更富有，也較積極投入經濟活動。他的說法是：「天主教徒較安逸，對利潤的追求較不饑渴，寧可收入較少，但有較安全的生存，而不願過較冒險與刺激的生活，即使後者能帶來財富與榮耀。」換個方式來說，新教徒較願意吃得好，天主教徒喜歡睡得好。天主教不鼓勵追求財富，在教義裡傳達的訊息是：為富不仁者死後要上天堂，比駱駝穿過針眼還困難。新教的觀點相反：鼓勵追求經濟成就來榮耀主。

　　韋伯找到另一項佐證。以英國的牧師理查・巴克斯特（Richard Baxter，1615~1691）為例，他的訓詞是：「不該浪費我們在塵世上短暫居留的寶貴時間，我們唯一的報償，就是在上帝為我們安插的位置上盡全力去做，……上帝已預先知道誰會被拯救，誰會被罪譴。然而只要能在個人的天職上成功，就有可能成為上帝的選民。」努力經商致富的商人，會因為在職位上的成功成為選民。

對韋伯論述的批評

這樣的論點對理性的經濟學界來說當然不能接受。英國著名經濟史學者陶尼（Richard Tawney，1880~1962），寫《宗教與資本主義的興起》（1926）反駁韋伯。陶尼認為因果關係正好相反：宗教確實會影響人生觀，也會改變對社會的見解，但經濟與社會的變遷更會影響宗教的觀點。陶尼說中世紀的宗教改革，對歐洲人的宗教觀產生重大改變，這是不爭之事。但問題要往前推一層：1492 年哥倫布發現新大陸，對歐洲人的世界觀與科學觀，產生過更大影響。資本主義之所以興起，主要是發現新大陸後大量金銀流入歐洲，造成物價革命、帶動產業發展、促進資本主義興

圖 12-4　陶尼（約 1920 年代）

起。韋伯說資本主義是因為信仰新教而興起，那是倒果為因的推理。

道理其實很簡單。新大陸的金銀、馬鈴薯、玉米、香料大量流入歐洲，許多地方很快富裕起來，人口大增、物價大漲，製造業與貿易跟著活絡，商人地位提升。地主與領主擁有的現金相對有限，反而要向工商業周轉，因而造成士農工商的社會地位重新洗牌。這個大翻轉的過程中，過去受羅馬天主教控制的地區，富裕之後就不肯再受教皇指揮，甚至公然抗命。封建領主的經濟相對衰落，農民起而反抗領主的長期壓迫。

從國家的角度來看，以英國的亨利八世為例，他因離婚官司公然與羅馬教皇決裂，國王從此不服從教會。這些叛逆的背後有長期恩怨，但經濟成長與資本主義的發展也扮演推波助瀾效果。所以不是新教導致資本主義，而是資本主義促進新教茁長。

法國年鑑歷史學派的布勞岱爾（Fernand Braudel，1902~1985）也反對韋伯的說法。他跳脫宗教與資本主義的爭論，從經濟地理變遷的角度，解釋

資本主義在北海地區（正好是新教信仰區）發達的原因。他認為用歷史社會學的方法，不但不能解決韋伯命題反而把問題複雜化。

他根據具體史實提出經濟地理變遷說：宗教改革時期的歐洲已經取代地中海域（尤其是義大利）的經濟主控權。這類的經濟重心遷移在歷史上很常見，例如回教徒興起後，拜占庭就衰落了，回教的經濟主宰權，後來又讓給歐洲人（西班牙、義大利）。到了1590年左右，歐洲的經濟重心又遷移，這次是移往北海，當時最繁盛的地域，正好是新教徒居住的地區。

從經濟重心遷移的觀點來看，歐洲的主控權曾經在地中海的不同地點，由拜占庭、回教徒、義大利人輪番主導過。後來地中海的風光，逐漸被西班牙和葡萄牙控制的南大西洋海域搶去。所以在16世紀末宗教改革時，如果能用資本主義這個名詞的話，應該用在歐洲南方（義大利與西班牙）。

南方的經濟重心會移轉到北方，有一項簡單但重要的因素：西葡兩國王室對海外經營的獨占權控制很緊，主要是為了增加國庫收入應付日益短缺的政府開支。從海外回來的船貨要課可觀稅金，商人意識到只要再往北走幾天，就能把貨物在北海的安特衛普、布魯日、阿姆斯特丹等港口出售。這可免除西葡重稅，貨品也能透過多瑙河、萊茵河等網路，銷售到對殖民地貨品需求很高的中歐內陸。北方的港口方便，又是尚未充分開發的市場，在外貨的刺激下北海地區的商業與金融交易日趨活絡。

還有另一項關鍵因素，那就是北方的開發度較弱，生活水準和工資比南方低。南方的工業逐漸被北方的低工資、大市場、廉價內河運輸網、沿海有效率的船隊這些優越的條件搶走。加上北方的資源（木材、穀物、羊毛）比南方豐富價格又低，北方人工作較勤奮（相對於南方的懶惰），工業生產的重心逐漸由南而北移。1590年左右整個歐洲的景氣正走下坡，對繁盛南方的打擊比剛要起步的北方嚴重，這是北方站立起來的好機會。南方的海外貿易，因為國家的約制而移轉北方，南方的工業逐漸不敵北方優勢，工業和商業重心因而轉移，當然這是個緩慢的過程。

以上論證可簡化如下：北方興起的諸多因素中，你覺得是經濟因素（資源多、工資低、市場大、運費廉、自由低稅貿易區）有重要影響力，或者是韋伯的概念（基督新教的教義，對追求利潤觀念的改變）較有解釋能力？

這種經濟地理的解釋，並不排除宗教改革對北方資本主義的發展有助益。相對於從前不同教派間的歧異，宗教改革最重要的貢獻是創造一個有組織的北方社會，在對抗南方的商業競爭時這是個有利的團體條件。宗教戰爭使新教徒之間形成有社群意識的網絡，在國家意識發達前這對商業貿易產生過作用。

　　經濟重心往北遷移之前威尼斯是資本主義重鎮，可是威尼斯人並不信奉基督新教。曾經掌握地中海域的拜占庭與回教國家，他們的經濟強勢主控和宗教信仰或教義有哪些關聯？如果淵源長久的儒家思想，能解釋戰後台灣的快速成長，又怎麼解釋宋明以來的長期經濟衰退？

　　所以韋伯命題是非歷史的（a-historical），近代資本主義的發展並不是新教的貢獻。任何宗教信仰的族群只要具備當時的有利條件，碰巧站在西歐北方那個歷史潮流與位置上，任何勤奮的社群都會有類似的成就。基督新教的貢獻是在鼓勵勤奮的民族，而不是造就北方興起的有利條件。如果那個歷史轉折點被中國或日本占據，成就會較差嗎？在那種經濟環境下，哪個種族或哪種信仰不適合資本主義發展？

資本主義的發展跟什麼有關？

　　資本主義不是在某個時期由某些人在某個地方發明的，這就像愛因斯坦並未發明物理學。新教徒是西歐封建領主崩壞後，在新的經濟體制（資本主義）緩慢苦壯過程中的幸運兒，扮演重要角色但不是發明者。社會經濟體制是不能發明的，如果真的有這回事，馬克思所構思的社會主義才是更重大的發明，能在蘇俄東歐實行。

　　有一種論點認為，近代資本主義的發展和理性主義有關。經濟的理性主義，是指精確計算得失之後的行動。如果說資本主義是理性的產物，那是否說社會主義、封建領主制缺乏理性？是否說文明社會的制度，必然比原始社會更合乎理性？李維史陀的《野性的思維》不同意這種論點。資本主義社會也有許多違反理性的事：紐約有睡地下道的街友，同時有許多吃牛肉的狗。原始社會、社會主義、封建領主，都曾經是理性的，它們都是在不同的條件下，經過社會選擇所產生的制度。

還有人說複式簿記和遠期匯票的發明，使資本主義得以發展。那是倒果為因，就好像說：X 光和麻醉技術發明後，醫學才得以發展。其實正好相反：是醫學發展後才發明 X 光和麻醉技術。同理，是資本主義發達後，才使複式簿記、遠期匯票更能發揮功能。基督新教的勤儉與敬業天職觀如果有助於資本主義的發展，為什麼社會主義的發源地（想想英國的歐文、費邊社，德國的馬克思、西歐的工會運動），也是在同個宗教信仰區？

　　德國歷史學派的遺產，提醒我們不要輕易地將經濟學理論視為普世皆準。經濟學說的起伏往往是特定時空的產物，必須給予相應的經驗與歷史分析。

13

邊際學派在法國的發展

　　本章有兩個主題：⑴邊際學派的歷史背景與特點；⑵邊際學派在法國
的發展。下一章的主題是邊際學派在德國、奧地利、英國的發展。

西歐同步出現邊際學派

　　如果你翻閱《國富論》、《人口論》、《資本論》，會看到一個共同的
風格特點：都是用文字敘述間雜一些數字。到了新古典學派的邊際分析時，
有兩項外觀上的特點：⑴開始用幾何圖形與微積分。⑵古典學派的主題很
大（成長、人口、貨幣、匯率、物價），邊際學派不談這類總體宏觀的議
題，轉而關注個體微觀的效用、消費、廠商、競爭、供需。

　　今日經濟學原理教科書大都從邊際學派講起，這個學派奠定今日個
體經濟學的基礎，也為日後的新古典學派開出新路。這個學派還有個特
點：在法、德、英諸國用相似的工具（圖形與微積分），分析相似的題材
（效用、消費、競爭），學術史稱此為「同時又獨立的發現」（multiple
discoveries）。

　　會有這種現象是因為 19 世紀下半葉，西歐諸國碰到類似的結構性經濟
問題，加上科學的發展讓幾何學和數學逐漸成熟才有這種同步性。以英國為
例，《人口論》出版時（1798）社會與經濟問題已變得嚴重，主要是景氣下
滑、生活困難、所得分配不均。《共產黨宣言》出版時（1848），英國已
陷入饑荒的 40 年代。古典學派在亞當斯密與李嘉圖時期，在重商主義與殖
民地的助益下英國的 GNP 成長迅速。這個時期發展出來的概念（分工、鑽
石與水的矛盾、看不見的手），與分析工具（用語言與邏輯做歸納與演繹推
理），已無法處理 19 世紀景氣衰退的嚴苛現象，分析的概念與工具必須求

新求變。

從思維的角度來看，1850 年代經濟學家受的教育是古典派，遵循亞當斯密式的市場機能說，以及李嘉圖式的所得分配法則：土地、資本、勞動的所得，如何分配給地主、工商界、農工這三個階級。第二項特徵是：受古典學派思維影響的新經濟學家，基本上遵循自由路線，反對政府干預、反對社會主義、反對工會團體。

邊際學派的特色與貢獻

問：從分析的角度來看邊際學派有哪些特色？

答：1. 最重要的當然是邊際這個概念：多加上一單位的勞動（肥料）投入，會增加多少產出；多花費 100 元會增加多少滿足感。

2. 強調理性：你肯多花 100 元，必然是因為值得（滿足感的邊際正效用，大於花掉 100 元的邊際負效用）。不理性的行為當然也存在，但通常是特殊情況不持久也不普遍。

3. 研究的主題轉向個人的消費、廠商的競爭、供需的變化，貨幣、物價、所得這些總體議題，不是主要的探討對象。

4. 注重市場機能與自由競爭，在邊際分析的初期假設條件較簡化也較強烈，例如完全競爭、產品均質化、沒有廣告的效果。

5. 研究轉向需求面。古典學派遵循賽依法則（供給創造本身的需求），也就是注重供給面較忽略需求面。邊際學派注重效用與消費，從總體問題轉向個體議題，也從供給面轉向需求面。

6. 注重主觀效用（消費者的滿意程度），不再把效用當作中性分析，不再假設人與人的效用可相互比較（你的美食可能是我的毒藥）。

7. 注重均衡概念，這當然是受物理學的影響，以及為了滿足數學的性質。這項特徵日後影響新古典學派的靜態與比較靜態分析，以及更後來的一般均衡概念。

問：邊際學派的理論對哪個階層的影響最大？

答：依照邊際學派的理論，工資等於勞動的邊際生產力，利潤等於資本

的邊際生產力，地租等於土地的邊際生產力。這是可以用微積分或方程式表達的中性學理，是純學術的分析無社會與階級因素。這種中性的分析注重效率問題（增加多少投入之後，會增加多少產出），把個人因素與主觀意願降到最低。

資本家與富豪最歡迎邊際學說，因為這種嚴謹的分析可以證明他們會這麼富有，是因為他們的才華與資金發揮非常高的邊際產出。人文社會科學的任何學派，都會有意想不到的利益牽扯。舉個例子說明邊際觀念的負效果：社會的弱勢者是因為邊際生產力太差才會變得弱勢，所以要讓玫瑰花開得更漂亮就該剪掉浪費養份的不良枝葉（弱勢者）。

問：為什麼邊際的概念在分析上至今仍是主軸？

答：學生運用明確的幾何圖形，容易明白線條變化的效果與意義，比純用文字更簡潔明確。加上大量使用微積分，讓主題能用數學證明，圖型與數學的科學效果讓邊際學派很快征服學界。這種精確化的分析一次只探討一個小主題，稱為部分均衡分析，它背後有個不真實的假設：其他條件不變。

邊際分析有幾項缺點。(1)只看問題的某個部分，容易以偏蓋全。(2)假設太強、太不真實，例如假設市場完全競爭。(3)只能解釋個體的消費與競爭，不能解釋成長與物價變動這類大問題。邊際分析對開發中國家的決策者無用，所以嚴復在 1902 年（清末）寧可翻譯古典學派的《國富論》（1776），也不願翻譯新古典學派馬歇爾的《經濟學原理》（1890）。雖然有這三項缺點，但邊際分析已成為新古典學派的基石，發展出嚴謹的數理分析成為今日主流。

問：法國邊際學派有哪些重要人物？

答：介紹兩位法國邊際學派的代表人物：數學家出身的古諾（Antoine Augustin Cournot，1801~1877）、工程師出身的杜比（Jules Dupuit，1804~1866）。

古諾的貢獻

古諾是把數學應用在經濟分析的先驅，生前無人理會現在成為廠商競爭理論之父，古諾－納許均衡（Cournot-Nash equilibrium）是這個領域的基本架構。他提出好幾項名詞與概念沿用至今：邊際成本、邊際收入、引申性需求。古諾 20 歲考進巴黎高等師範學院主修數學，後來在巴黎大學取得博士。求學期間發表幾篇論文，引起物理學兼統計學者西梅翁·卜瓦松（Siméon Poisson，1781~1840，發表過著名卜瓦松機率分布。法文的 Poisson 意思是魚＝英文的 Mr. Fish）的注意，進而幫助古諾在里昂大學取得數學教授職位（1834）。

圖 13-1　古諾

他留下的成就有好幾個面向。首先是他得出獨占廠商利潤極大化的數學條件。法國有好幾家著名礦泉水公司，各自獨占重要的礦泉區，產品口味不同有各自的顧客群。古諾探討的是：要在哪些條件下，獨占廠商的利潤才能極大化？礦泉水廠商只要取得開採權，就可以無限量生產，但沒有廠商會這麼做。所以第一個問題是：獨占利潤極大化時的產量是多少？古諾算出一個簡單有用的答案：當邊際收入（MR）等於邊際成本（MC）時，獨占利潤就可極大化（MR = MC）。

另一個重要的成就是提出古諾－納許均衡。這是個較複雜的概念，中級個體經濟學教科書有較完整的解說，在此只提古諾的部分，他的原理很簡單。兩家礦泉水公司，一家的水有氣泡（有人特別喜歡），另一家則無。這兩家獨占者都想要侵入對方地盤，祭出種種花招：找美女代言或減價大贈送，或暗指對方產品有疑慮。原本井水不犯河水，雙方交戰後出現一個新名詞：對手的反應函數。也就是說，廠商的策略不再是靜態地遵循 MR = MC，

而是要看對手的行為與反應來做動態調整策略。

這是常見的競爭行為，每個廠商都要猜測對手（可能有好幾個）的策略，用來調整自己的手法。現代的競爭理論稱之為「猜測變量」（conjecture variation）：我猜你、你猜他、他猜我，形成複雜的行為。古諾無法處理這麼複雜的策略，必須等到二戰後的賽局理論才能分析這些繁複的行為變數。

古諾的重要性是提出一個概念：對手的反應曲線（reaction curves）。但他必須做個強烈假設：A 廠商提出某項策略時，必須假設 B 廠商的策略（價格與數量）不變。同理，B 廠商在決策時，也必須假設 A 廠商的策略不變。相互探索幾年後，就可知道對方的手法與反應方式（知己知彼），這時就可以畫出 A 與 B 的反應曲線。透過相互摸索探底花招出盡後雙方也累了，就會暫時停在兩條反應曲線的交會點上，這個點就是 AB 廠商策略的（暫時）均衡點。

這個簡略的均衡解有許多缺點，但這也開啟廠商理論這個領域，為日後的獨占、偶占、寡占、獨占性競爭奠下重要基礎。對後人來說，古諾的粗略模型有兩項主要缺點。(1)假設產品是均質的，其實礦泉水會有氣泡、無氣

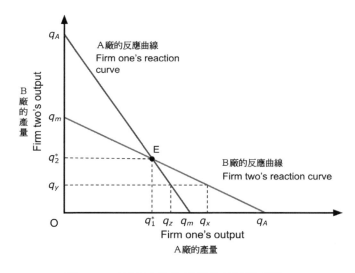

圖 13-2　兩家廠商的反應曲線與均衡點 E

泡、獨特口感。(2)獨占者應該有差別取價的能力（例如電價可依大小用戶與離峰時間而異），古諾的模型缺乏這個重要面向。

1838 古諾結婚那年，出版《財富理論數學原理的研究》（*Recherches sur les principes mathématiques de la théorie des richesses*）。1863 年出版《財富理論原理》（*Principes de la théorie des richesses*），1877 年出版《經濟學說摘述評論》（*Revue sommaire des doctrines économiques*），同年病逝（76歲）。當時經濟學界還是以文字論述，尚不能理解數學怎能分析經濟現象。古諾註定是隻孤鳥，沒想到日後成為個體經濟分析的開創者。

他當然明白數學的時代尚未到臨，只能委婉地說古典學派用文藝手法分析雖然優雅流暢，但要抽象演譯推理或要求精確表達，就無法避免方程式。數學分析的好處就像一張圖片勝過千言萬語，幾何圖形和方程式也有同樣效果。他認為用符號和方程式，方便表達無法用數字呈現的關係，也容易傳達

圖 13-3　在古諾的巴黎住宅的說明牌上寫道，他是數學家、哲學家，卻未提及他是一名經濟學家。

函數關係或寫成定理的形式。就像物理學，雖然許多現象尚未能證實，但已能用數學推測結果。

他還有另一個很重要的見解，就是發明一條簡明的方程式：$D = F(P)$：需求是價格的函數，他稱為需求法則（loi du débit）：當其他條件不變，價格愈高需求量愈少，反之亦然。換句話說，古諾用函數來表達供需關係，重要的不是具體數字而是這種手法與概念。雖然他注重理論分析但反對只用數學推理，因為經濟現象是實證問題，必須用數字或證據檢驗，理論、模型、事實要能結合才有意義。

杜比的貢獻

另一位法國邊際學派的重要人物是杜比先生。他是巴黎國立造橋修路學院（École Nationale des Ponts et Chaussées）畢業的工程師。法國的高等教育有兩大系統，一是常見的大學（université），另一是高等學院（Grande École）。這種學院特別難考，高中畢業會考後進入先修班兩年，密集準備後才能擠進窄門。畢業生的出路很好，通常進入行政部門、公營事業或教育體系。若以領域來分，人文社會以巴黎高等師範學院最有名。理工以綜合科技學院（École

圖 13-4　1843 年杜比獲得勳章

Polytechnique）最好，那是拿破崙時期創辦的。此外還有土木工程專業學院（例如杜比先生畢業的造橋修路學院），也有行政專業學院，還有綜合工藝學院。這是法國特有的精英教育體系。

杜比在工程界聲望很高，1843 年獲得騎士勳章，1850 年成為巴黎總工程師，1855 年高升土木工程界總監督。他的經濟分析著作集中在 1844 ～ 1853 年間發表，主要貢獻是運用邊際原理分析消費者剩餘，提出差別取價的原理。為什麼土木工程師要分析這些事？道理很簡單：道路橋梁都是政府建造使用者要付費。工程師造橋修路也要訂出各種價格：要低到足夠吸引使用者，又要高到足夠平衡成本與收益、創造盈餘。

這牽涉到幾項基本學理：效用遞減（或遞增）法則、如何計算消費者剩餘（讓使用者有賺到的感覺）、如何在平民與富人之間差別取價、讓使用人數極大化。試舉三個例子，顯示工程師出身的杜比在 1840 年代的論文，寫得多像今日的經濟學家：〈論公共工程的效用衡量〉（1844）、〈論收費站與收費表〉（1849）、〈論效用與效用的衡量〉（1853）。他的分析手法和古諾類似：用圖形解說、用方程式表達關係。

他的核心概念是消費者剩餘。為什麼有人願意花錢買這本書？因為他估計得到的好處超過買書的金額。消費者的「所得」與「支出」（得失）之間，就是消費者剩餘：覺得有賺頭有好處才肯買。同樣的道理，生產者的剩餘就是利潤、有賺頭才肯生產。修橋造路之後要收費，價錢高了沒人來，收費低了不敷成本。杜比必須從使用者的角度來看：走這條路有什麼好處？要支付多少過路費？為什麼不走免費道路？因為公路速度快，省下大半時間付點錢也值得。

接下來的問題是依人頭收費，或是依交通工具收費，或是依其他標準收費（例如身分或職業），才能使收入極大化，同時讓使用者的意願極大化？杜比提出「獨占者的差別取價」理論。這些事在教科書內都有，我們換個簡單的方式表達。

第一種是依職業或年齡，例如電影院分學生票、軍警票、兒童票、成人票。第二種依使用量來差別取價，例如買 100 個以內無折扣，101～500 個 9 折，501～1000 個 8 折。第三種依使用者的支付能力，例如飛機有頭等艙、商務艙、經濟艙。這些今日生活中常見的觀念，基本學理是法國工程師提出來的。他們運用微積分結合效用概念，應用在公共工程的定價策略：(1)分析具有經濟利益的議題。(2)從具體事實與統計得出抽象學理，用圖形與方程式表達具有一般化的科學推理。(3)透過演繹邏輯與圖形推理得出肉眼觀察不到的內在學理。

他們都有實用目的並不是為純理論而推理。這套消費者剩餘和差別取價的概念，在交通工具發達後，對輪船、火車、飛機的定價策略產生長久廣泛影響。除了營利事業，公共部門的定價例如博物館、公立醫院、教育體系，也是依照這兩套原則。以上簡介法國工程師對經濟分析的貢獻，想進一步理解這個被低估的領域，請參見《現代個體經濟學的祕密起源：杜比與工程師》（*Secret Origins of Modern Microeconomics: Dupuit and the Engineers*，1999）。

14

邊際學派在德奧英的發展

　　接續上一章的主題，場景換到德國、奧地利、英國。德奧是德語區但邊際學派在兩國的發展路線不同。今日對我們較有影響的是奧地利，這條線後來發展成奧地利學派，那是另一個重要的主題（見第 22 章）。英國和法國的邊際學派對今日的分析有顯著影響，德奧的痕跡較淡。

德國邊際學派

　　19 世紀中葉德國的經濟分析並不發達，如第 12 章所述還在爭辯重商與保護主義階段，尚未進入科學的分析。本章介紹兩位體制外的獨立學者，生前幾乎無人理會，但和古諾一樣現在反而成為基本定理或重要的啟始者。

問：德語區的邊際學派有哪些重要人物？

　　答：先介紹高森（Hermann Gossen，1810~1858），他當過基層公務員，離職後用 4 年時間寫出《論人類關係的法則與人類行動的規則》。這本運用數學分析的著作 1854 年出版後只賣了幾本，失望之餘他把庫存全部銷毀。英國邊際學派的要角傑方士在 1871 年出版《政治經濟原理》後，無意間發現高森 1854 年的書（幸好還有殘留本），他很驚訝高森早就預見自己的理論。傑方士的書在學界博得大名，但在日後的修訂版中把功勞歸給高森。高森那本

圖 14-1　高森（約 1858）

1854 年的著作在 1889 年才重印（德文版）。

$$\frac{MU_1}{P_1} = \frac{MU_2}{P_2} = \frac{MU_3}{P_3}$$

$$\frac{\partial U / \partial x_i}{p_i} = \frac{\partial U / \partial x_j}{p_j} \forall (i, j)$$

高森的第二法則：邊際效用均等法則

　　高森的主要貢獻有兩項：邊際效用遞減法則與邊際效用均等法則。第一個法則太簡單不必重述。第二個法則就是今日熟知的等邊際法則，舉個例子就明白。如果你每月的可支用額是 1 萬元，如何知道這筆錢是否發揮得淋漓盡致（效用最高化或極大化）？高森的第二法則說：當每塊錢的邊際效用都相等時，這筆錢的總效用極大化。這 1 萬元你可以捐給孤兒院 4,000 元，吃喝玩樂 3,000 元，繳交各種費用 3,000 元。你也可以花 8,000 元吃喝玩樂，2,000 元支付生活費用。雖然這兩種做法完全不同，但只要你覺得花每塊錢的邊際效用都相同（每塊錢都花在刀口上），那麼這兩種用法的總效用都相同（極大化）。

　　第二位要介紹的人是約翰·馮·杜能（Johann von Thünen）*。這個名字很難用中文精確發音，大致可讀為馮·杜能。他的主要經濟學著作是《孤立國》（第 1 冊 1826 年，第 2 冊 1850 年）。主要的分析工具是微積分，他曾經得出一條定律：工資 W ＝ A 與 P 乘積的開根號，其中 A 是工人必要的生活物資，P 是勞動者的價值。他自以為發現重要的定理，還把這個方程式刻在墓碑上。這是個插曲，沒人認真看待。[†]

圖 14-2　杜能（1840）

問：從這條方程式看不出邊際的概念。

答：是的。杜能的另一條方程式也有類似問題，但重要多了：R＝Y·(p－c)－mYF。R＝地租，Y＝每單位土地的產出，c＝每個單位商品的生產費用，p＝商品的單位價格，F＝運費，m＝到市場的距離。這個式子看起來尋常，但最新穎的變數是 m（市場距離）。在此不要進入這些技術細節，以下把重點放在他的分析手法與對日後的啟發。

他用同心圓來描述各種經濟活動的區位：市場位於核心，往外一圈是樹林，再往外是輪耕的田地，再外一圈是牧地，之後是休耕區，最後是狩獵

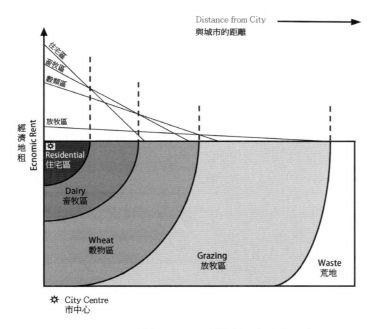

圖 14-3　杜能用同心圓描述經濟活動區位

---

* 為什麼中文把 John 翻譯為約翰？因為在德語系內 John 的寫法是 Johann，讀音像約翰。同樣的道理，為什麼中文把 Jesus 譯成耶穌，因為此字的拉丁拼法是 Iesus（讀作耶穌）。

† 杜能的墓碑可參見：https://upload.wikimedia.org/wikipedia/commons/f/f1/Belitz_grave_Thuenen.jpg

區。為什麼書名是《孤立國》？因為把上述圈子依同心圓方式，往外一層層畫完後就好像是個孤立國。歐洲的領主制在 17 世紀之前通常是這個結構。

古典學派的主要分析架構，是三種生產要素（土地、資本、勞動）和三個階級（地主、工商界、農工人）。杜能告訴我們，經濟活動有項重要的變數長久以來被忽視了，那就是距離。為什麼距離是重要因素？想看看你住的房子，不論是房租或房價，必然很受區位的影響。區位就是和「中心」的距離。為什麼遠親不如近鄰？因為親人在遠方，緊急時不如旁邊的外人，親疏反而沒有距離重要。

人類的經濟行為裡，距離的因素遠比想像的重要。區位與距離的重要性，在運輸經濟學與國際貿易理論已成為基本要素。二戰後發展出一個新領域：空間經濟學。例如便利商店和速食店，在考量分店布局時各家的土地、資本、勞動成本其實不相上下，要比較的反而是區位。這個概念的分析起源就是德國的杜能。

劍橋大學的馬歇爾非常景仰杜能：「我對他（杜能）的敬重高於對其他大師。」如果你還記得第 8 章談到李嘉圖的差額地租說，就可以比較一下。李嘉圖說不同肥沃度的土地有不同的生產力（小麥產量），杜能則說不同區位的土地會有不同的生產力（經濟價值或租金高低），兩個理論都有邊際的概念。

高森和杜能的學說領先時代，他們的見解在當時沒人理會。杜能把工資律刻在墓碑上，高森自詡為經濟學界的哥白尼，上一章談法國的古諾也是孤寂無聞。另一位更重要的華爾拉斯（Léon Walras，1834~1910），在法國找不到工作只好在偏遠的瑞士洛桑教書。他用數學分析經濟體系（一般均衡）也沒人理他，他落寞到竟然提名自己諾貝爾和平獎，失敗後還灰心一陣子。這些早期的數理經濟學家有不少讓人鼻酸的事。

第一代奧地利學派的貢獻

問：奧地利在邊際學說上有哪些貢獻？

答：就算不知道奧地利學派，應該也聽過奧地利學派的幾位大師，例如熊彼德、米塞斯（Ludwig von Mises，1881~1973）、海耶克（1974 年諾貝

爾獎）。這幾位名人是奧地利學派的
第二代，現在要談的是第一代。

第一位是孟格爾（Carl Menger，
1840~1921），他在布拉格大學與維
也納大學研讀法律，1870 年出版《經
濟 學 原 理 》（*Grundsätze*）名揚四
方。之後在維也納大學任教到 1903
年退休，1876～1878 年間曾擔任皇
太子魯道夫（Rudolf）的宮廷教師
（太子太傅）。

先談孟格爾的基本觀點與手
法。他認為經濟行為要從主觀的
（subjective）、 細微的（atomic）、

圖 14-4　孟格爾

自利的（self-interest）角度切入，經濟行為在追求效用極大化。他認
同古典學派亞當斯密的個人、自由、自利觀，反對馬克思派的集體性
（collective）、總合性（aggregate）。因為經濟行為必然以個人為基礎，
要符合 4 個條件。(1)財貨與勞務必須滿足人的需求；(2)財貨之間必須有因
果關聯；(3)必須能認清這些關聯性；(4)必須能支配這些東西來滿足需求。

現今教科書的邊際效用就是孟格爾的版本：當你很渴時第 1 杯水效用
很高，第 3 杯很快就遞減，第 6 杯的效用小於零（快吐了）。這種效用觀
可以用具體數字表達：第 1 杯的效用是 10，依序遞減到第 5 杯時為零。
這種效用可以用數值排序（10，8，6，4，…），稱為基數效用（cardinal
ranking）。

但大多數的效用無法用數值表示，例如靜坐參禪的效用、看到火災車禍
的驚嚇。學界放棄孟格爾的數值效用，改採依主觀偏好排序的效用（序數效
用，ordinal ranking）。換言之，你不必給每件事的效用賦予數值（因為每
年不一定相同），孟格爾的（數值性）邊際效用在學理上不太好用。

孟格爾有個概念對每個人都很有用：機會成本。人生有奇情巧緣，怎麼
知道花力氣做的是福是禍？每個人對想做的事，例如求偶或攀登聖母峰都

會盤算成本與效益。這種盤算無法用金錢表示，因為這種價格無行無市，每個人的主觀算法也不同。所以機會成本屬於「推算的價格」（imputed price），這是取捨的代價不能在市場上交換：你拿心目中高成本的事，去和別人心目中低成本的事交換，人家也未必肯要。

問：奧地利的邊際學派，還有人提出不同的學說嗎？

答：衛舍（Friedrich von Wieser，1851~1926）出身貴族，17歲進維也納大學讀法律，21歲畢業後任公職，但主要興趣是學術研究。他和童年友人歐根・博姆・巴維克（Eugen von Böhm-Bawerk，1851~1914，另一位邊際學派的要角）去德國的海德堡、耶拿、萊比錫大學讀經濟學，兩人後來娶同一位老師的兩個女兒成為連襟。

衛舍最重要的理論是探討自然價值（Der natürliche Werth），這件事其實你早已熟知。你怎麼知道效用處於遞增階段？很簡單：用微積分的語言來說，就是在一階微分大於零的階段。你怎麼知道效用在遞減？因為在那個階段二階微分小於零。這些基本概念是奧地利邊際學派想出來的，但寫成微分

圖 14-5　衛舍

圖 14-6　博姆・巴維克（約 1890）

形式或用幾何圖形表示，是日後英國新古典學派的貢獻，頭香之功還是歸屬奧地利人。

博姆・巴維克的主要貢獻是資本理論。簡要地說他是利息理論的重量級人物，主要著作集中在資本與利率論。博姆・巴維克在政治圈很活躍，當過三任財政部長（十年）之後回到學術圈。同樣重要的是，他有個學生叫做熊彼德。熊彼德在《十位最偉大的經濟學家》（*Ten Great Economists*，1952）中說，博姆・巴維克在經濟分析上的貢獻，和李嘉圖同屬最高等級，日後也很少有企及者。

英國邊際學派的貢獻

問：英國的邊際學派有哪些主要人物和重要學說？

答：最重要的是傑方士。他在基督教家庭長大，一直關心社會與經濟問題，18 歲去澳洲雪梨鑄幣廠打工，1859 年返英進倫敦大學，1865 年畢業。他的教育是理工取向，包括數學、生物學、化學、冶金。1862 年他在英國科學協會（British Association for the advancement of Science）發表兩項經濟分析的見解：(1)效用理論的結構；(2)以統計方法分析景氣循環。

1863 年他發表專書《純粹邏輯》（*Pure Logic*）。1865 年出版《煤炭問題》引起學界的注意，財政部長也

圖 14-7　傑方士

注意到這本書，傑方士時年 30。他的主要工作是在曼徹斯特大學任教，36 歲因壓力過大崩潰。1882 年 8 月在英國南方海邊游泳時溺斃（47 歲）。估計到 1936 年傑方士的九本主要著作大約賣出 3.9 萬冊。47 歲出 9 本書賣到 4 萬本，還驚動凱因斯為他寫傳記，20 世紀之前有多少人能得此殊榮？他個性孤獨冷漠，對古典樂有深刻的知識與見解，認為自己的天賦與原創性和德

國作曲家華格納很相似。

　　他對邊際學說的主要貢獻表現在《政治經濟理論》（*Theory of Political Economy*，1871）。完全是獨立的創見，未受過他人影響。他提出衡量效用的四個角度：強度、持久度、確定或不確定性、遠或近。他受過理工訓練，很會用幾何圖形表達，畫出總效用的形狀（先升高後下跌的反 U 字型），畫出總效用的頂點，正好對應於邊際效用等於零，這個基本觀念沿用至今。還記得前面提過高森的第二法則（等邊際原理）吧？傑方士也有類似的見解，只是驚豔於高森比他更早就以更簡潔優雅的方式表達了。

　　他畫過一個圖，很能表現出邊際學說：如何計算痛苦與快樂（效用）。圖 14-8 內有一條負斜率的效用線，他用這個概念來表達工作的快樂與痛苦，從而提出勞動供給曲線，這點需要稍微解說。

　　基礎經濟學原理有「勞動供給曲線後彎」的概念與圖形，意思很簡單：如果整天沒事做，就算生活沒問題也會覺得不愉快（正常人應該如此），每天能工作 3 小時的感覺不錯。若上有老母、下有妻兒，必須工作 15 小時，工作的感覺（效用）從第 10 小時後就急遽下跌，超過 12 小時就很痛苦。這樣就可以畫出一條由負轉正、再轉負的勞動效用曲線，或稱為勞動供給曲

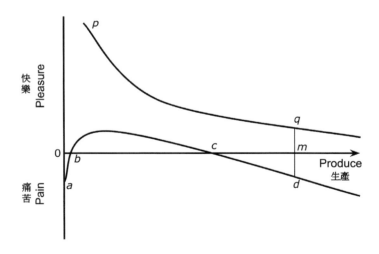

圖 14-8　傑方士顯示痛苦與快樂的效用曲線

線。這個圖最早由傑方士提出，雖然形式與勞動供給曲線後彎不同但基本精神沿用至今。他的分析技巧比不上日後的馬歇爾，但比同時代的德奧邊際學派高明多了。

他還有一項優點，會用統計數字建構學理。1862 年他運用氣象科學知識，寫篇文章談太陽黑子活動對景氣循環的影響。他從黑子活躍的年份、農作物豐收歉收的年份、企業破產的年份，探索之間的因果。他算出太陽黑子的活動週期是 10.44 年，而非科學界認為的 11.11 年。他說這是影響農作收成、景氣循環的重要因素。他對這件事相當興奮，但沒有人相信這種事。想進一步了解傑方士的貢獻，有好幾本專書可參閱，例如 2005 年出版的《傑方士與現代經濟學的形成》（*William Stanley Jevons and the Making of Modern Economics*）。

15

邊際學派的應用與推廣

　　前兩章談邊際學派在法、德、奧、英的發展過程，那些奠基者是第一代。本章談第二代的應用與推廣：代表性人物集中在英國和美國，法德奧三國各有傳人，但對今日的影響較間接。這兩代的共同點是：(1)分析工具使用微積分與幾何圖形；(2)不討論貨幣、物價、所得這類的總體題材，轉向效用、消費、廠商、競爭這類個體議題。第一代大都從需求面來分析，例如（喝水的）效用遞減法則、消費者剩餘的觀念、差別取價的手法。第二代有幾項特點：(1)注重供需兩面；(2)國際化的速度很快，在西歐各國與北美茁壯；(3)經濟學逐漸專業化，各國的大學正式開課，出現學術期刊與學會。

埃奇沃斯

問：為什麼邊際學派會在英國與美國開花結果？

　　答：因為有一位重要的前導者，就是上一章介紹的傑方士，以及一位更重要的集大成者：下一章的主角馬歇爾，把邊際分析發揚成現今的新古典學派，他的分析手法與題材成為今日經濟學教材的基礎。以下介紹在傑方士與馬歇爾間這段過渡時期的代表人物。首先解說埃奇沃斯（Francis Edgeworth，1845~1926）的貢獻。

　　他是愛爾蘭人，都柏林的三一學院畢業後到牛津求學，日後成為政治經

圖 15-1　埃奇沃斯

濟學講座教授。皇家經濟學會成立時他是創辦者之一，當過學會期刊《經濟期刊》（*Economic Journal*）主編 35 年、英國學術院院士。主要貢獻集中在《數學物理》（*Mathematical Physics*，1881，不要被書名騙了，這是用數理工具分析經濟問題），以及 1925 年的論文集《政治經濟學相關論文》（*Papers Relating to Political Economy*）。

　　他的基本概念承自邊沁，認為每個人都是一部會自動計算正負值的機器，依照預期的快樂（正值）或痛苦（負值）行動，在有限資源下追求效用極大。他用數學和幾何圖形表達，有三項貢獻至今廣泛沿用：⑴無異曲線的概念；⑵寡占廠商的定價策略；⑶明確定義邊際產出和平均產出的幾何關係。

無異曲線的概念

　　他的無異曲線和今日的概念不太一樣。我們現在的認知，是在第一象限上有條預算線，上面有一條凸向原點的曲線，此線上的任何一點效用都相同。埃奇沃斯的用法較初始，這個版本有兩位主角：《魯濱遜漂流記》裡的英國船長，和荒島的野人「星期五」。魯濱遜當船長時他的話就是法律，但在荒島野外求生時他的生存技能比不上星期五。魯濱遜擁有武器和其他優勢，星期五和他合作互蒙其利。

　　魯濱遜有三條無異曲線（I II III），表示在這三種狀況下他都肯和對方合作。同樣地，星期五也有三條無異曲線（1 2 3）。I II III 和 1 2 3 會有三個相切點（ABC），在 ABC 這三個均衡點上雙方都很滿意。如果把 ABC 三個點連接起來，就是一條契約線。這個早期版本傳達三個簡單但重要的概念：⑴每個人都有好幾條無異曲線。⑵和別人的無異曲線相切時，就是互利雙贏的均衡點。⑶把這些均衡點連接起來就是契約線。早期版本的契約線是直線，現在的版本是非線性的。

　　契約線（ABC）上的均衡點有個特色：如果要增進一方的效用，必然會損及另一方的利益。但在 ABC 線之外的地區（即非均衡點地區），雙方都可以增進各自的效用，而不會損害對方的利益。這樣的意涵，與日後的巴瑞圖最適（Pareto optimal）概念相通。魯濱遜和星期五各自擁有對方沒有的

條件又能交換互利，他們的行為屬於交換互利的契約行為。過了幾年魯濱遜被英國船救起，他把星期五帶回國後，星期五失去荒島求生的優勢，成為仰靠魯濱遜的依存者。

　　還有大家也熟知的埃奇沃斯盒狀圖。這個盒子的基本道理是有 O 與 A 兩人，各要交換 X 與 Y 兩種商品，他們在不同時間點，會隨著 X、Y 產量與價格的變化，會在不同點成交。把這些成交點連接起來就是契約線。這是邊際學說的重要發展，因為也可以從 O、A 雙方天賦資源（自然稟賦）的角度，來看交換的變動軌跡。

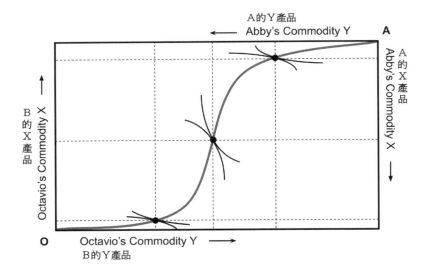

圖 15-2　埃奇沃斯盒狀圖（Edgeworth Box）

寡占廠商的定價策略

　　埃奇沃斯的偶占理論是另一回事。第 13 章談法國邊際學派時，提到古諾的獨占模型，有兩家礦泉水的獨占廠商。他們的決策模式是假定對方的策略（反應函數）既定（不會改變），所以模型裡有個均衡解。埃奇沃斯認為這不符合實況，因為獨占廠商的策略，必然隨著對方的變化做動態調整，不可能只有一個均衡解。

他提出的偶占解，修正古諾的兩個假設：(1)礦泉水公司可以策略性調整產量，可以供給大於需求，也可以供給小於需求。(2)礦泉水公司擁有獨占權，具有差別取價的能力：可依購買者的身分（老弱），可依購買的數量（10 瓶或 10 打），可依經濟能力（設計高檔包裝賣給貴婦）。

在這些複雜的策略下，市場不會有單一的均衡點。以可口可樂和百事可樂為例，雙方打起價格戰、數量戰、產品差異化戰、找明星代言。市場上只有兩家廠商，但雙方不結盟、不勾結、不協調，所以不會有單一均衡點。相反地，這會產生一個均衡區，埃奇沃斯稱為價格戰區：偶占雙方可用數量、產品差異、廣告各種策略，為自己的可樂訂出各種產品（有糖、無糖、低卡）的價格。雙方打久了就會形成一個穩定的價格戰區，例如各家手機通訊公司的月費訂價。

這樣的理論有三個缺點：

1. 在他的偶占模型裡，好像這兩個獨占者的市場已經結合成一個。在現實的市場競爭裡，再以可口與百事可樂為例，雖然都在同一地區販售，沒有距離和區位的差異，但有各自的鐵粉客戶群，市場其實是區隔的。

2. 在這種模型裡，好像競爭雙方無法得知對方的反應（函數）。其實偶占者交手已久，早已知己知彼（內鬥內行），雙方的訊息幾乎是對稱的。

3. 這種偶占模型隱含假設雙方的生產能量固定，其實長期必然會調整，也會開發新產品把競爭搞得更複雜多變。

這三點批評現在看起來有道理，埃奇沃斯的模型是有這些缺點，但必須感謝他開啟這條探索大道，提出重要的基本性質。

邊際產出和平均產出的關係

埃奇沃斯還有一項基本貢獻，大一學生都明白的。總產出（total product，TP）、邊際產出（marginal product，MP）、平均產出（average product，AP），這三者的幾何圖形關係是埃奇沃斯確定下來的。簡單地說（圖 15-3），總產出（TP）的曲線形狀，剛離開第一象限的原點時，會呈現內凹的曲段，此時它的一階微分大於零（表示在報酬增加階段）。但 AP 曲線走到頂點時，會和一條下降的 MP 相交。MP 與 AP 的交會點，就是 TP 線第二階

段的開始，此時它的二階微分小於零（在邊際報酬遞減階段）。當 TP 線達到最高點時，正好是 MP 等於零時。也就是說 MP 在值等於零時，TP 達到最高點。之後的 TP 就進入第三階段往下滑。

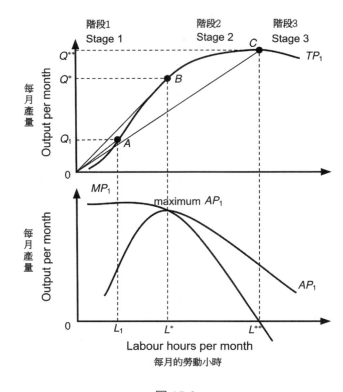

圖 15-3

個體經濟教科書都會提到包絡線（envelope curve，見圖 15-4），它有兩個特點：(1) 廠商的短期邊際成本（MC）會交在短期平均成本（AC）的最低點；(2) 把各種生產規模，短期平均成本曲線上的最低成本點連結起來（稱為包絡線），就是廠商的長期平均成本曲線。提出包絡線的是芝加哥大學經濟系教授雅各布・維納（Jacob Viner，1892~1970），他後來轉到普林斯頓大學任教。他最主要的貢獻是國際貿易理論與經濟思想史（亞當斯密的研究）。1931 年他構思包絡線時，原本以為長期的平均成本曲線必然會切到短期平均成本曲線（AC）的最低點。

他找數學系的中國研究生幫他畫圖要放在文章裡發表。研究生說這是不可能的事：長期的 AC 曲線可以把短期的 AC 曲線包起來，但這長短曲線的切點，不可能都剛好位於短期曲線的最低點。因為在特定生產量條件下，廠商可找到某一個相對應的生產規模，可以用最低的短期平均成本來生產該產量。這個最低的短期平均成本，通常不會落在短期平均成本曲線的最低點

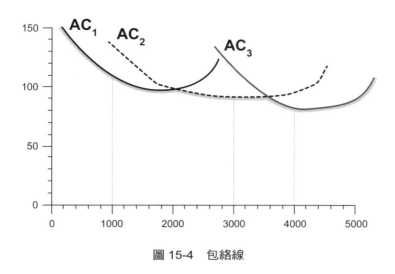

圖 15-4　包絡線

（除了在某一個生產規模，它恰好相切在長期平均成本曲線的最低點）。

維納大吃一驚，問題出在哪裡？為什麼長期的 AC 曲線，不一定是短期 AC 曲線最低點的組合？這件事讓維納與包絡線變得更有名。這是把埃奇沃斯的短期推廣到長期，沒想到出了這個插曲。

美國邊際學派的貢獻

問：美國小老弟也跟著做邊際分析，他們有哪些見解值得一提？

答：很少。但戰後經濟思想史的教科書大都是美國人寫的，一定會提的人物是克拉克（John Bates Clark，1847~1938）。美國經濟學會在 1947 年以他的名字設立一個獎（Clark medal），每兩年頒給一位 40 歲以下、在美國工作的經濟學家，2009 年起改為每年頒發。得過這個獎的人，到 2023 年有 14 位得了諾貝爾獎，指

圖 15-5　克拉克（1900）

標意義很明顯，上網查可看到完整解說。

克拉克的主要貢獻是用邊際觀念解說要素所得（工資、利潤、地租），例如某甲月薪 1 萬元，因為他的邊際產出價值 1 萬元。這種說法看似科學（可用微積分表達），但完全不符實況。

用邊際生產力來解釋薪資是書呆子的說法，你看富豪一年賺那麼多錢，這和個人的邊際生產力何干？他們能賺進大把財富，是來自企業的設備、策略、工人的血汗，他們每天的工作時數未必多於工程師。

問：教科書說的就是這種理論，美國人為什麼會接受？

答：這最符合資本主義的利益。石油和鋼鐵大王喜歡這種理論，因為這可以解釋他們的財富多，是因為邊際生產力非常高；窮困者是因為邊際貢獻小。個人的成就可用財富衡量，不受階級或社會屬性限制，適合當時的美國社會價值觀。

問：19 世紀末與 20 世紀初流行社會達爾文主義，這和邊際學說相關嗎？

答：這兩套學說互為表裡相得益彰。你很熟悉達爾文的基本論點：物競天擇、適者生存。把這套學說從生物界應用到社會現象就是要證明：石油大王就像叢林的獅子，是物競天擇之下的強者，失業者就像食物鏈的下層，這是不可違逆的天道。如何證明誰是適合生存者？邊際生產力是中性的好指標，跟出身背景無關，只要奮發努力每個人都有機會提高邊際貢獻。

主張邊際學說的人認為，政府的主要功能是維持市場競爭秩序，不要讓獨占廠商暴利，只要讓各種生產要素（土地、資本、勞動），在合理的大環境下自由競爭，就能發揮最有效率的邊際產出，GNP 就能很快提升。克拉克提出這套邊際學說時美國經濟正往上坡走，人口與資本迅速增加景氣繁榮一片樂觀，大多數行業處於報酬遞增階段。1929 年大蕭條後還有人相信這套說法？

當時反對這個論點的人不多，最有名的反對者就是孫中山在《三民主義》裡提到的亨利‧喬治（Henry George，1839~1897）。他認為超額利潤

是不合理的所得，例如紐約曼哈頓的地價飆漲，這和地主的邊際貢獻無關，那是社會進步增長的成果與個人的勞力無關。喬治主張漲價歸公，應課高額的土地增值稅。同樣也要課高額遺產稅，因為資本家的後代並無勞動卻有巨額財富，這些不公正的財富都是從社會搶走的。

邊際生產力學說的評價

問：我們常看到大企業執行長（CEO）的薪資上千萬，有巨額分紅也配有飛機遊艇。如果邊際生產力學說不正確，為什麼這個現象至今不變？

答：這種現象吸引許多優秀青年，花大把銀子擠進名校讀 MBA。很快地供給就超過需求，找不到高薪工作後才明白 MBA 的真義：More Bitterness Ahead（真正的苦頭在前方）。為什麼某些 CEO 的年薪高達數千萬？這就像職業球隊的明星：整個產業的年產值非常大，球隊為了爭奪冠軍不惜高薪聘高手。但現實是殘酷的：(1)能得到這種高薪的人數比例很低；(2)絕大多數的球員都在溫飽邊緣，可能終身都沒出頭天；(3)超級明星一旦受傷或貢獻度減低，就不留情地降級或解約。

同樣的道理，大企業的 CEO 有被董事會解職的可能，能久居高位的鳳毛麟角。就算這個 CEO 是位奇才，也要靠團隊力量在產品上有創意才會成功。這種短期的超額報酬稱為效率工資：有超高效率、有超高貢獻時才有。職業殺手拿的就是效率工資，重賞之下才有勇夫：短期的單一危險任務，辦完事領錢走人。美國的 CEO（球隊）高度競爭，把薪資炒到不合理的高度。其實這套制度下的犧牲者遠多於得勝者，只是社會不關心被淘汰者的下場。

大部分上班族的薪資都不是這樣決定的。同一個人在傳統生產線上，和在台積電的生產線上，他的邊際產值就有很大的落差。是這個人換個地方表現就不同嗎？其實是因為台積電的設備較好、產品價格較高、生產線的流程效率高、國際需求堅實。換句話說，決定邊際效率的因素除了個人能力，還牽涉到設備與諸多因素。很難精確區分邊際生產力的構成因素中，哪些是個人的，哪些是環境的，哪些是產業的特性。換個方式表達：如何定義稻草的價值？一根稻草扔在地上就是垃圾；與白菜綁在一起賣就是白菜價；綁在

大閘蟹身上便是高檔價。生產力是人力、資本、設備結合的成果，無法明確算出每位勞動者的個別貢獻度，所以大部分的薪資是制度性的（例如軍公教）。邊際學說在分析上的意義，遠大於實證上的可行性。

　　邊際學派的第一、第二代到此結束，下章談新古典學派的開創大師馬歇爾。

16

馬歇爾與新古典學派的奠基

前三章談邊際學派的發展、應用與推廣。我們可以感受到地理上的變動：18 世紀的古典學派發源地在英國，19 世紀邊際學派的主要國家是法德奧，最後回到英國在傑方士、埃奇沃斯手中發揚光大，還帶動美國經濟學界的興起。本章的主題是 19 世紀末與 20 世紀初的泰斗：劍橋大學的馬歇爾。他一方面承繼古典學派的精神、邊際學派的科學方法；二方面提出原創的概念與分析工具，奠定新古典學派的根基；三方面為日後的凱因斯鋪設起飛的跑道。

圖 16-1　馬歇爾（1921）

馬歇爾的學識背景

問：馬歇爾的背景是什麼？他的分析有什麼特色？

答：他父親是英格蘭銀行的出納員，常逼迫兒子做功課到深夜，因而對父親的教育方式相當反感。馬歇爾從小臉色灰白蒼老，綽號白蠟燭，進大學後主修數學。他的個性悲天憫人，對改善窮苦人的問題特別關注，差點去當牧師。畢業後擔任數學教師，對形上學（哲學）、倫理學、經濟學產生興趣。1860 年代末期開始在劍橋講授政治經濟學。受到邊際學派開創者（法國）古諾與（德國）杜能的影響，他感受到數學分析經濟現象的微妙，試著把李嘉圖和彌爾的經濟學翻譯成數學。

各門各派的經濟學說在 18 世紀中葉後興起，單在英國就有許多重要前輩，如亞當斯密、李嘉圖、馬爾薩斯、彌爾、馬克思、傑方士。加上法德奧邊際學派的重大發展，19 世紀下半葉是光明與希望的年代。受到物理學、生物學、數學突飛猛進的刺激，經濟分析也走到爆發點上，馬歇爾是這個轉折點的超級亮星。

　　從相片看來他是個瘦弱書生，個性謹慎不隨便公開發表文章。同行都知道他的抽屜裡不知有多少已完成的手稿，對各類問題已有深刻的解答。只要想到這一點，別人就不敢把稿件送到期刊。凱因斯在《全集》第 10 冊寫過傑方士和馬歇爾的傳記，對他們有深刻對照。「傑方士看到水壺開了，就像小孩一樣開心大叫；馬歇爾看到水壺開了，就安靜地坐下來建造出蒸汽機。」這是急躁與老成的寫照。

　　有人問他：你長期專心讀書研究為什麼只出版幾本書？他說就像布置商店櫥窗的藝術家要先有整體的構圖，施工階段每完成個小步驟就要退到對街觀看是否恰當。真正動手的時間並不多，來回省思反而費時。這種溫和緩慢的特點，讓他感覺彌爾在 1848 年時宣稱「價值理論已建構完成」其實言之過早。他也覺得傑方士做了過多的「原創性」宣稱，冷靜看來並沒那麼關鍵。馬歇爾從 1870 年代就開始建構經濟理論的數學基礎，但要 20 年後才發表。更謙虛的是，他把這些數學分析都放在注腳和附錄，正文是要讓讀者都能理解從嚴謹分析得到的意義與實例。

　　他知識淵博是個複雜的多面體：經濟理論家、人道關懷者、數學家、歷史學者。他認為經濟學最該學習生物學，因為它最能表現大自然的本質；經濟理論並不等於真實，而是用來發掘真相的過程，經濟概念是工具而非分析的目標。

確立經濟學的主旨

　　馬歇爾做了一件小事沿用至今：把這門學問從「政治經濟學」（Political Economy）改為「經濟學」（Economics）。他認為經濟學的主旨不是研究貨幣、物價、所得、GNP、效用、競爭，而是：

　　1. 研究日常生活裡的行為（a study of mankind in the ordinary business of

life）。

2. 探討個人與社會行為，如何取得想要的東西，以及運用必要的東西來增進福利（it examines that part of individual and social action which is mostly connected with the attainment and with the use of the material requisites of well being）。

這個定義裡沒有成本與效益，不談資源的效率運用或分配，更沒有 GNP 與所得分配，也沒提國際貿易或廠商競爭，這些面向都隱含在上述優雅的兩段小句子裡，他把研究銅臭的學問帶到花香境界。

把政治經濟學改成經濟學的主因，是要避開馬克思式的階級鬥爭與意識形態，改走科學的中性分析，也讓經濟分析成為獨立的專業領域。他當然明白經濟行為必然無法和社會、政治、心理、歷史明確切割，用他的話來說：「大自然無法明確切分。」（Nature draws no such sharp lines）為什麼要把經濟分析專業化？他的名言是：學門的寬度拉得愈開，科學的精確性就愈低，反之亦然。經濟分析必須和政治、社會切割，走向專業化與精確化才能快速成長。

他認為每個人都可給經濟學下定義，經濟學的首要目標就是消滅貧窮。這是致用的學問，理論的探討是為了幫助思考與邏輯正確，是手段而非目的。他擅長理論推演，這是過程而非目標。大部分學者注重研究欲求，但他看重行為的分析。

這種求實的態度，加上著作的優越性，以及深藏不露的抽屜，讓他成為同時代經濟學界最敬畏的人物。馬歇爾謙虛地說：任何人想評估他的原創性，必然是件愚昧的事。我們現在知道，許多歸功於他的概念，例如供需法則與十字架、消費者剩餘，其實都早有原創者，只是馬歇爾的《經濟學原理》流傳既廣又深入人心，讀者常把從他書上讀到的歸功於他。難道馬歇爾沒有創新嗎？有的，例如價格彈性的概念，那是他坐在屋頂上想出來的。

問：他的《經濟學原理》是經典，能否說明有什麼重點？

答：這本《原理》從 1881 年開始寫作，1890 年出版後成為學界主流，生前改版 8 次。皇家經濟學會在 1960 年代請馬歇爾姐姐的兒子編成兩大冊

集注版。1990 年代中期，我（賴）對馬歇爾的一個小概念準租（quasi-rent）有點疑惑，用不少時間去了解他的生平與著作。如果你對《原理》有興趣，網路上有專屬條目和線上版全文可查閱：Principles of Economics (Marshall)。

在這本書的扉頁上有句拉丁文：Natura non facit saltus，英文翻譯是：Nature does not make jumps（大自然不會跳躍）。馬歇爾的本科教育是數學，馬歇爾最尊崇創造微積分體系的萊布尼茲（Gottfried Leibniz，1646~1716）與牛頓，在生物領域他最推崇達爾文（1809~1882）。這三位大師都引用這句從亞里斯多德（西元前 384 ～ 322 年）時期就流傳的名言。

此句的精義是：大自然事物的本質都是緩慢而非急遽變化。在數學的脈絡裡，方程式的變化都是連續的（continuous）與可微分的（differentiable）。在物理學的脈絡裡打破這個規律的是量子力學：要用機率的概念來表達。愛因斯坦堅持「上帝不會擲骰子」，一直不願接受機率概念的量子理論。

在生物學的脈絡裡，就是達爾文的演化論：生命現象是緩慢演化的，無特定方向（誰知道百萬年後人類會演化成啥樣？），也無特定目的（人類對地球有何意義？）。基因會突變但尺度太小速度太慢，不能算是跳躍。為什麼要在扉頁重述這句話？因為馬歇爾宣稱他認同數學、物理、生物學的變化觀，同時佐證他運用微積分探討經濟行為有其正當性。這兩點日後成為新古典學派的基本認知與手法。

馬歇爾的六個原則

問：他本科是數學又以微積分為主要工具，為什麼《原理》全是文字，數學分析與圖形都放在注腳與附錄？

答：引用一段信函你就明白了。1906 年 2 月 27 日馬歇爾寫信給亞瑟・包利（Arthur Bowley，1869~1957，英國統計學家）解說自己的研究方法。「我現在已經不寫那些可能對你有用的數理經濟學，我對那些事情也記不太清楚了。我現在已經不讀數學，甚至忘記應該怎麼把許多東西連結起來。最近幾年的研究工作裡我愈來愈感覺到，用好的數學定理來處理經濟假說，不太可能做出好的經濟學。我愈來愈依據下列的規則：⑴把數學當作速記語言，而不是探討的引擎。⑵用這個方法，一直到把想法完全記下為止。

(3)把它們翻譯成英文。(4)舉例說明為什麼這些想法在真實生活裡是重要的。(5)把數學燒掉。(6)如果做不到第四項，就把第三項燒掉。我經常做這最後一點。」馬歇爾的書能征服知識界，關鍵就在第三項與第四項：寧可用較長的文字也避用術語。他舉的實例有些是時事，有些是眾所周知的歷史，重要的是這些例子背後都有意涵與抽象推理。

問：這 6 項原則讓人印象深刻，但對 21 世紀的學界還適用嗎？

答：劍橋大學經濟學系的《劍橋經濟學期刊》（*Cambridge Journal of Economics*，1977 年起，雙月刊）在前十幾年的投稿須知上都引述這 6 項原則，後來才拿掉。經濟學界五大期刊的主編會提醒作者，不要在正文有過多技術內容，若有必要用很多數學就放在附錄，如果太長就放在網頁。馬歇爾比大多數人更明白數學的功用與限度，他著重觀念的理解而非演算能力。

在經濟分析裡數學就像武士刀，非常犀利，結果明確，不容爭辯。數學就像武士刀，不能解決所有問題。《水滸傳》和金庸的武俠小說讓人難忘的不是必殺技，也不是特殊兵器，反而是俠骨柔情、江湖道義、離奇的人性。雙節棍舞得出神入化，確實眩人耳目，但總不如高手持扇飄然而至讓人神往。以《水滸傳》為例，36 天罡星與 72 地煞星，各路英雄好漢都有獨門武功，如魯智深、林沖、史進。但領袖群英的宋江（天罡地煞排名第一）只殺過一個弱女子閻婆惜。他靠什麼統領 108 條好漢？一個義字。義字的涵意很廣：眼界、胸懷、手腕、說理。

有志者要先對義理及門派了然於胸。最低層的水果（修改模型、Evidence from……）摘完後，如何更上層樓才是重點。除了數學建模，更應明瞭身處歷史進展的位置，勿當蒙眼馬只走直線。歷史就像汽車的後照鏡，不能保證往前開不會出車禍，但後照鏡可讓司機（決策者）預見左右後方的危險。層級愈高、決策度愈強者，歷史感的重要性愈顯著，反之亦然。

沒有故事就沒有文章，好故事和好概念比好數學更重要，正如消息好比手機好更重要。如果經濟學成為應用數學，如果論文只在修改變數與放寬限制條件，就不會有重要訊息可以傳達，甚至比不上純文字但有啟發性的內容。幸虧諾貝爾獎是瑞典人頒發的，不會被整頁數學嚇到。重要的是背後的

訊息是否有啟發性與延展性，才會頒獎給完全不用數學的貢納爾・默達爾（Gunnar Myrdal，1974）、海耶克（1974）、科斯（1991）、諾斯（1993）。

問：馬歇爾注重數學、理論與歷史的結合，這有可能嗎？

答：他注重歷史面主要是受亞當斯密影響，因為《國富論》有相當篇幅是對歷史的綜述與回顧。他注重理論面主要是受李嘉圖方法論的影響：雖然李嘉圖不會數學，但透過邏輯推理竟然可以提出差額地租說、所得分配原理、經濟成長停滯論（見第 8 章），這種深刻的洞見讓馬歇爾印象深刻。

整體而言，古典學派的寬廣視野，加上邊際學派的數學與圖形技術，所結合的能量必然要表現在一個轉折點上，馬歇爾正好是這位閃亮的代表者。有證據嗎？請看《原理》附錄 B，他表現出對思想史的熟悉與評論；在附錄 C，他解說經濟學的範疇與方法；附錄 D 則談如何用抽象推理進行分析。

馬歇爾有個缺點：很少對一個概念下明確定義。他對「準租」這個新概念，竟然有 26 種不同的表達方式。為什麼他這麼不精確？他提出新概念時，發覺無法用精準的數學表達，就從不同角度捕捉各種可能性，反而讓讀者更困惑、更混淆。研究馬歇爾的學者時常觀察到這個現象，或許可稱為「原創的模糊性」。

經濟分析的四大困難

有人可能會覺得馬歇爾好像把他最擅長的數學分析，故意貶抑在最下層，他其實是在過度壓抑。細心的讀者會看到《原理》有許多數學附錄，其中的第 21 項（Mathematical Note XXI）要探討聯合需求（joint demand）、複合需求（composite demand）、聯合供給（joint supply）、複合供給（composite supply）。馬歇爾在這 1.5 頁內要探討這 4 件事同時發生的狀況（when they all arise together）。用今日的術語，這是建構聯立方程體系或一般均衡模型。

1908 年馬歇爾寫信給美國邊際學派的克拉克，透露他對這 1.5 頁的在意程度：「我這輩子一直在努力，要給這第 21 個數學附錄提出真實的形式，日後還要朝這個方向努力。」以當時的數學環境，馬歇爾還達不到這

個目標，這要等到 1950 年代，才由肯尼斯・阿羅（Kenneth Arrow）、傑拉德・德布魯（Gérard Debreu）、莫里斯・阿萊（Maurice Allais）、根岸隆（Takashi Negishi）共同完成。

在馬歇爾的觀念裡，外在的世界隨時都在變動，各種因素互相牽扯但步調不一，所以不可能有一套完整的理論，能掌握這麼複雜的真實情況。馬歇爾是在宣稱，理論與事實之間的必然落差性。他認為「願意相信常識與實務直覺的人，比那些只會對經濟問題求理論解的高手，更容易成為好的經濟學者。」

馬歇爾認為經濟分析有四大困難：

1. 相關因素之間有相互依賴性，變動一個就會牽動另一個，本質上是非靜止的。

2. 隨著時間的進展，必然也會帶來變動，本質上是動態的。

3. 還有預期不到的外來干擾，本質上是有風險的。

4. 物理現象比較容易孤立出一部分（如粒子），取得精確的結果。社會現象的本質不同，精確性與可複製性比不上自然科學。

由於這 4 項特質，經濟學只能用假設其他條件不變（ceteris paribus）的方式分析。這必然失去真實性與複雜性，所以稱為部分均衡分析法。雖然有這個缺點，但這也是逼近事實最快的方法，在固定的範圍與短時間內，甚至還有預測能力。換句話說，馬歇爾提倡這種一次只做一個步驟的分析，把問題聚焦到可以精確分析，然後合併起來觀察整體變化。

馬歇爾明白理論與現實狀態的差距，所以把經濟時間切分成 4 種：

1. 市場時間（market period）：非常短暫的交易時間，在此狀態下供給是固定的，或完全無彈性。

2. 短時期（short run）：廠商可以變更生產與供給，但無法改變生產設備的規模。

3. 長時期（long run）：廠房設備可以變動，所有的成本皆可變。

4. 很長時期（secular period）：價格、科技、人口皆可變動。

不同產業的時間觀並不相同，例如鋼鐵業在三、五年內很難調整，而電子業在三、五個月就變化萬千。長短期不是日曆時間的概念，而是行業調整

的速度。馬歇爾對經濟分析的時間面向很感興趣，1908 年寫信給克拉克說，他心目中有五大問題尚待解決，分析時間的影響排居首位。

馬歇爾的貢獻與評價

問：馬歇爾的主要貢獻是什麼？

答：馬歇爾的主要貢獻在經濟學原理的課堂都讀過。例如經濟學的第一課供需曲線，就是《原理》內最為人知的圖形，有人依它的外型取個綽號：馬歇爾的十字架。其實最早提出供需曲線交會圖的是第 9 章談過的愛丁堡大學的工程教授弗萊明‧詹金（參見圖 9-2）。

馬歇爾的貢獻在於詮釋這張圖的方法。大家必然會問：如果供需曲線的交會點就是市場價格與數量的均衡點，請問是供給曲線決定均衡點，或是由需求曲線決定？馬歇爾有個譬喻：裁縫師傅剪布料時，你會問他是上方的刀片先剪，還是下方的刀片先剪嗎？你決定買房時，是房屋的正效用在決定，或是花錢的負效用在決定？

剪刀是上下同步的動作，買房的決策也是正負效用交互運作後的選擇。這是無法拆解的同步行為，而且是邊際（臨界點）的行為。經濟行為不是孤

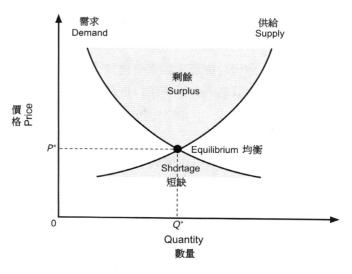

圖 16-2　供需曲線

立的，就像容器內的三個骰子會互相碰撞得出不同的點數。他的意思是說：供給、需求、價格這三個骰子會交互影響，直到動力停止（邊際動力＝0）時，就出現均衡點（靜止狀態）。

另外，「彈性」的概念也是馬歇爾的原創。以價格彈性來說，就是物品價格的變化，與對該物品的需求數量有反向的關係（斜率為負）。彈性有三種：(1)等於1，表示價格貴多少，數量就等比例減少。(2)大於1，表示價格是有彈性的（price elastic）：例如香菸漲1倍，我只好抽得更少（＜½），否則會排擠其他消費。(3)小於1，表示價格沒彈性，例如米價上漲，但必須買同樣數量的米，否則會挨餓。這種小事古人早就明白，馬歇爾的貢獻在於，把上述的文字寫成簡明公式，並區分成＝1、＞1、＜1三大類，方便教學與應用。如果要複雜下去，還可再到點彈性、弧彈性、交叉彈性。

$$E_d = \frac{\text{\% change in quantity demanded}}{\text{\% change in price}} = \frac{\Delta Q_d / Q_d}{\Delta P / P}$$

$$E_d = \frac{\Delta Q_d / Q_d}{\Delta P / P} = \frac{P}{Q_d} \times \frac{dQ_d}{dP}$$

價格彈性

因價格變化而造成需求量的變化，可分出兩種效果。(1)所得效果：我的收入可以每天抽一包，現在菸價上漲一倍但收入不變，只好改為抽半包。(2)替代效果：香菸價漲只好努力戒菸，改嚼5包口香糖轉移菸癮。

價格變化時，依需求量的變化程度，商品的性質可分好幾種。(1)正常財：所得增加後需求增多，例如牛排。(2)劣等財：所得增加後需求變少，例如泡麵或米飯（改吃麥當勞）。(3)炫耀財：價格愈高，需求量愈多，例如名牌服飾與高檔汽車（又稱 Veblen 財或奢侈財）。(4)季芬財（Giffen goods）：劣等財的價格變高後，需求量反而增加，例如饑荒時期的馬鈴薯或地瓜（此時的所得效果大過替代效果）。這一系列的觀念能成為一套基礎的消費需求分析，必須歸功於馬歇爾的簡化與串連。上述的內容中，所得效果與替代效果不易明確區分、不易數量化、不易相互比較。

馬歇爾還有很多分析已經吸收進現代理論基礎。例如政府對廠商應該課稅或補貼，這要看產業是在規模報酬遞增或遞減階段。當然也可以再牽連到外部經濟這類的概念。你可能會懷疑說，怎麼一直沒提到馬歇爾對總體經濟的分析？因為他的主要貢獻集中在個體經濟，這是新古典的特徵。馬歇爾對總體經濟的思維尚未脫離賽依法則的架構（供給創造本身的需求）。所以他反對馬爾薩斯的有效需求不足說，也不認為可以從消費行為來分析景氣循環問題，這些要到 1930 年代才在凱因斯手中完成。

馬歇爾有幾項特色。(1)集大成者：把之前學者的貢獻，整理成體系性的架構。(2)漂亮的呈現者：把各種概念和現實生活密切結合，讓經濟分析的知識廣泛傳播。(3)科學化的優雅表達者：透過數學與幾何圖形，掌握複雜現象的本質，讓讀者明白文字與數學如何相互轉換。(4)他常說自己的理論根源於李嘉圖，他的研究只是在重述與延伸李嘉圖，再加上新的要素（例如時間的面向）。整體而言，馬歇爾的貢獻是用幾何圖形與數學來分析個體經濟問題，然後和古典學派結合，稱為新古典（neoclassical）學派。他奠定今日分析的基礎，扮演承先啟後的樞紐功能。

17

洛桑學派：華爾拉斯與巴瑞圖

　　1980 年初我（賴）在巴黎賽納河畔的舊書攤，買到一本談洛桑學派的書。洛桑是法國和瑞士交界的中型法語城市，人口約十多萬，我沒聽說過那裡有什麼經濟學派。那本 1950 年 430 頁的舊書尚未裁邊，表示沒人看過。法國早年常出版這種平裝本，讀者購買後送到裝訂店，依家族或個人藏書的外型，重新精裝貼上藏書票。這麼做的好處是書房收藏高雅一致。我看過這類裝訂店，不明白簡單的一本書需要這麼麻煩做什麼，後來才知道這是資產階級的講究。

　　那本書的主要內容，是兩位洛桑大學著名經濟學者的文選：華爾拉斯與巴瑞圖（Vilfredo Pareto，1848~1923）。從名字看來，一位是法國人，一位是義大利人，怎麼會在瑞士任教？恕我當時無知，查了資料才知道他們都是巴黎人，但學說與立場都和主流差距太遠，只能在學術地位偏遠的小城得過且過。

　　華爾拉斯過世後，遺缺由巴瑞圖接替。有一次巴瑞圖搭火車時遇到一位義大利人，對方說你們洛桑大學有位了不起的經濟學者叫做華爾拉斯。巴瑞圖說我認識他那麼久，還接了他的位子，從來沒聽說他有什麼重要性。那個人說：你換個角度重讀他的著作，就會看出他在建構一般均衡體系。巴瑞圖半信半疑，重讀之後才明白金礦就在身邊。算

圖 17-1　華爾拉斯

是洛桑大學走大運，低薪聘到這兩位日後深刻影響學界的大師。

華爾拉斯與巴瑞圖

問：能否介紹兩位的成長背景？

答：華爾拉斯生前的狀況很令人同情，巴瑞圖的運氣較佳，都不能算是生前揚名。華爾拉斯出生在法國西北部的諾曼第，投考巴黎理工學院（Ecole Polytechnique）的數學組落榜兩次，後來考進著名的巴黎高等師範學院。他父親奧古斯特·華爾拉斯（Auguste Walras，1801~1886）也是該校畢業生，是古諾（詳見第 13 章）的同學。父親介紹古諾的著作給兒子，引發出兩項重大影響：(1)華爾拉斯向世人介紹古諾的重大貢獻。(2)深受古諾運用數學分析經濟現象的啟發，華爾拉斯把古諾的部分均衡分析擴展為一般均衡分析。

這套數學體系沒有伯樂，失望之餘華爾拉斯轉向文學發展，出版一本平庸的小說，生一對雙胞胎女兒，編一本短命的月刊，在鐵路局和兩家銀行工作過。他認同社會主義路線，主張土地國有化。數理經濟分析與社會主義路線，讓他在本國四處碰壁，直到 1870 年才在洛桑大學法學院找到教職，投票時還有 3/7 反對。他的經濟困頓，直到 1884 年娶了富孀才好轉。

1874 ～ 1877 年間他在期刊上發表文章，日後集結成最有影響力的著作《純粹政治經濟學要義》（*Éléments d'économie politique pure*）。這些文章在 1984 ～ 2005 年出版為 14 冊全集，一生孤獨的華爾拉斯真是身後哀榮。英語世界對華爾拉斯經濟學研究最有名的人，是威廉·賈菲（William Jaffé）在 1983 年出版的《華爾拉斯文選》（*Essays on Walras*），以及唐納德·沃克（Donald Walker）2005 年出版的《華爾拉斯經濟學》（*Walrasian Economics*）。

巴瑞圖原籍義大利熱內亞，母親是法國人。他在巴黎的中產階級環境成長，1867 年大學畢業（主修數學），1870 年從義大利的杜林（Turin）工業大學取得工程博士。之後在義大利鐵路局與民間產業當幾年工程師，40 多歲才投入經濟學的教學與研究。他認同英國式的自由市場觀，在佛羅倫斯大學擔任經濟學與管理學講師，對政府的管制措施失望，轉而熱衷政治活動。

1889 年雙親過世後娶俄籍夫人，1893
年洛桑大學聘他為講師，後再婚，轉向
經濟學與社會學。除了經濟學上的巴
瑞圖最適這個重要概念，他還留下巴瑞
圖指數（Pareto index）、巴瑞圖法則
（Pareto's law）、巴瑞圖分配（Pareto
distribution）。

圖 17-2　巴瑞圖（1870 年代）

部分均衡 vs. 一般均衡

問：上一章講馬歇爾時，說他的主
要貢獻是部分均衡分析，他的《經濟
學原理》是 1890 年出版的。剛才說華
爾拉斯的《純粹政治經濟學要義》，是
1874 ～ 1877 年間先在期刊發表，主要貢獻是一般均衡分析。從這兩個年
代看來，一般均衡的概念比部分均衡更早，我一直以為是相反。

答：一般會這樣想，但史實正好相反。部分均衡和一般均衡有相似點，
也有相異處。相似點是：均衡點都是由供給與需求函數的變動來決定。相異
點有兩個面向：

1. 決定均衡點的變數（determinants）：在部分均衡的架構下，必須假
設其他條件不變，通常只要考慮價格與數量就夠了。在一般均衡的架構下，
還要考慮其他外在因素，例如物價、貨幣供給、天災人禍等等。

2. 決定均衡點的機制（mechanics）：在部分均衡的架構下考慮價格與
數量的變動時，在機制上（即變動的路線）必須先假設其他隱含因素（例如
產品之間的替代性或品味改變），都不會影響供需分析。

在一般均衡的架構下：(a) 與這項產品所有相關的因素都會相互影響，
而且是在同一個時間點上交互運作（interdependent）。(b) 與這項產品不直
接相關的市場（例如勞動市場、貨幣市場），如果有變動的話，也要考慮這
些外在因素的影響。換言之，部分均衡只要寫三條方程式，*一般均衡需要
聯立方程式。

一般均衡的聯立方程式同時考慮這麼多變數，怎麼算出具體解答？關鍵就在這裡：馬歇爾的部分均衡簡單好用，答案清晰具體易學好用。華爾拉斯的一般均衡只能用聯立方程表達，既抽象又不易具體求解，在19世紀下半葉當然不受歡迎。要到20世紀下半葉電腦發達後，發展出可計算的一般均衡，讓華爾拉斯的體系發揮實用功能。

　　部分均衡的好處是在其他條件不變的假設下，得出「小而強大」（small but powerful）的結果，缺點是見樹不見林。一般均衡正好相反：好處是不從孤立的角度看問題，要考慮其他條件都可能會變，缺點是不易計算出具體結果。眼前的現實微觀問題當然要靠部分均衡，但總體宏觀的問題就必須靠一般均衡。

　　以今日的眼光來看，華爾拉斯的體系好像更具原創性。但回到1880年代的情境，馬歇爾位居劍橋的龍頭名揚四海威望崇高，華爾拉斯是偏遠洛桑的失意教師毫無影響力。法國有重農學派和工程師出身的邊際學派，但在重商主義、產業革命、日不落國的聲勢下，英國的經濟分析也居於領導地位。這讓法德義相當吃味，好像歐陸的經濟學界沒什麼貢獻。在這個脈絡下，難怪華爾拉斯說馬歇爾是一隻「政治經濟學的大白象。」

　　馬歇爾的超高人氣也非偶然，他有重要的新見解，例如彈性的概念。他的文筆好吸引讀者，參見上一章談馬歇爾寫作的6個步驟。他的正文寫給一般讀者看，注腳與附錄寫給專家看。劍橋的學術氣氛佳，同事高明，學生聰明，容易產生滾雪球效應。相對地，華爾拉斯的筆調抽象，不易舉實例解說，缺乏實用性，動不動就一堆方程式，連同行都很難理解，怎能期盼廣泛回應？

　　華爾拉斯比較像是構圖的建築師，停留在設計草圖的層次，大多數人不知如何落實，也看不出是否真的能運作。馬歇爾有雙重優點：(1)對實際問題有具體解答，例如供需、彈性、消費者剩餘、外部效果、產業政策。

＊　$Q^d = f(p)$ 市場的需求曲線

　　$Q^S = g(p)$ 市場的供給曲線

　　$Q^d = Q^S$ 市場的均衡條件

(2)對理論問題有分析性的推展，看他的注腳和附錄就明白了。

為什麼馬歇爾看重理論？因為「表面事實是沉默的」（facts by themselves are silent），必須透過理論的透視才能看出內在的本質與特性。我們每天都看到太陽、月亮、星星，但必須透過哥白尼、牛頓、愛因斯坦的理論，才能理解宇宙運作的本質與機制。

問：教科書解說馬歇爾和華爾拉斯的「市場調整」，屬於兩種不同的機制，那是什麼意思？

答：如果供需短暫失衡，可能是因為超額供給或超額需求。差異點在於：透過怎樣的機制才能回復均衡？馬歇爾說：讓數量增減來調整失衡。華爾拉斯說：用價格增減來調整失衡。你會說：價格與數量是一體的兩面，有什麼差別？如果你是經濟部長，要對價格下手（例如打壓房價與地價），和要對數量下手（例如擴大內需或打壓消費），其實是很不同的政策：對象、手法、管道、影響都有很大的差異。

換句話說，下決策前要先弄明白是要跟隨馬歇爾（數量調整），或是跟隨華爾拉斯（價格調整）。華爾拉斯的價格調整概念受到拍賣市場的啟發：古董拍賣是否能成交要靠買方喊價，這是一套摸索的過程（tâtonnement）。馬歇爾是 1873 年提出數量調整市場均衡的概念，華爾拉斯在 1874 年發表價格調整的概念，他們應該是同時獨立地在思索這個問題。

華爾拉斯的模型與評價

問：華爾拉斯的一般均衡體系有哪些缺點？

答：在華爾拉斯的多重市場均衡下，當第 N-1 個市場均衡時，第 N 個市場也必定會均衡。在現實世界裡，這是過度美妙的說法。這和之前談過許多次的賽依法則一樣（供給創造本身的需求，所以市場必然會均衡），要等到 1930 年代凱因斯提出《一般理論》之後，學界才接受一件簡單的事實：真實的世界大多處於失衡狀態。

為什麼一般均衡模型在 1950 年代之前不受歡迎？因為這種聯立方程式很難求精確解，實用價值有限。雖然可以寫出漂亮的方程式，但架式遠多過

內容，空有形式而無實質。要等到 1950 年代經濟數學突飛猛進，才警覺到這位在瑞士不得志的先驅，被遺忘在知識倉庫的角落太久了。一般均衡理論在 1950 年代大紅大紫，電腦發達後更發展出可計算的一般均衡，華爾拉斯才復活過來，今日的聲望與重要性甚至遠超過馬歇爾。

即便當時的華爾拉斯不受學界矚目，他卻對自創的一般均衡體系相當自豪。1857 ～ 1909 年間他和各國的主要經濟學者都有聯繫，要說服同行這套理論的優越性。這 50 年間他大約留下 1,800 封談經濟問題的信函，用 5 種語文書寫，之外還有大量的書信談各式主題，包括社會主義、土地國有化。這些與外國同業討論的信件，除了推銷自己的理論，有時還不遮掩地要求期刊主編刊登他的論文，也毫不留情地批判馬歇爾派的部分均衡理論。

最有名的自我推銷，是要諾貝爾獎委員會頒發和平獎給他，理由是他在經濟學的科學貢獻可用來解決社會問題，如果他今天還活著應該有資格獲獎。在偏遠地方失意太久，他變得愈來愈自我中心，對主宰學界的英國學者心懷不滿，主因是英語學界對他毫無反應。他幾乎是有系統地攻擊李嘉圖、埃奇沃斯、馬歇爾，還說彌爾（見第 9 章）是「貧乏的邏輯家，也是個平庸的經濟學家」。

問：華爾拉斯模型有哪些基本特色與優缺點。

答：1. 一般均衡理論能求解嗎？華爾拉斯只寫出架構與方向，以現代嚴謹的數學眼光來看，當然很不成熟。既然一般均衡是一組聯立方程式，那只要把未知數與方程式控制在可運作的範圍內，不就可計算求解了？是的，對小模型當然可以，如果有 N 條方程式和 M 個未知數，你怎麼證明有唯一解或穩定解？這要等到 1954 年，才由傑拉德・德布魯與肯尼斯・阿羅合寫出數學，證明一般均衡的存在性（existence），成為這個領域的基石。

2. 就算能求出唯一解或穩定解，不必然就有經濟意義，或許也會得出負值（價格與數量為負的均衡解）。數學上一切都有可能，但只有第一象限的正值才有經濟意義，有數學解未必就有經濟意義。

3. 華爾拉斯的模型能應用在產業界嗎？恐怕很難，至少有兩個原因：⑴這是一套交換模型，不是生產模型。⑵在規模報酬固定時還能分析，加

進報酬遞增或遞減的條件，就會複雜到難以處理。

4. 有可能得出多重解嗎？華爾拉斯承認這個可能性，但真實世界裡只能有單一解，因為真相只有一個，在多重解的情況下要如何取捨？

5. 更大的擔憂是：真實世界裡失衡是常態，均衡反而是異常。決策者有特定目標時（例如把經費集中在太陽系的探索），他們會偏好失衡解，而非均衡解。再說，就算有短暫的均衡，也無法保證能維持下去（只能一時無法長久）。

法蘭克・哈恩（Frank Hahn，1925~2013）是一般均衡理論的世界級專家，長期在劍橋大學任教，當過皇家經濟學會主席。1980 年他在《公共利益》（*Public Interest*）期刊上發表一篇短文，評論一般均衡理論的成敗。他說阿羅與德布魯在 1954 與 1959 年發表的兩篇論文，一方面給這個理論奠定基礎，但也同時讓這個理論走到盡頭。「我們現在已經走到終點，發現沒有想像中的那麼有啟發性。」意思是：形式上的優雅遠超過實質上的有用。熊彼德說華爾拉斯的《純粹政治經濟學要義》，地位猶如憲政史上的〈大憲章〉（Magna Carta）。今日大學部教的是馬歇爾經濟學（部分均衡），研究所教的是華爾拉斯經濟學（一般均衡），現代的分析早已是華爾拉斯的天下了。（參見第 35 章）

巴瑞圖的貢獻與評價

問：巴瑞圖的研究有什麼值得注意？

答：華爾拉斯和巴瑞圖同屬洛桑學派，但兩人的研究領域很不相同，基本概念與分析工具也大異其趣。華爾拉斯的主要概念是一般均衡與價格調整，分析的主題是市場運作機制。巴瑞圖的主要概念是交換與最適化，分析的主題是效率與福利增進（better-off）。用人話來說：如果雙方的交換能做到不損人而利己，或不損己而利人時，就達到最適狀態，稱為巴瑞圖最適（Pareto optimum）。

背後的意涵是：已無法再調配資源，或再分配財貨與勞務，來讓雙方更滿意。用專業語言來說，巴瑞圖最適同時傳達三種狀態：(1)消費者之間的財貨分配已達到最適狀態。(2)資源的分配在技術面也達到最適狀態。(3)產

出量也在最適狀態。還有一個延伸的觀念：如果我有辦法增加 A 的福利而不減少 B 的福利，那就稱為巴瑞圖增進或改善（Pareto improvement）。

20 世紀的數理經濟學與福利經濟學就在巴瑞圖的基礎上做了非常深入的探討。英國的亞瑟・庇古（Arthur Pigou）在 1920 年出版《福利經濟學》，這個領域在二戰後有重大發展。1950 年代最具開創性的著作是肯尼斯・阿羅（1951）的《社會選擇與個人價值》；另一位代表人物是阿瑪帝亞・沈恩，這兩位都是狐狸與刺蝟合體的少見人物。

問：巴瑞圖的研究有什麼貢獻？

答：舉三個熟悉的例子，這些在經濟系大一都教過。第一個例子是邊際替代率（marginal rates of substitution）。如果 A 手上有許多蘋果，B 手上有許多漢堡，雙方都很願意交換。但要交換到哪一點雙方的滿意度最高？答案是當蘋果和漢堡的邊際替代率相等時。什麼意思？就是 A 願意放棄多少蘋果來交換 B 的漢堡，這樣一直做到雙方不想繼續為止。此時的福利達到最高點，雙方都滿意。

$$MRS^A_{XY} = -(dy/dx) \mid_A = MU_X / MU_Y \mid_{U_A} \text{不變}$$
$$MRS^B_{XY} = -(dy/dx) \mid_B = MU_X / MU_Y \mid_{U_B} \text{不變}$$

邊際替代率相等時，均衡條件

$$MRS^A_{XY} = MRS^B_{XY}$$

在產品是完全競爭市場時，均衡條件

$$MRS^A_{XY} = MRS^B_{XY} = P_X / P_Y \, (Pi \text{ 為 } i \text{ 產品的市場價格})$$

上述的例子是兩個人交換兩種物品，概念上也可以推廣到 N 個人，交換 M 種商品。*這個概念的功能，是明確界定財貨的最適分配狀態。當每種財貨的邊際替代率都相等時，就不再交換下去，此時的商品市場處於最有效率也最滿意的狀態（optimal distribution of goods）。你不覺得這聽起來好像

是高森的等邊際法則嗎？（參見 14 章）

其次是邊際技術替代率（marginal rates of technical substitution）。如果你有很多土地、資本、勞動，要如何運用才能發揮最大的生產效率？如果有很多資本，但人力較缺（所以工資高），就會用資本（機械）來取代勞力。同樣的道理可以運用在各種生產因素上，當各種要素之間的邊際技術替代率都相等，你的生產要素就能發揮最大功能。換句話說，這是在追求各種資源的最適技術分配（optimal technical allocation of resources）。

用 (L) 標示勞力、(K) 標示資本：

$$MRTS^X_{LK} = -(dK/dL) \mid_X = MPP^X_L / MPP^X_K \mid_{QX} 不變$$
$$MRTS^Y_{LK} = -(dK/dL) \mid_Y = MPP^Y_L / MPP^Y_K \mid_{QY} 不變$$

邊際替代率相等時，均衡條件：

$$MRTS^X_{LK} = MRTS^Y_{LK}$$

完全競爭市場時，生產要素的均衡條件是：

$$MRTS^X_{LK} = MRTS^Y_{LK} = P_L (\equiv W 工資) / P_K (\equiv r 資本價格)$$

第三個例子運用相同的原理來決定最適產量：當產品之間的邊際轉換率（marginal rate of transformation）相等時，生產者可以得到最適的產量。邊際轉換率（marginal rate of transformation）是指產品在生產可能曲線 (Production possibilities frontier) 上，產品產量之間的轉換率。

＊ Arrow and Debreu (1954): "Existence of Equilibrium for a Competitive Economy", *Econometrica*, 22:265-90，運用布勞威爾定點定理（Brouwer's fixed-point theorem）證明市場的一般均衡存在。但這是在很多限制條件下（例如完全競爭市場、交換模型……），做純粹邏輯和數學的推論。這麼複雜的前提與條件，現實經驗很難符合（意即不存在）。感謝不具名的陳先生，熱心提供此項說明，以及本章的所有方程式，還對本書的諸多細節提供很有益的修正建議。

$$MRT_{XY} \equiv -(dy / dX)$$

這三個邊際率有點簡單甚至機械。巴瑞圖的重要性是明確提出各種均衡條件，尤其是最適化（optimal）的各種條件，這和極大化、極小化的概念不同。舉個例子，你想要追求金錢的極大化還是最適化？

問：後世學者對巴瑞圖的理論有哪些批評？

答：巴瑞圖的最適化概念數學條件明確，乾淨漂亮，但現實狀態下不容易衡量。有時只能靠感覺來評判，例如社會是否更公平，市場是否更有效率，或某個部門的改善是否會傷害其他部門的利益。第二個缺點是缺乏動態的變化觀，因為它是靜態模型。例如 30 年前的法律，制訂時雖然公平合理，但若未與時俱進就會阻礙進步。第三個缺點：有效率未必對社會有益。例如販賣嬰兒會讓無子女者滿意，但顯然不容於法。類似的例子如偷竊、販毒、娼妓、走私。

18

不完全競爭理論

經濟學原理對「完全競爭」的說明大約是：

1. 競爭者眾，個別廠商與消費者無獨特的影響力；

2. 所以每個廠商與消費者都是價格的接受者；

3. 產品都是均質的（沒有差異化）。

就像物理學分析時，假設的絕對零度或真空狀態，完全競爭也是簡化與抽象的假設。19 世紀下半葉產業革命後期廠商的地位益發重要，完全競爭的概念愈來愈禁不起批評。隨著國際貿易的發展各國實力差異擴大，完全競爭的概念就不適用了。

法國數理經濟學者古諾，他的分析對象是獨占和偶占廠商，就表明這是個不完全競爭的世界。英國埃奇沃斯的寡占模型也較能解釋真實世界。古諾和埃奇沃斯早就宣示不完全競爭模型的必要性，但這要等到 1920 年代才有顯著的進展。

不完全競爭有幾項特色：

1. 屬於馬歇爾之後的新古典學派；

2. 屬於部分均衡分析（不是華爾拉斯的一般均衡）；

3. 以邊際的概念為主要分析工具；

4. 運用抽象演繹的推理；

5. 假設經濟行為是理性的。

貢獻被低估的斯拉法

問：不完全競爭理論的主要突破者是誰？

答：當時有位義大利年輕學者皮耶羅・斯拉法，在凱因斯主編的《經濟

期刊》（1926 年 36 卷 535 ～ 50 頁）發表〈競爭條件下的報酬法則〉（The laws of returns under competitive conditions）。這篇皇家經濟學會期刊的文章，論證一件對現在屬於常識的觀念：隨著廠商生產規模的增大，單位成本跟著下跌。作者的新觀念是「內部經濟」：廠商規模擴大後，內部成本就會降低（例如一家五口買一台電視）。

這個見解導引出幾項新洞見：

1. 這種成本遞減的情形，在不完全競爭的市場內不一定會發生。

2. 成本遞減（報酬遞增）的觀念，違背古典學派的報酬遞減法則。

3. 廠商的規模愈大就愈有效率，有效率的廠商會排擠較沒有效率者。

4. 所以市場的競爭性就愈「不完全」，會更傾向於寡占、偶占或獨占。

凱因斯看出這篇論文的重要性，想辦法把他從義大利搬到劍橋大學經濟系。斯拉法替凱因斯做兩件事：(1)蒐集中世紀以來的各種經濟著作，尤其是重商主義時期貿易商、官員、學者的小冊子，這是他倆的共同嗜好。(2)凱因斯透過皇家經濟學會，委託斯拉法編輯李嘉圖全集十冊，因為李嘉圖是斯拉法的偶像。

編書還不容易？統一版面的體例與字體，印得漂亮不就好了嗎？No！斯拉法花了好幾年還不能交稿，皇家學會按捺不住找他來說明。他說最難編的是索引，因為要把每個觀念讀通吃透才編得出交叉查索。皇家學會派兩位助手做了一年，斯拉法看了之後說不能用，他自己做了兩年編出一大冊，作為全集第 11 冊，前後共用了 22 年（1951 ～ 1973）。

光看這件事就知道他寫不了多少著作。1920 ～ 1938 年間他寫過十篇左右，其中最重要的當然是 1926 年那篇。之後就是 1960 年劍橋大學出版的名著，書名非常獨特：《透過商品生產商品：經濟理論批評的序曲》（*Production of Commodities by Means of Commodities: Prelude to a Critique of Economic Theory*），用大字體印得稀疏約 90 頁。有三項主要文獻希望會引發你的興趣。

1.《劍橋經濟學期刊》1988 年 12 卷 1 期，是斯拉法的紀念專輯（191 頁，收錄 14 篇論文），說明他在經濟學界的地位。

2. 1987 年麥米倫出版社（Macmillan）出版一套 4 冊的經濟學百科全書

《新帕爾格雷夫經濟學辭典》（*The New Palgrave: A Dictionary of Economics*），第4冊頁445～452有約翰·伊特韋爾（John Eatwell）和卡洛·帕尼柯（Carlo Panico）的好解說，綜述斯拉法的生平與著作。接下來是保羅·薩穆爾森的長文〈斯拉法經濟學〉（Sraffian economics，頁452～461）。他在開頭第二段說，斯拉法那篇1926年的論文「是獨占性競爭革命的領頭著作。單是這一篇就足以聘他為終身職」。這套經濟學辭典在2008年出第2版，擴增為8冊，上述這兩篇解說重印在第7冊頁783～803。邁克爾·曼德勒

圖 18-1　斯拉法

（Michael Mandler）在頁803～816寫了一篇新文章〈斯拉法經濟學（新發展）〉（Sraffian economics (new development)）2018年出第3版約1.5萬頁，與斯拉法相關的內容大致未變。

　　3.《劍橋經濟學期刊》第36卷第6期（2012年，頁1267～569），是斯拉法1960年發表《透過商品生產商品》50週年紀念專輯，收錄15篇論文。義大利經濟學界以斯拉法為傲，網路有很多論文。

獨買理論與獨占性競爭理論

　　問：斯拉法對不完全競爭理論有重大貢獻，為什麼教科書上沒看過他的名字？我們知道的反而是劍橋經濟系的女教授喬安·羅賓遜？

　　答：羅賓遜可能是劍橋第一位經濟學女教授，主要著作是《不完全競爭經濟

圖 18-2　喬安·羅賓遜

學》（*The Economics of Imperfect Competition*，1933）。羅賓遜的主題之一是買方獨占（monopsony），這和賣方獨占（monopoly）相反。

為什麼她關心這個議題？因為她的政治立場偏左，注重勞動市場的機制與勞工被剝削的分析，而資本家是勞動市場的買方獨占者。她主要用幾何圖形解說邊際工資成本、平均工資成本、邊際產出值、邊際收益這類簡單的邊際概念。關鍵是要如何把這套分析應用到更一般性的廠商行為？

而今日教科書的版本主要是根據哈佛大學的艾德華・錢柏林（Edward Chamberlin，1899~1967）的貢獻。他在哈佛的博士論文（1927年28歲）就是以獨占性競爭理論為主題，修正後出版為《獨占性競爭理論》（*The Theory of Monopolistic Competition*，1933年，34歲）。他一輩子都在琢磨這個理論，基本論點已呈現在此書內。主要貢獻何在？他把獨占和競爭，這兩個屬於光譜兩端的狀態巧妙結合起來，提出能解釋真實世界的理論。

獨占性競爭的意思很簡單，說個例子就能舉一反三。經濟系內有許多領域，例如計量、勞動、貨幣、賽局、財政，各科目的教師只有一兩位，幾乎是獨占。但從整個經濟學界來看，系上的財政學老師在高手如雲的財政學門裡卻是很競爭的。獨占性競爭解釋為什麼大多數人（或商品）都能「找到一

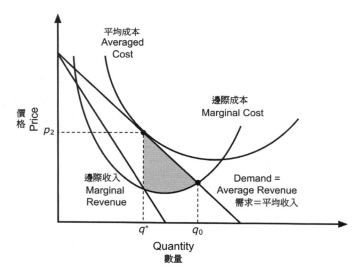

圖 18-3　獨占性競爭模型

個角落存活下來」。例如街角的便利商店是非常競爭的微利行業,但它離你家最近,擁有區位上的利基(niche),你幾乎不會特意去另一家,所以同時具有競爭性與獨占性。

這個理論告訴我們:除了高鐵、台鐵、台電、電信局、瓦斯這類少數的獨占或寡占,絕大多數的廠商和產品都要面對嚴酷的競爭。為什麼都能存活下來?因為每個行業和商品都必須有自己的生存空間,術語叫做產品差異化。這套理論的另一項重要功能,就是告訴我們非價格競爭的重要性。菜市場和量販店大都以低價為訴求,打的是價格戰。但高檔的商品,如化妝品、Benz、BMW、Rolex,主要訴求是品質,他們的廣告不會標示價格。這些高檔品怎麼競爭?廣告。化妝品找優質美女:用了之後會和她一樣出色。化妝品業真正花錢的是精美包裝、昂貴的代言人、奢華的百貨專櫃。

每個品牌都有它的獨占性(鐵粉,死忠愛好者),但品牌之間又激烈搶奪市場占有率。這就是錢柏林獨占性競爭的廣泛解釋能力,比羅賓遜的獨買理論有用多了。基礎經濟學說,只要有獨占就會有不效率,稱為社會福利的死三角。也就是說,只要有不完全競爭就會有資源配置不效率。但這種不效率既難以捕捉也無法消除,稱為 X 不效率。

獨占性競爭理論的評價

問:獨占性競爭理論聽起來很棒,但有人批評它嗎?

答:錢柏林承認這套理論上本質是靜態的,無法解釋時間變動時的狀況,也就是說缺乏動態面。第二個缺點是,每個廠商在不同的時間點、在不同生產規模時,生產成本會起伏變化。但在錢柏林的理論裡,他只用一條簡單的平均成本曲線,和一條簡單的邊際成本曲線來表達,顯然無法掌握複雜的實況。

例如鋼鐵業景氣或不景氣時產量就很不同,但工廠的設備是固定的(沉沒成本很高)。台灣、韓國、日本的鋼鐵廠並不會因為激烈競爭,而使得鋼鐵廠的成本一致化。這兩項批評當然正確,但錢柏林的博士論文是不完全競爭理論最重要的基礎,比斯拉法的報酬遞增和羅賓遜的不完全競爭重要太多,也好用太多。

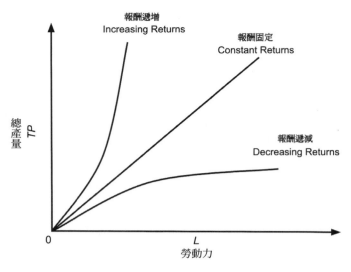

圖 18-4 規模報酬固定、遞增、遞減

　　簡單地說，這就是完全競爭（全白）與完全獨占（全黑）之間的過渡，能解釋大多數的競爭機制，包括價格與非價格的競爭，例如產品差異化與廣告行銷。礦泉水的獨占者可以用產量競爭（打數量戰），量販店可以用價格競爭（打價格戰）。還有一種商業戰爭是靠特殊優勢，例如有專利權保護，有礦脈開採權，有特殊的區位，這些都會影響競爭的不完全性。還有些產品是非物質性的，例如算命、風水、心理諮商、宗教，這類市場的競爭不靠價格，也不靠數量，也沒有平均成本或邊際成本可分析，但這種市場的規模很大（例如少林寺）。

　　問：廣告是非價格的競爭手段，那廣告如何發揮功能？

　　答：平面媒體或電子媒體投入巨額廣告費用，目的是：(1)改變需求曲線：本來不想買的化妝品，但代言人實在美得無法抗拒，就節省幾個月菜錢買一套吧！這樣就創造新的需求擴大產業需求量。(2)改變需求彈性：原本對西式速食沒興趣，但電視密集廣告打動了孩童，熬不住小孩的期盼眼光，吃了之後就戒不掉，全家掉入廣告陷阱無法自拔。整體而言，獨占性競爭理論至今仍屹立不搖，因為很契合現實世界的運作機制。

19

數理經濟學

　　邊際學派是早期的數理經濟學，古諾（13 章）與華爾拉斯（17 章）是公認的先驅。邊際學派的英國大將，傑方士（14 章）與埃奇沃斯（15 章），以及新古典學派的奠基者馬歇爾（16 章），已經熟練地把數學融入。

　　經濟學界對數學與統計要求高，能擠入頂尖期刊的學者都很能運用數理工具。也有只用文字就刊在優秀刊物上，這表示靠概念取勝。技術問題很快就被超越，歷久彌新的是概念，例如科斯定理（Coase theorem）。歷屆諾貝爾獎得主有人不靠數學得獎，甚至根本不用數學。以下就是其中幾位：

　　1. 1974 年得主瑞典的默達爾與奧地利的海耶克不用數學，連統計表格和幾何圖形也很少見。

　　2. 1979 年的亞瑟・路易斯（Arthur Lewis），他最有名的是勞動供給無限制下的雙元經濟模型（1954），只用簡單的幾何圖形。

　　3. 1986 年的詹姆士・布坎南以公共選擇理論得獎，用的數學很基本。

　　4. 1991 年的科斯只用文字，芝加哥大學在 1960 年代就敢聘用他。

　　5. 1993 年的兩位經濟史學者，尤其是諾斯也只用文字；羅伯特・弗格（Robert Fogel）雖然用些計算，也不超過基本程度。

　　6. 是 2005 年以賽局理論得獎的湯瑪斯・謝林（Thomas Schelling）。他哈佛畢業後長期在同校任教，當過美國經濟學會主席，後來轉往馬里蘭大學。2006 年 10 月他應邀來新竹清華演講，宴席間氣氛高昂時他說了得獎與頒獎的趣事。他說大學時沒讀過微積分，只會解答簡單習題，在著作中也很少用數學。那麼他怎麼會以賽局理論得獎？能看那些高深的數學？他說只會最簡單的不合作賽局，數學性高的他不會。得獎的原因是他把賽局的基本見解運用在國際軍備競賽，尤其是核武的嚇阻論上。

7. 2009年以「經濟治理」得獎的奧利佛・威廉遜（Oliver Williamson），很少用方程式。

話雖如此，數學可以確保經濟分析的邏輯與內在一致性。善用數學方法，也可以獲得只靠直觀未能看出的洞見。

用數學分析經濟

問：19 世紀末或 20 世紀初，有哪些學者開始用數學分析經濟問題？

答：可以查看兩項資料，內容都很豐富。第一可以在網路上查「數理經濟學」（Mathematical economics）。第二則是看羅伯托・馬爾基翁那帝（Roberto Marchionatti）在 2004 年編輯的《早期數理經濟學，1871 ～ 1915》（*Early Mathematical Economics, 1871~1915*）共 4 冊。有兩個小故事你已經知道了。第 16 章介紹劍橋的馬歇爾，他是數學出身，但最有名的是那 6 條寫作規則：用數學當速記，翻譯成英文，找到實例後，就把數學燒掉，數學是渡河的工具而非彼岸。

第二則是馬歇爾的學生約翰・凱因斯（John Neville Keynes，1852~1949），他的兒子凱因斯（1883~1946）也是劍橋數學出身，有一本流傳至今的機率論（《全集》第 8 冊）。如果你翻閱他的全集，尤其是最重要的《一般理論》（1936），印象最深的恐怕是他幾乎不用數學。1938 年凱因斯寫給學生羅伊・哈洛德（Roy Harrod，1900~1978）的信上說：「經濟學是用模型來思考的科學，加上選擇模型的藝術。」（Economics is a science thinking in terms of models jointed to the art of choosing models）模型不一定是數學。凱因斯在《一般理論》第 21 章第 3 節說：「近來的數理經濟學，大都只是人為捏造的產物。因為初始的假設不夠精確，作者只在操弄那些無益的符號，忽視真實世界的複雜度與交互性。」*

---

* 凱因斯時代的劍橋大學，華爾拉斯的觀點幾乎不被接納，凱因斯不認為華爾拉斯的理論有任何幫助。1934 年 12 月他寫信給尼古拉斯・喬治埃庫森－羅根（Nicholas Georgescu-Roegen）說：「無論如何，我期望有一天能夠說服你，華爾拉斯的理論和其他一些理論，基本上就是胡鬧！」

問：數學從什麼時候開始對經濟分析很重要？

答：大概是 20 世紀以後。早期最有貢獻的是約翰・希克斯（John Hicks，1904~1989，1972 年諾貝爾獎），他有兩項重要成果已經收入教科書：

1. 大多數讀者不容易掌握凱因斯《一般理論》的創意。希克斯發表影響深遠的論文〈凱因斯先生與他的「經典作品」：建議的解釋方式〉（Mr. Keynes and the 'classics': a suggested interpretation，*Econometrica*，1937 年 5 卷 147~59 頁）。主要貢獻是把凱因斯的純文字翻譯成視覺化容易理解的 IS-LM 圖型（見圖 21-3）。

圖 19-1　約翰・希克斯（1972）

2. 他在 1939 年出版《價值與資本》（*Value and Capital*），最有名的概念是區分替代效果（substitution effect）和所得效果（income effect），再把這兩件事合併起來稱為史勒斯基方程式（Slutsky Equation）。

1940 年代開始經濟學分析大量引入數學，求均衡解、求最適解、求極大化、極小化。有一個人和一個機構產生扭轉性的影響。最重要的人就是保羅・薩穆爾森（美國第 1 位諾貝爾獎得主）。他在哈佛的博士論文 1947 年出版，書名是《經濟分析的基礎》（*Foundations of Economic Analysis*）。建議讀此書的二版序言（1983），這是 25 年後的回顧，描述他如何進入沒有人到過的池塘，有無數大魚等著上鉤。他應該是 20 世紀最多產的高端經濟學者，他說最好的狀態是 1 天完成 3 篇學術論文，光是學術論文集就有 7 大冊：I 與 II（1937-64）、III（1964-1970）、IV（1971-6）、V（1977-85）、VI 與 VII（1986-2009）。

最重要的推廣機構是考爾斯經濟學研究委員會（Cowles Commission for Research in Economics），這是 1932 年阿爾弗雷德・考爾斯（Alfred Cowles）創辦的研究機構。1929 年大蕭條之後有很多人投下重金，想理解這種怪異

經濟現象的本質。1939 年考爾斯基金會移入芝加哥大學，吸引十位後來得到諾貝爾獎的數理經濟學者：肯尼斯・阿羅、傑拉德・德布魯、泰瑞夫・哈維默（Trygve Haavelmo，1989 年諾貝爾獎）、李奧尼德・赫維克茲（Leonid Hurwicz，1917~2008，2007 年諾貝爾獎）、勞倫斯・克萊因（Lawrence Klein，1980 年諾貝爾獎）、特亞林・科普曼斯、哈利・馬可維茲（Harry Markowitz，1990 年諾貝爾獎）、法蘭柯・莫迪帝安尼（Franco Modigliani，1985 年得諾貝爾獎）、司馬賀、詹姆士・托賓（James Tobin，1981 年諾貝爾獎）。這個機構 1955 年轉到耶魯大學，改名為考爾斯基金會，和經濟系為鄰。

二戰後有更多學者加入數理分析陣營，在《計量經濟學》（Econometrica，1930 年創辦，以數學和統計分析為主的頂尖期刊）發表重要論文。諸多高手的重要論文中，最有代表性的是肯尼斯・阿羅與傑拉德・德布魯在 1954 年發表的論文〈證明競爭經濟體內均衡的存在性〉（The existence of an equilibrium for a competitive economy）。這篇論文有兩項重要性：(1)奠定現代一般均衡理論的基礎與架構；(2)宣示數理分析的體裁與高標準。＊

投入產出表的影響力

問：有這麼多高手投入必然蓬勃發展，重要成果何在？

答：如果看歷屆諾貝爾得主，必須承認從 1950 年代開始經濟學已經是數理的天下。以下引述薩穆爾森的說法：「1935 年左右，經濟學進入數學的時代〔他應該是指希克斯的著作〕。要讓一位非數學天才進入原創性理論的神壇，要比駱駝穿過針眼還難。」這句話說得太早也太絕，至少有 6 屆得主幾乎不用數學。

＊ 參見 Till Düppe (2010): "Debreu's apologies for mathematical economics after 1983", *Erasmus Journal for Philosophy and Economics*, 3(1):1-32. Till Düppe (2012): "Gérard Debreu's secrecy: his life in order and silence", *History of Political Economy*, 44(3):413-49. Till Düppe (2012): "Arrow and Debreu de-homogenized", *Journal of the History of Economic Thought*, 34(4):491-54.

確實有經濟學家運用數學分析，解答重要的實際問題。最好的例子就是在俄國出生的瓦希里・李昂提夫（1973 年諾貝爾獎）。1928 年他從柏林大學取得博士學位，1931 年入哈佛經濟系任教。他的主要貢獻就是教科書都有的投入產出表（input-output tables）。這個概念早就有了，第 5 章介紹重農學派揆內的〈經濟表〉，基本構想就是分析國民所得在農民、地主、工商三階級間，如何交換、流動、分配。但 18 世紀中葉的統計資料不足，分析工具也不夠。

圖 19-2　瓦希里・李昂提夫（1973）

　　投入產出分析的概念，就是要知道經濟體系內各部門間如何相互依存與流通。這是多部門的一般均衡架構，為了方便計算都簡化為線性方程式。李昂提夫運用 1919 年美國 46 個部門的統計，做出產業關聯表，分析各產業間相互投入與產出的相關度。例如鋼鐵業需要從哪些部門得到多少投入，所產出的鋼鐵又對哪些部門（如汽車與造船）有多大貢獻。這篇論文刊登在 1936 年 8 月號的《經濟學與統計學評論》（*Review of Economics and Statistics*）。分析 1919 年資料的研究有什麼實用價值？ 1939 年歐洲局勢緊張，美國必須了解各項戰備資源要如何分配才能發揮最大效益。1941 年珍珠港事件後美國正式參戰，你就能理解投入產出分析有多實用。

問：1919 年的資料能幫助 1940 年代的大戰？

　　答：1919 年的統計資料太粗糙，電腦的功能在 1930 年代還太原始。但這條路線的重要性已引起各方關切，國防部門尤其有興趣。二戰後電腦功能飆漲，可以運算好幾百個產業間的投入產出，這是在解一組超大型的聯立方程式。世界各國做短中長期計畫，都必須用到這套分析。

舉例來說，油價上漲對石化業的衝擊很大，中下游的塑膠產品也跟著受影響，但每個人對衝擊程度的判斷不一。有了投入產出分析，就可以模擬國際油價漲 1 美元、2 美元、5 美元，對石化業上中下游的影響深度。同樣的道理，消費者物價指數上漲 5% 或 10%，對各行業的影響也能做模擬。大型企業如台積電、台塑、鴻海，也可依照這個方式模擬各種狀況。決策者不必完全相信電腦的答案，猶如對氣象預報也會有所保留。因為這類的模擬是：(1)根據過去的資料；(2)用簡化的線性方程式；(3)假設沒有突發狀況。投入產出表的分析能提供方向，判斷與抉擇還是要輔以經驗與直覺。

　　問：資本主義有市場機能在調整，人算有時真的不如天算。但中央計畫的經濟，資源調配由國家主控，不事先計算規畫怎麼可能運作？

　　答：1917 年俄國大革命後走社會主義的計畫經濟，不知道李昂提夫研究投入產出分析是否和他在俄國出生成長有關。你說得沒錯，投入產出分析是計畫經濟的基礎，這個領域在俄國很早就發展。利奧尼德‧康托羅維奇在 1975 年就以線性規畫（也就是計畫經濟）的成果得獎，這是俄國的唯一獲獎者。

　　投入產出分析有幾項過度簡化的限制：(1)假設生產係數是固定的，也就是假設企業的生產技術不會變動。(2)假設生產函數是線性的，不會有效率增進或減退的事。真實的工廠運作千變萬化，怎麼可能整年不變動？(3)假設規模報酬固定，不會有創新、新發明，或被其他國家追過淘汰的可能。這三點合起來說就是：中央計畫的隱含假設是「只有計畫沒有變化」；市場經濟的本質是「計畫趕不上變化」。這是玩笑話，當然會微幅修正。

賽局理論

　　數理分析在二戰後，發展出另一個重要領域：賽局理論（game theory）。諾貝爾頒過 3 屆（1994、2005、2012）給賽局理論，共有 7 位得獎者。這個領域還有好幾份重量級期刊，例如《賽局理論國際期刊》（*International Journal of Game Theory*，1971 創刊）、《賽局與經濟行為》（*Games and Economic Behavior*，1989 創刊）。

這些賽局理論的開創者都不是經濟學家。像是約翰·馮紐曼（John von Neumann，1903~1957）是匈牙利猶太人，1930 年到普林斯頓的高等研究院（Institute for Advanced Studies）和愛因斯坦是同事。他在數學、電腦以及科學上的諸多貢獻（原子彈的三大發明者之一）。他和普林斯頓大學經濟系的奧斯卡·摩根斯坦（Oskar Morgenstern，1902~1977，1925 年從奧地利移民美國）在大戰期間合寫《賽局理論和經濟行為》（*Theory of Games and Economic Behavior*，

圖 19-3　馮紐曼（1940 年代）

1944）。馮紐曼身兼多職，沒有時間動筆，但沒人對他當第一作者有任何疑問。2004 年這本書 60 週年紀念時，出了漂亮高雅的燙金本。添附 1944 年以來的重要書評，有好幾位當年寫書評的人後來得了諾貝爾獎。*

如果馮紐曼活得夠久應該會得諾貝爾獎，這項榮譽被另一位數學家得到了：約翰·納許（John Nash，1928~2015）。他是普林斯頓的數學博士。非經濟學界出身而得獎的還有司馬賀（1978）與歐斯壯（Elinor Ostrom，2009），這兩人都是政治學界出身，但研究的主題非常經濟性。納許得獎後問人說：經濟學界是否有一位大師叫傑方士·馬歇爾（Jevons Marshall）？他把傑方士和馬歇爾混為一人。

納許得獎（1994 年）後，普林斯頓大學把他的博士論文和其他文章，合編成一本《約翰·納許思想精華》（*The Essential John Nash*，2002，244

---

* 其中最讓人驚訝的是司馬賀（1978 年得獎），他的博士學位是政治學領域，1944 年才 29 歲就有這麼好的眼光。請參見 Robert Leonard (2010): *Von Neumann, Morgenstern, and the Creation of Game Theory: from Chess to Social Science, 1900-1960*, Cambridge University Press.

頁）。他最有名的是證明出納許均
衡，經濟學界把這項均衡和古諾的成
果結合起來，合稱為古諾－納許均
衡。普林斯頓畢業後，納許到 MIT 數
學系任教，出現精神分裂與妄想症。
這個傳奇的故事 1998 年由西爾維雅·
娜薩（Sylvia Nassar）寫成《美麗境
界》（*A Beautiful Mind: A Biography
of John Forbes Nash, Winner of Nobel
Prize in Economics*，1994）。*

圖 19-4　約翰·納許（2000 年代）

圖 19-5　司馬賀（1981）

圖 19-6　歐斯壯（2009）

---

*　參見她的通俗經濟思想史著作 *Grand Pursuit: The Story of Economic Genius*, New York:
　　Simon & Schster, 2011. Reviewed by Orley Ashenfelter, *Journal of Economic Literature*,
　　2012, 50:96-102。《偉大的追尋：經濟學天才與他們的時代》，台北：時報出版，
　　2013。

她寫得非常好，既忠實又內行，一些零碎事實都寫得精確，連納許住的精神病醫院也描述得很平實。這本書在 2001 年改編為同名電影，雖然無法和原著 100% 相符也很值得看。除了這部商業性的電影，還有人以納許為主題拍記錄片訪問好幾位專家。這兩部片子新竹清華大學圖書館都有。

20

制度學派

影響經濟活動的因素很複雜，還有許多外圍的因素例如法律、文化、風俗、社會。馬克思對制度性面向的探討深入，是有體系成果的代表人物。請回想第 11 章的幾項核心概念：剩餘價值、剝削、生產關係、階級鬥爭、歷史唯物論、上層結構。

美國的制度學派

歐洲對制度問題的探討從來沒間斷過，他們很難擺脫馬克思的觀念與影響。20 世紀中葉之前歐洲的制度經濟學者，通常會（不公平地）被歸為馬克思派。本章談的制度學派以美國的貢獻為主軸，完全沒有馬克思的影子，只談制度如何影響經濟行為。美國制度學派還可分新舊：舊派代表是韋伯倫（Thorstein Veblen，1857~1929），新派代表則是二戰後的羅納德‧科斯與諾斯（後者 1993 年以經濟史得獎）。

問：為什麼美國學界會注重制度問題？因為地大物博資源豐富，所以土地、資本、勞動這些基本問題反而不構成困擾？

答：Yes and No。Yes，地大物博、地廣人稀的居民較慷慨，對陌生人較友善。地窄人稠的國家，如果找不到新出口（殖民地或新產業），由於過度競爭缺乏安全感，容易養成雞腸鴨肚。No，美國的社會不平等問題一直很嚴重：從殖民時期就有奴隸的複雜問題。南北對立（北方工業富有先進，南方農業相對落後），引發 1860 年代內戰。大資本家（石油大王、鋼鐵大王）與平民、勞動者、農民的貧富懸殊尖銳。

19 世紀末的 GNP 增長很快，但工時長、失業、疾病問題嚴重，老年與

教育問題也有目共睹，1890 年代的衰退更突顯獨占與托拉斯的弊端。由於語言文化相近，美國的思潮傾向英國古典學派，但 19 世紀末已經感受到自由放任的最小政府，並不會帶來最大福祉。嚴重的社會問題迫使他們必須選擇新路線，看是要重整社會走向歐式的社會主義，還是要改善福利拯救資本主義。答案顯然是後者。

除了英國自由主義的明顯影響，還有一股重要的德國勢力。那是因為 19 世紀末普魯士興起成為歐洲強權，留學德國的美國人很多，不只在化學、工業、機械，經濟學界也有許多重要人士。以約翰霍普金斯大學（Johns Hopkins University）這所知名大學為例，它早期的建築與體制就是走德國路線。留德的美國學者熟悉歷史學派與馬克思學派，但也知道歷史學派的國族主義、馬克思派的階級鬥爭路線不適合美國。他們學到制度面的重要性，但保有自由與民主傾向。

問：制度學派有哪些主要特徵？

答：制度學派在方法上與目標上，都和邊際學派、新古典學派對立。他們：

1. 以較開闊的視野來看待問題，因為社會是龐大的有機體。新古典學派強調部分均衡分析，就像醫生開刀每次只處理特定問題。社會是個人的總合，但也有它的特殊結構與特徵，微觀問題的總合並不等於宏觀問題。制度學派強調要從多重角度、多重視野來分析：經濟問題必然包括政治、社會、法律、習俗、意識形態。習於新古典派的人會說：怎麼可能同時處理這麼複雜問題，應該逐項切開分析。

2. 注重基礎制度設計，不要只分析經濟法則（例如報酬遞減），而要探討制度性因素、注重所得分配、緩和景氣變動、要有短中長期規畫。也要探討憲法條文是否有利經濟活動，法律條文是否反商，對消費者有無足夠的保護。

3. 放棄靜態的觀點，真實世界競爭激烈變動快速，不能接受亞當斯密看不見的手，要改採達爾文的物競天擇優勝劣敗說。

4. 反對均衡的概念，要討論動態的因果關係，對變動做主動調整。

5. 利益衝突是社會常態，要放棄亞當斯密的社會利益和諧說。

6. 主張自由民主改革，強調分配公平，政府要大有為，不要自由放任。

7. 主要的訴求對象是中產階級、農業部門、中小企業與勞工。

8. 注重實證研究，多用統計資料，反對純邏輯的演繹推理。

韋伯倫的貢獻

問：主要的代表人物有誰？有哪些分析特色？

答：最獨特的人就是前面提過的
韋伯倫。祖先從挪威移民到威斯康辛
州，他在明尼蘇達州鄉下長大。挪威
人聚居威斯康辛，因為氣候形態和北
歐接近。挪威人召募親友移民威斯康
辛的主要訴求是：地是平的。因為挪
威多山、多冰河切割的鋸齒狀海灣，
平地少農作不易。

圖 20-1　韋伯倫

韋伯倫在明尼蘇達讀卡爾頓學院
（Carleton College），遇到一位老師
克拉克（參見第 15 章）。之後去約翰
霍普金斯大學讀研究所，沒爭取到獎
學金，轉到耶魯後 1844 年取得哲學
（不是經濟學）博士學位。畢業後到
康乃爾與芝加哥大學做博士後研究，成為《政治經濟學期刊》主編。

他寫了 11 本書還升不了教授，主因是嚴重的婚外情、對學生不關心、
教學技巧不佳而一直換學校，包括史丹佛和紐約的社會研究院。最有名的故
事是他應徵哈佛經濟系教職，校長知道他惡名在外請他喝咖啡表明關切。韋
伯倫說：請校長放心，經濟系那些教授的夫人我都想辦法見過了。

他個性多疑、孤僻、文字尖酸，試舉他對 snobbery（趨炎附勢、附庸
風雅、攀附者）的解說為例：「我用這個字時並無不敬之意，它是個好用
的詞，用來指那些追求溫文儒雅（gentility）的人。這種人的社會立足點不

高，也沒有自己想像的那麼純正。」

問：他寫那麼多著作，最有名的是哪本？主要概念是什麼？

答：最有名的是《有閒階級論》（*The Theory of Leisure Class*，1899），2007、2023 年左岸出版社、海鴿文化有譯本。書內最有名的概念是炫耀性消費（conspicuous consumption），實例很多。有些人收入普通，但不惜血本買名牌，為何這麼做？炫耀。某些地區每隔幾年就有大拜拜，擺流水席讓路人免費吃喝，人類學稱為誇富宴。這些人平常省吃儉用，每幾年就要公開炫耀。新幾內亞某些部落的酋長，要把值錢的財富放在門口展示，定期公開燒掉給族人看，如果你燒不起酋長就換人做。這些例子顯示，炫耀是古今中外行為的通性。

他說有閒階級還有「避免做有用工作的傾向」。這讓人聯想到春秋戰國的養士制，門下食客數千也有雞鳴狗盜之徒。這些食客有朝一日會報答主人，但平日無所事事。有人把小指頭指甲留得很長，這是另一種炫耀，表示不必下田做粗活。有些長輩咬著牙籤在馬路上晃，萬一跌倒不正好刺喉？那是因為大戰期間糧食不足，咬著牙籤在路上逛是炫耀吃過飯了。法國每年有法定的一個月帶薪假，有人無法去地中海曬太陽。百貨公司賣一種太陽燈，把門鎖上不出門猛曬一個月，好向鄰人同事朋友炫耀古銅色的皮膚。

有位富豪在酒店展現新買的鑽石瑞士錶，30 多年前價值 400 萬。另一位客人也拿手上的名錶湊熱鬧，大家都看出誰的更高檔。這位富豪當場拿下手錶摔在地上踩壞說下次買個更好的。有位議長去買 Benz 名車，車商小心伺候解說，最後請問老大看上哪部，他說：就這輛，買半打。

清朝結束後有些宦官無謀生技能，只好在門口擺個招牌：看太監。有人生惻隱之心付錢訪問他們的朝廷生活，老宦官拿出個小球上面有幾根雞毛，大家看傻了眼，不明白這有什麼特殊。他說你們平民不懂，我們風光時應酬多，從早吃到晚又消化不了，用雞毛球在喉嚨裡轉兩下吐光後再去吃。

明白什麼叫有閒階級了吧！這種人在美國快速成長時期更多。你看過鐵達尼號電影嗎？有一幕是倖存的老婦人坐著直升機手上帶著一缸活金魚，去看打撈鐵達尼號的過程。1970 年代阿拉伯國家因油價大漲而暴富，有人錢

多到不知如何花用歐洲就出現一種顧問教人花錢做各種怪事為樂。他們就是在避免做有用的事。

問：這些小故事和經濟分析沒什麼關係。

答：這些小故事的意義很明顯。什麼叫做正常財？就是價格上升時，需求量降減，價格下跌時，需求量增多。什麼叫做炫耀財或奢侈品？正好相反：價格愈貴，需求量愈大，價格愈低，需求愈少。換句話說，正常財的需求曲線是負斜率，奢侈品與炫耀財的需求曲線是（反常的）正斜率。

季芬財

另一個跟炫耀財相類似的概念是季芬財：1840 年代愛爾蘭大饑荒時，馬鈴薯價格大漲需求量反而大增，需求曲線也呈現（反常的）正斜率，但有個基本的差異：炫耀財（奢侈品）是沒有生存壓力時的反常現象，季芬財（＝劣等財＋饑荒財）是求生存時的反常現象。這需要進一步的解說，用愛爾蘭的大饑荒為例。稱為季芬財的原因，是有位羅伯特・季芬爵士（Sir Robert Giffen，1837~1910），觀察到基本糧食的需求線，饑荒時會由負斜率變成正斜率。

圖 20-2　羅伯特・季芬爵士（1887）

這個地窄人稠的國家，五口之家的農戶平均耕地只有一英畝，饑荒時最重要的是每天攝取活命的 2,000 大卡。平日還能吃到牛奶肉類，饑荒時被迫只能吃馬鈴薯（單一食物）。此時的馬鈴薯價格揚升，但需求量反而更高，因為除了馬鈴薯已無其他食物，現在不快買過幾天又漲價一倍。在這麼不愉悅的情況下，馬鈴薯的需求曲線會成為反常的正斜率。

狀況嚴重時成年人每天要吃 14 ～ 22 磅才夠活命，早午晚三餐都吃，從

1月1日吃到12月31日。你這樣吃一星期試看看！所以必須在季芬財的「預算線」下方，加上一條「生存線」，和同樣是正斜率的炫耀財做出區隔。教科書談季芬財時都缺乏生存線的概念，所以學生不易明白為什麼，麥當勞的馬鈴薯是需要排隊的正常財，而愛爾蘭的馬鈴薯卻是劣等財＋饑荒財＝季芬財。

季芬財必須在所得逼近生存底線時才會出現，必須在沒有其他食物可選擇替代時，馬鈴薯才會成為季芬財。也就是說，正常社會不可能找到季芬財，季芬財只在被迫求生時（survival imperative），才會出現「生存驅動」的消費行為（subsistence-driven behavior）。

季芬財的特徵如下：

1. 季芬財出現時，消費者的需求曲線不是交切在預算線上，而是交切在基本生存線上。

2. 基本生存線的位置，必然低於預算線。

3. 無異曲線（即可以自由選擇馬鈴薯與肉類的搭配組合），只會出現在預算線上，不會出現在基本生存線上。

4. 季芬財出現時，消費者在生存的壓力下，被迫只能選擇一種食物（馬鈴薯），選擇點必然落在 X 軸或 Y 軸上（稱為角隅解，corner solution），而不是在第一象限內。

5. 消費者的所得效果，此時會大於（馬鈴薯和肉類的）替代效果。

6. 季芬財必然是劣等財。

新制度學派的貢獻

問：新制度學派有哪些代表人物？

答：這裡介紹兩位代表人物：第一位是 1991 年得獎的科斯，第二位是以研究經濟史的制度面在 1993 年得獎的諾斯。

科斯定理大家耳熟能詳，主要的觀念是交易成本。1937 年科斯發表重要論文，分析為什麼公司會存在？簡要地說，因為可以減少交易成本。如果你想找外勞照顧老人，如何在短時間內找到可靠的人？答案是勞力仲介公司，有一堆名單和相片可挑選，還能說出個別的工作經驗與雇主評價。你要

圖 20-3　科斯

圖 20-4　諾斯（1967）

付仲介費，但省事可靠。為什麼仲介公司能存在，因為能有效降低交易成本。同樣的道理，為什麼家庭會存在？因為能降低生活成本。這一系列的問題都能從交易成本解釋。

　　這個概念啟發許多相關研究，其中最顯著的兩位是 1993 年得獎的諾斯，他從制度面來理解長期經濟變動的非物質因素；以及 2009 年得獎的奧利佛·威廉遜，他把交易成本說深入應用解釋公司的治理。

　　問：可否解說諾斯的主要論點？

　　答：諾斯認為他最具代表性的著作是《經濟史的結構與變遷》（*Structure and Change in Economic History*，1981）。以下的解說僅是零碎片段。

　　我們常以為蒸汽機和電腦這類的發明對 GNP 才有意義。諾斯提醒說，17 世紀後英國的專利法保障發明者利益，因而鼓勵更多人投入，才會出現更重大的發明與創新。意思是：生產要素對成長固然重要，專利法和商事法這類的制度也重要，不能只看硬體忽略軟體。

　　舉個對照性的反例。劍橋大學的李約瑟教授（Joseph Needham，1900~1995），最重要的貢獻是主編《中國科技文明史》（*Science and Civilization in China*）。這是耗費半世紀以上的集體工作，內分七大冊，各冊之下有好幾卷，1954 年至今已出版 25 卷，對理解中國的科學與技術有不可取代的地位。

以南宋的水轉大紡車為例，不論在設計上、概念上、效率上、實用性上都比各國早好幾世紀。但為何反而失傳不用？因為動力紡車出現後會取代許多人力，破壞男耕女織的社會分工與均衡。統治者對發明創新的態度很簡單：奇技淫巧者殺！

諾斯的分析告訴我們：制度創新對經濟的長期增長，甚至比技術發明還重要。他認為

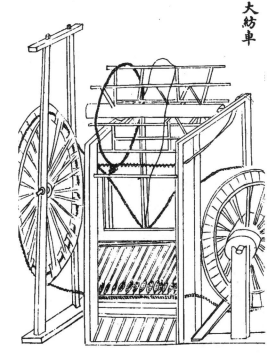

圖 20-5　水轉大紡車

這是解釋西方世界興起的重要因素，請參閱他在 1973 年與羅伯特・湯瑪斯（Robert Thomas）合著的另一本名著《西方世界的興起：新經濟史》（*The Rise of the Western World: A New Economic History*）。也請上網讀「制度經濟學」（Institutional Economics）條目，內容豐富有趣。

21

凱因斯學派

　　凱因斯是 20 世紀最重要的經濟學者，學說影響深遠，至今仍是美國政策的主流。例如 2006 ～ 2014 年間聯準會主席柏南克（Ben Bernanke）應對 2008 ～ 2009 年金融大海嘯的政策，就是凱因斯派的思維。這條路線從 1929 年的大蕭條，到 1930 年代羅斯福總統的新政（New Deal），延續用到 1960 年代的經濟起飛。凱因斯對全球的影響力將近百年，看不出有衰退的徵兆。

　　本章解說他如何形塑近代的總體經濟分析，說明他的核心概念，以及凱因斯的學說如何影響世界，尤其對美國學界的深遠影響。換句話說，有兩條主軸：一是凱因斯經濟學，談他的學說與創見；二是凱因斯學派，談學說的流傳與影響。

凱因斯其人

問：凱因斯怎麼會踏入經濟學的領域？

　　答：凱因斯與劍橋經濟系有很深的關係。這要談到另一位重要的經濟學家馬歇爾。馬歇爾有個學生叫約翰・內維爾・凱因斯，個性溫和，寫過一本經濟學方法論的書《政治經濟學的範圍與方法》（*The Scope and Method of Political Economy*，1891），之後在劍橋大學擔任行政工作。他的兒子就是大名鼎鼎的凱因斯。馬歇爾看上這個有才華的兒子，但凱因斯對經濟學沒多大興趣。

　　馬歇爾就找他的學生亞瑟・庇古（劍橋重要經濟學者），每星期陪凱因斯吃一次早餐談經濟學。凱因斯的母親個性活潑，擔任過劍橋市長。凱因斯的傳記很多，可以看三聯書店 2006 年出版的《凱因斯傳》（905 頁）。這是羅伯特・史紀德斯基（Robert Skidelsky）花 30 年寫的三冊傳記，濃縮成

單冊本。還有凱因斯的30冊全集《凱因斯文集》（*The Collected Writings of John Maynard Keynes*），那是英國式簡明優雅文體的範本。凱因斯一生精采豐富，實屬少見。

圖 21-1　凱因斯與妻子（1920 年代）

問：凱因斯的分析有哪些重要特質，和先前各學派有哪些差異？

答：請上網看《一般理論》英文版的第 1 章，只有一頁，其實只有一段。那是革命宣言，簡述主要論點：古典理論的命題其實只適用特殊狀況，而非一般情況。也就是說，均衡的狀態其實是例外，而非常態。古典學派所能處理的特殊狀況，它的幾項特徵正好不符合當今（1930 年代初期大蕭條）的經濟社會。如果我們把古典理論用來處理目前的實況，必然是誤導性與災難性的結果。（參見第 29 章）

這些人有些還健在，有些甚至是他的親友，也是常見面的人，所以他花好幾年的時間寫《一般理論》。遺稿復原後有此書的兩倍厚（2 冊），收錄在《全集》第 13 ～ 14 冊。他寫此書時壓力大到心臟病發，還向他的朋友蕭伯納（Bernard Shaw，1856~1950）說，這是一本革命性的著作，寫這本書的心路歷程是一種「逃離性的長期掙扎」（long struggle of escape）。

這本書有幾項創見：

1. 他的體系建立在主觀心理方法上，不再假設經濟行為是客觀理性，而是主觀的、會受心理因素的影響。

2. 屬於失衡（disequilibrium）的分析。

3. 注重短期（立竿見影）的政策效果，因為「長期而言，我們都已經死了」（in the long run we are all dead）。這句話出現在《貨幣改革論》（*A Tract on Monetary Reform*，1924），原意是批評過去的分析並未在長期與短

期效果上保持平衡，現在常把它當作凱因斯「只重短期不論長期」的證據。

4. 注重總體綜合面（aggregate）的分析（例如總合需求），不做消費者、產業的個體分析。

問：新學派的誕生通常是社會結構走到轉折點，他碰到什麼重大事件？

答：主要是 1929 年世界大蕭條。學界對它的起因、蔓延因素、景氣復甦，長期爭辯不斷尚無定論。從思想史的角度來看，為什麼經濟學家會束手無策，眼睜睜地看著大火燎原？還記得賽依法則吧？這個法則說「供給創造本身的需求」：就算有短暫的失衡，長期而言供需必然平衡。但是對凱因斯而言，「在長期我們都死了」。大蕭條時美國失業率超過 25%，學界沒見過這麼大的災難，不知如何撲滅前所未見的大火。

賽依法則是古典學派的基本認知，凱因斯必須推翻這個奉行已久的錯誤，所以在《一般理論》首頁做出革命宣言。第 7 章說過，凱因斯的藥方也是從古典學派找來的：馬爾薩斯的有效需求不足說。蕭條的主因是消費不足，所以政府要用積極的公共支出來刺激生產與消費。古典學派奉行看不見的手、供給創造本身的需求，凱因斯認為必須揚棄舊觀念，改採另一條路線：看得見的腳、創造有效需求（政府積極作為）。

問：1930 年代初期列強經濟大衰退，但《一般理論》遲至 1936 年才出版。凱因斯較晚的學說，怎麼可能挽救較早的大衰退？

答：1918 年一戰結束後凡爾賽會議時，凱因斯已大出風頭。他在劍橋的講學內容早已在學界與各國傳布。書是 1936 年才出版，但美國羅斯福總統在 1933 年就提出第一次新政（First New Deal），1934～1936 年推行第二次新政。1933～1936 年間的美國新政，是應用凱因斯學說成功的典範。

這項功績有兩項長遠影響。一是從 1930 年代到 2020 年代，只要碰到景氣衰退政府就開出凱因斯牌的藥方。二是凱因斯經濟學在 1950 年代後自然成為美國學界主流，透過各國留學生傳播成為全世界最熟悉的學派，台灣也走凱因斯學派路線。美國經濟學界有兩大陣營：哈佛、耶魯、MIT 是凱因斯學派；芝加哥大學主張自由市場機能，偏向亞當斯密與奧地利學派。

凱因斯學說的特色與貢獻

問：凱因斯學說的基本特色有哪些？

答：1. 分析架構注重總體宏觀面（例如總合需求），較不注重個人行為與企業決策。

2. 注重需求面，尤其是有效需求，因為 1929 年的病根是賽依法則失靈：有效需求小於實質供給。

3. 注重分析經濟體系的不穩定性，主因是計畫的支出和真實的投資額不同（資金未到位）。原因眾多，例如利潤率太低，導致投資誘因不足，或是景氣變動，投資者裹足不前，或是流動性（現金）偏好太強，不願做中長期投資。

4. 工資與物價的僵固性，例如工會護衛基本工資，或是受最低工資法保護，不景氣時無法向下調整工資。或是有效需求不足導致產量下跌，但廠商不願削價求售，市場因而失衡。

5. 政府採用財政赤字投入公共建設刺激景氣，或是用寬鬆政策增加貨幣供給，或降低利率減低投資成本。

這派的學說與政策主要目的是撲滅大火（大蕭條），所以人人受益沒有階層之分。最大的受益者是失業族群與工商企業界，農業部門也同樣受益。這和馬克思的手段不同，他們要推翻資產階層，要把生產資源國有化。凱因斯改變政策的思考模式，也提高經濟學（家）的地位，這是從亞當斯密到馬歇爾都沒做到的境界：對政策有重大影響力。凱因斯學說成為主流，也因而區分出個體（微觀）、總體（宏觀）兩大分野。

問：從概念的角度來看，凱因斯有哪些新貢獻？

答：回顧經濟理論兩百多年來的發展，我們認為馬克思和凱因斯最具原創性，因為他們的概念和前人完全不同。馬克思的部分在 11 章說過了，凱因斯的部分教科書也說夠了，列舉主要的條目方便你回想：消費函數、邊際消費傾向、邊際儲蓄傾向、資本的邊際效率、流動性偏好、流動性陷阱、工資與物價的向下僵固性、失業狀態下的均衡、乘數效果（multiplier）、加速原理（principle of acceleration）、赤字支出、節儉的矛盾、非志願性失業、

投機性的需求等等。

學界對凱因斯也有不少批評。合理的批評有：

1. 太注重短期政策效果，忽略長期的廣泛後果。

2. 既然是短期（1～2年），就缺乏長期動態感。

3. 為了彰顯政策效果，會誇大蕭條的嚴重性與可能性。就像藥品廣告，會誇大得病機率與危險性。

4. 低估技術進步與發明對復甦的貢獻。1930年代的重要發明較少，對GNP的貢獻較低，這個批評是今日的觀點。

5. 為了達到效果，凱因斯不惜浪費與破壞。他認為建造金字塔、蓋大教堂廟宇、大地震、戰爭，對活絡經濟都有積極效果。

凱因斯曾建議英國政府，把失業者分成兩組，第一組發鏟子隨處埋鈔票，第二組也發鏟子挖到鈔票就拿走。凱因斯鼓勵有錢人揮霍，讓窮人有機會賺錢，其實這是馬爾薩斯的想法。第7章說馬爾薩斯要維持穀物法，保障地主階級的收入，因為他們能花錢聘佣人與農人，會產生較大的連鎖乘數效果。2021年台灣依戶口名簿發給每人5,000元消費券刺激買氣，就是凱因斯派的思維。

問：英國政府贊同凱因斯學說？

答：《聖經》有句名言：在家鄉沒有先知。如果牛頓或愛因斯坦就住隔壁，你一定不相信那個老頭有那麼重要。凱因斯的學說，透過與劍橋師生的辯駁早已聞名於世。但在現實政策面，英國知識份子明顯傾向社會主義。相反地，美國在1930年代沒什麼大師，社會主義或共產主義沒有生存空間，對凱因斯學說幾乎沒什麼抗拒性，凱因斯就跨過大西洋在美國成為先知。

阿爾文‧漢森在美國的推廣

問：凱因斯的學說透過哪些管道引進美國知識界？

答：這是個多元現象，主要是透過去劍橋留學的師生，與知識界直接閱讀《一般理論》。其中最重要的是哈佛經濟系的阿爾文‧漢森（Alvin Hansen，1887~1975），以及哈佛畢業後終身在MIT任教的薩穆爾森，以下

分別解說。1936 年《一般理論》出版後，翌年漢森進哈佛經濟系任教。他曾經指出凱因斯《貨幣論》（1930）的某個數學錯誤，對《一般理論》的最初印象平平。但隨著對凱因斯著作的理解更加深入，他愈來愈佩服凱因斯的看法。

漢森在系上有個固定的財政政策研討會，主題是研究凱因斯的政策意涵。參與這個研討會的學生日後有許多成為要角，對總體經濟學與政策有重要貢獻。他們一方面學到新觀念，另一方面對大蕭條的本質也有更深刻的理解。他們接受凱因斯的概念，認為這是解決失業問題的良方。只要看

圖 21-2　漢森（左，1938）

幾個當時學生的名字，就明白那個研討會的長遠影響力：理查·馬斯格雷夫（Richard Musgrave，德國籍的財政學名學者，日後長期在哈佛任教）、埃弗塞·多馬（Evsey Domar，1914~1997，俄國人，長期在 MIT 任教）、保羅·薩穆爾森（1970 年諾貝爾獎）、保羅·斯威奇（Paul Sweezy，1910~2004，在哈佛任教的著名馬克思主義學者）、詹姆士·托賓（長期在耶魯任教，1981 年諾貝爾獎）。

1941 年漢森出版《財政政策與景氣循環》（*Fiscal Policy and Business Cycles*），在理論上支持凱因斯對 1930 年代問題的分析；同時支持美國政府採取凱因斯派的政策。漢森力挺凱因斯學說的另一種方式，是參加國會的經濟委員會聽證會，表達他對凱因斯思維與政策的支持。他全力支持政府大有為地介入達到充分就業的目標，因而得到一個綽號：美國的凱因斯。薩穆爾森說，漢森比凱因斯更凱因斯。漢森寫了十本書，譯成 29 種語文，在學生圈流傳最廣的是《凱因斯學說指南》（*A Guide to Keynes*，1953），否則研究生不易讀懂《一般理論》的文字，更不容易翻譯成具體的圖形，也說不

清楚背後的意義。

漢森在希克斯的架構上把 IS-LM 圖型做更完整解說，寫成《貨幣理論與財政政策》（*Monetary Theory and Fiscal Policy*，1949），以及《凱因斯學說指南》的第 7 章。現在教科書上那套 IS-LM 圖形，是希克斯發明在先漢森推廣在後，合稱希克斯－漢森（Hicks-Hansen）的 IS-LM 模型。

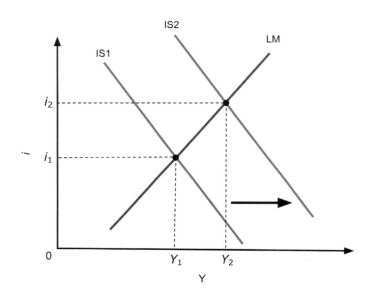

圖 21-3　IS-LM 模型

問：薩穆爾森也是推廣凱因斯的要角？

答：從專題研究來說，1939 年 24 歲時薩穆爾森發表論文〈乘數分析與加速原理的交互關係〉（Interaction between the multiplier analysis and the principle of acceleration），這篇文章闡明乘數效果、加速原理，成為研究景氣變動的基礎理論概念。

第 19 章談數理經濟學時說，薩穆爾森的博士論文在 1947 年出版為影響深遠的《經濟分析的基礎》。同樣重要的，是翌年出版的教科書《經濟學：介紹性分析》（*Economics: An Introductory Analysis*），後來去掉副標題，簡

稱為《經濟學》（*Economics*）。這本教科書在 1961 ～ 1976 年間，每個版本至少印 30 萬本，至今已有 41 種語文譯本，全球銷售超過 400 萬本。

這本教科書的最大特色，是它的總體宏觀部分完全是凱因斯派的思維。第二個特色是薩繆爾森仿效 IS-LM 圖型，畫出現在學界共同接受的表達方式：分析國民所得的構成圖時，第一象限有條 45 度仰角線，顯示國民所得的基本組成：$Y = C + I + G + (X\text{-}M) = GDP$。這套解說系統透過薩繆爾森的教科書，傳達給全世界已超過半世紀。凱因斯學說透過哈佛這個轉播站，透過漢森與學生日後在 MIT 和耶魯繼續傳播，快速散布全世界。

1937 年希克斯用 IS-LM 圖形注解《一般理論》，凱因斯並不反對這種詮釋，他知道這是學術界的常態：馬克思的政治經濟學觀點，和自稱馬克思學派的觀點很不相同。用芝加哥大學教授史蒂芬・史蒂格勒（Stephen Stigler）的話來說：如果某項學說以某人來命名，表示那個學說與那個人無關。這個玩笑性的實況有個學名，稱為「史蒂格勒的命名定律」（Stigler's law of eponymy）。凱因斯的學生喬安・羅賓遜（見第 18 章）1960 年代去波士頓的劍橋市訪問（這是哈佛與 MIT 所在地），她直言不諱地說：你們的凱因斯經濟學和我知道的很不相同，你們的是私生子（bastard）。

若凱因斯棺中復起，他讀得懂或會同意這樣的解讀嗎？凱因斯經濟學（英國劍橋的），和凱因斯學派經濟學（美國劍橋的），如果用 DNA 的相似性來比喻，血緣的近似性會大於 50% 嗎？1960 年代初期有位瑞典博士生阿克塞爾・萊約霍夫烏德（Axel Leijonhufvud，1933~2022）對這個問題做過很好的研究，後來他在 UCLA 經濟系長期任教，論文出版成為名著《論凱因斯經濟學與凱因斯經濟學派》（*On Keynesian Economics and the Economics of Keynes*，1968）。他舉例說明雙方的基本差異：凱因斯在《一般理論》的主要關懷，是要呈現一套總體經濟的數量調整模型（a macroeconomic quantity adjustment model）；而不是要分析失業狀態下的均衡（analysis of unemployment equilibrium），那是凱因斯學派的主要關懷。

為什麼會有這種差異？那是北美詮釋者當時的環境與問題意識，與凱因斯寫書時大不相同。凱因斯學派從原著找有用的概念，加工加料或投射在自己的模型上，為了吸引目光就貼個大標籤，說這是凱因斯牌。有人說所有

的歷史都是現代史，因為寫作者會把歷史用來當作自己著作的注腳。從科學革命的角度來看，凱因斯經濟學是一種典範轉移：不同的視野、新的分析概念、以政策目標（挽救大蕭條）為主的理論架構。

22

奧地利學派

第 14 章談邊際學派時，提到奧地利學派的第一代，本章談第二代的代表人物：米塞斯、海耶克、熊彼德。

上一章談凱因斯的分析都是宏觀面：利率、貨幣、流動性陷阱、有效需求。這種論述是在分析政府的作為和政策，不談企業或個人的角色。馬歇爾的新古典個體分析雖然談個人的議題，例如消費者剩餘，但背後的重要假設是：這些都是代表性的個人（representative man），也就是理性的經濟人（homo economicus）。

奧地利學派正好相反：企業和個人是分析的核心（以人為本），認為企業有創造性、個人未必理性。這個特徵從米塞斯的著作《人類行為：經濟學論文》（*Human Action: A Treatise on Economics*，1912）即可看出。同樣的道理，奧地利學派注重與人密切相關的制度面，以及失衡面（因為人必然不完美）。既然注重個人，就會看重自由面與競爭面。

奧地利學派認為人性是複雜的，會衝動、會犯錯、會判斷失誤、會恐懼，不可能做出理性計算。正由於人性的複雜所以要注重制度，規範行為的容許度、協調各方利益。此派的關鍵詞不是均衡、理性、供給等於需求、階級鬥爭，而是個人行為的主觀性、時間對分析的意義、不確定性、失衡，看重過程、知識的角色、協調的必要。

學派的特色與困境

問：奧地利學派使用的術語聽起來都不是傳統的經濟術語，比較像心理學和社會學的語言。

答：你的反應點出奧地利學派的特色與困境。他們的基本概念對今日的

經濟學界太陌生也太遙遠，這兩套體系很難有火花性的對話，問題意識和分析工具都很不同。這種社會學和心理學的觀念很難用數學模型表達，缺乏科學的外觀與證明，有數理傾向的人不肯投入，不易成為主流。你上網查「奧地利學派」（Austrian School）會有豐富的解說、學會和期刊、代表性的人物與著作。這股非主流的勢力不小，至少出現過海耶克和熊彼德這類巨星。

此學派的具體內容與實例可以分五點：

1. 強調主觀意識，而非客觀分析。基本信念是，經濟行為是人的選擇，只要有選擇就有主觀成份。教科書裡的「顯現性偏好」就是主觀意識。個人選擇時都在依靠有限的知識，因為不可能全知。既然訊息與知識不可能完全知道，就會有錯誤空間。經營之神也有過錯誤投資，也常說不以成敗論英雄，醫師也會看錯病開錯刀。經濟理性行為的假設違反常識。企業家就是敢做主觀選擇，勇於承擔風險的人。

2. 從個人的角度分析經濟行為。不分析主角的動機與作為，而是中性地談物價與景氣，豈能探索到問題的核心？最重視總體分析的凱因斯都談動物精神（animal spirits，這是個複雜的概念，請上網看解說，文獻豐富），可見個人動機是應注重的因素。

3. 注重行為的目的性。每個人的（經濟）行為必有目的，不完全是利己，也可以利他（例如捨身取義）。古典學派的思考以效用來衡量，在痛苦與快樂之間計算與選擇。這個方法或許日常生活可用，但奧地利學派認為所有的選擇都是向前看，所以預期心理很重要。人的行為不只是單純地計算痛苦與快樂，也受到目的性與動機性的驅使。

4. 經濟行為是互動的，而非單向的函數關係。新古典學派通常只考慮個人與廠商的效用，然後計算極大值、極小值、最適狀態。奧地利學派認為，這類分析注重（數學）形式的優雅與完整，但能否對應到真實世界，並不是抽象理論建構者的關懷。

5. 奧地利學派宣稱自己的經濟學不是科學的（nonscientific），他們反對李嘉圖式的純邏輯演繹，也反對純數理的推演。這種以形害義的分析，表面看來有科學形式，但實質內容是非科學的（unscientific）。數理與計量模型喜歡預測下半年的 GNP 或油價變化，通常是不負責任的臆測。那些預測

者甚至不知道自己下半年的吉凶，還大談明後年的世界景氣。奧地利學派的目標在增進對社會的理解，明瞭經濟的運作機制，預測不是主要關懷。

反對計畫經濟

問：這些論點聽起來很吸引人，但偏離新古典學派的思考方式，而且離數理工具很遠，不會跟其他學派有激烈爭辯嗎？

答：有一個漂亮的個案，是米塞斯和中央計畫派的著名辯論。這是個重要的長故事，值得花幾分鐘講清楚來龍去脈。

1917 年俄國革命推翻沙皇後走向集權中央計畫經濟，短時間內得到顯著效果引起各國注目。原本對資本主義的公平性就很質疑，1929 年大蕭條後對資本主義的穩定性更有疑慮，西歐知識份子因而對社會主義有相當預期。希特勒興起後奧地利學派因信仰自由主義被迫流亡，最有名的三位是熊彼德、海耶克和米塞斯。海耶克 1944 年出版《到奴役之路》（*The Road to Serfdom*），反對中央計畫經濟認為這會把人類帶到奴役之路。

米塞斯是熊彼德在維也納大學的前後期同學，取得博士學位後在同校執教，1940 年移民美國在紐約大學任訪問教授，1969 年成為美國經濟學會傑出會員。米塞斯從 1920 年代起就反對社會主義與計畫經濟，主要的論點在《社會主義》（1922）有完整論述。

他的基本論點是中央計畫不會是好制度，因為價格機能完全無法發揮，企業家精神沒有施展空間，只靠中央計畫局的全盤規畫。計畫局或許可以規畫明年要生產多少布料與鞋子，但怎麼可能規畫生產設備這類的資本財？農業豐歉收時怎麼辦？總不能預估三年後的糧產吧？

圖 22-1　米塞斯

當工資、貨幣供給、資金這些生產要素都中央化，各省縣與地方基層就

沒有自主空間，必然僵化死氣沉沉。在嚴格的中央計畫下，沒有自由市場、沒有價格機能，必然無法追求效率。1960 年代俄國百姓要排隊買麵包，因為資金被挪去發展太空與軍事了。

米塞斯說企業家才是活力的主體。在缺乏創新、冒險、不鼓勵才華的社會，只是被動做上級分派的事。在缺乏誘因與激勵的環境下，都在消極地應付對品質不關心，反正都是國營的好壞盈虧與我無關。這種制度會出現奇怪現象：搬鋼琴的工人薪資和彈鋼琴的音樂家相同，理髮的薪資和開腦袋的外科醫生接近。這些是講求平等造成的假象，造成無效率與假公平，是對增長最大的障礙。相對地，在資本制度裡人人追求利益極大化，有意願冒險與創新，這才是快速成長的好方法，缺點就是會貧富懸殊。

米塞斯反對中央計畫的另一個重要理由，是那些辦公室官員不可能知道全國所有產品的資料，而是一廂情願或不顧事實地規畫，不考慮供給與需求是否相符，只從供給面來單向設計。計畫局好像是全知全能的電腦，甚至扮演上帝要規畫幾十萬項商品的供需。這些事在市場體系下就讓價格機能自動調節，既自動又有效率。歷史證明奧地利學派是對的。有本書對這項大辯論有很好解說：唐·拉夫爾（Don Lavoie）1985 年出版的《競爭與中央計畫：重新考量社會主義的計算辯論》（*Rivalry and Central Planning: the Socialist Calculation Debate Reconsidered*）。

各具特色的代表人物

問：米塞斯、海耶克和熊彼德的性格應該很奇特吧，不然怎麼跳脫傳統經濟學的思考？

答：米塞斯其實是個單調呆板的人，如果稿子有個標點錯誤，他就要揉掉重打。海耶克就完全不同了，他在戰前有位中國學生，1960 ～ 1970 年間任海關署長，他在台銀經濟研究室出版海耶克名著 *The Constitution of Liberty* 的中譯《自由的憲章》。這個譯本過於典雅，也相當有個人見解，試舉兩例。(1)把書名譯為《自由的憲章》，constitution 固然有憲章之意，我認為海耶克的原意是「構成」，但《自由的構成》未免太平淡，大陸譯本《自由秩序原理》較折衷達意。(2)他把 freedom 譯為自由，把 Liberty 譯為自繇。

Freedom 與 Liberty 在中文難以明顯區隔。雖然古字裡「絲與由」同字，但完全不同義：絲與徭同意，是役的意思，自絲沒有自由的意思。絲在古字裡同籀，是占卜的文辭，與自由無涉。

海耶克是歐洲式的知識貴族，博學多聞、著作豐富、影響力深遠。1970 年代初期他在芝加哥任教，應邀來台訪問引起媒體大幅報導。邀他的主要目的，是希望政府改革開放走自由主義路線。也有人說政府已決定這麼做，要學術界

圖 22-2　海耶克

配合運作邀請自由派大師來建言，然後高層虛心受教，這是戲碼說。學界透過殷海光翻譯的《到奴役之路》，對海耶克已有初步認知。多年後重看殷的譯文明白兩件事：(1)戒嚴時期他翻譯時，某些段落做了選擇性的刪減。(2)他在譯文中加入平時不便說的道理，可稱為託譯言志。

1938 年納粹興起後海耶克任教倫敦政經學院，他是已故經濟學家蔣碩傑的博士論文指導教授。1950 年轉到芝加哥大學經濟系，那是市場機能學派的重鎮。他沉寂一時，主因是他不用數學也少用圖形，不易和數理學者打成一片。1974 年得諾貝爾獎（75 歲）後，好像打了強心劑。

熊彼德是個有活力、有創造力但也更悲劇的英雄。有兩本傳記相當好看：(1) 理查・斯特伯格（Richard Swedberg）1992 年出版的《熊彼德傳》（*Schumpeter: A Biography*），以及托馬斯・麥克勞（Thomas McCraw）2007 年出版的《創新的先知：約瑟夫・熊彼德與創造性毀滅》（*Prophet of Innovation:*

圖 22-3　熊彼德

Joseph Schumpeter and Creative Destruction）。1992～1993 年我（賴）在哈佛商學院圖書館，曾經用過他在二戰期間寫作《經濟分析史》（*History of Economic Analysis*，1954）的書桌，也在哈佛校史檔案借閱過他的文件，印象深刻。《經濟分析史》顯現他的博學，但有些見解相當主觀甚至有錯。沒有人敢忽略這本書，就算錯誤也都有點啟發性，用他自己的話來說都是「閃亮的錯誤」（sparkling errors）。

他 的《資本主義、社會主義與民主》（*Capitalism, Socialism and Democracy*，1942），很能讓人感受到他的力道與征服力。他晚年生活較低沉，上課時學生可以看出他沒睡好或是宿醉。二戰期間許多知識份子流亡美國，教室裡有些人比他對某些題材更懂。有人回憶說，熊彼德時常沒條理也沒重點，但幾十年後有些話還會在腦中突然出現，鮮明難忘。而那些準備充分的教師，從黑板左上角寫到右下角，學期一結束就不記得內容了。

企業家精神與創造性的毀滅

問：熊彼德有什麼重要的理論？

答：熊彼德生在摩拉維亞（Moravia，原屬奧地利，現屬捷克），在維也納大學讀法律與經濟學，1913～1914 在紐約哥倫比亞大學任交換教授，種下他和美國的長久緣份。一戰期間他親英反德主張和平，1919 年任奧地利財政部長。1921 年擔任維也納一家銀行負責人，受到 1924 年德國惡性通貨膨脹影響而倒閉，就在德國波昂大學任教授。從 1932 到 1950 年過世（67 歲）任哈佛大學教授，擔任過美國經濟學會會長，1930 年參與《計量經濟學》期刊創刊。他年輕時沒學過微積分，中年時努力試過但沒成效。

熊彼德的經濟見解有兩個主要影響來源：

1. 他從洛桑學派的華爾拉斯（第 17 章），學到體系之間相互依存、交互影響的概念（一般均衡），了解到新古典學派的部分均衡思維有其功能，也有其限度。

2. 他反對馬克思階級鬥爭說，反對集權主義中央計畫，但很佩服馬克思對經濟變動過程的深度剖析。

熊彼德的主要目標和馬克思有兩個共同點：(1)都是在分析資本主義的

制度面。(2)馬克思認為資本主義透過剝削造成階級衝突；透過追求利潤極大化的貪婪心，造成景氣過熱與衰退，這兩項缺陷導致資本主義崩潰（見11章）。熊彼德也認為資本主義必將崩潰，但透過不同的途徑與機制，他稱為創造性的毀滅（creative destruction）。

這是個重要概念，有許多不同詮釋。很多人（尤其在美國學界）把這個概念放在商品競爭的小框架內，忽略熊彼德的雄心大願：他要當世界最偉大的經濟學者，他要和馬克思一樣，解釋資本主義必然崩潰的過程與原理；他要從完全不同的角度與過程論證同個命題。把熊彼德大格局的創造性毀滅論，弄成縮小版的商業競爭行為說，那真是把格局弄小了。

先談熊彼德最有名的論點，那就是強調企業家精神（entrepreneurship），這個字是法文與英文的綜合體：entrepreneur 的原意，用英文來說就是 undertaker，就是承擔任務去完成的人。英文從法文借來這個字，但大多數人又不知如何正確發音，就有人加上英文的字尾 ship，弄得不英不法。

企業家精神不一定是商業性的，哥倫布發現新大陸的過程曲折，要先到處募款碰到無數困難，出海後又多災多難但終於成功了。這就是企業家精神：勇於冒險犯難，承擔風險做出讓人欽羨的事。同樣的道理：海盜和丐幫幫主要成功很不容易，都屬於企業家精神。

這裡面有個核心概念：創新（innovation），就是用耳目一新的手法或工具達到新目標，例如發明家愛迪生、科學家牛頓與愛因斯坦。創新的定義很簡單，就是出新招，例如引入新技術、新方法、開發新市場（例如微軟或蘋果），或研發新的生產線。某些創新具有 GNP 意義，例如手機、電腦，但大部分無此效果。

換個角度來說，你家財萬貫去開公司當老闆，那是資本家，並不必然是企業家或創新者。有些人沒錢但有才華，能闖出新路開創大片天空。熊彼德認為資本主義最珍貴的，就是鼓勵企業家精神。如果社會充滿活力鼓勵創新，自然會帶動 GNP 成長，否則會掉進停滯期。熊彼德觀察到，創新活動有集中出現（cluster）的趨勢，會在某個時期大量出現。但花無百日紅，如果出現阻礙因素（例如戰爭或瘟疫），產業跟著衰退經濟進入蕭條，重新調整進入新均衡。

熊彼德另一個重要的概念是「創造性的毀滅」。前面介紹過麥克勞寫的熊彼德傳記，這本書的副標題就專談這個概念。其實這是德國著名社會學家宋巴特（Werner Sombart，1863~1941）提出的，熊彼德把它應用到經濟學界。

以下是簡化的教科書版本。獨占者會有超額利潤，必然引起他人矚目，要進入市場分享利潤，獨占者也會防衛自己的利益。在動態的競爭壓力下，獨占者會研發更具優勢的產品。這種獨占→防衛→競爭的動態，就是既創造又毀滅的過程：微軟一直要創新，但市場的競爭與司法部的反托拉斯法，又一直要阻擋這種獨占優勢。

舉個史例就明白了。火車在 19 世紀的美國是獨占產業，出現高速公路與卡車後，鐵路的優勢就被削減。後來出現航空業，長途鐵路的優勢就衰減了。生活上也有很多類似的事，例如網路出現後的免費通訊，讓越洋電話的優勢消失了；電子郵件與快遞業的出現，讓郵局的功能大減。這些例子說明簡單的道理：資本主義會創造獨占，透過這套創造性的毀滅機制，獨占者必然無法長期維持優勢。資本主義的兩大優勢，就是價格機能與競爭機制，隨時在破壞又隨時在創新。

23

芝加哥學派

　　戰後經濟學界以美國路線為主導，從芝加哥大學取得博士學位的華人已不少見。從諾貝爾獎名單來看，芝加哥也是得獎人數最多的。前幾章說過，哈佛、MIT、耶魯屬於凱因斯學派，主張政府大有為的政策；芝加哥是自由市場派，主張發揮市場機能政府極小化。當然不是芝加哥大學經濟系的每個人都有相同主張，這個氛圍是幾位核心人物奠定的：米爾頓・傅利曼、史蒂格勒、蓋瑞・貝克（Gary Becker）、盧卡斯。

　　自由主義與最小政府的學說，《國富論》已有完整論述。在洶湧的歷史潮流中，我們看到 19 世紀中葉的社會主義與馬克思主義，也看到邊際學派的興起，以及 20 世紀初期馬歇爾的新古典學派，和凱因斯反賽依法則的總體經濟學。但《國富論》的主張到二戰後，竟然在以凱因斯學派為主流的美國，奇異地在芝加哥復興。

　　美國名校在東部有哈佛、MIT、耶魯、普林斯頓、哥倫比亞、康乃爾這些長春藤盟校。在西部有史丹佛和柏克萊，北部有芝加哥、西北大學、威斯康辛、明尼蘇達。各校自有特色，必須有明星人物才能彰顯。單就芝加哥來說，它有北方最好的人文社會學領域，自然科學也有許多重要人物，例如物理學界的費米和發明氫彈的泰勒。

　　它的經濟學表現突出並不意外。1948 年傅利曼回到母系任教，他的高標準與影響力產生磁吸作用，吸引有才華的系友（例如史蒂格勒），也吸引像貝克這樣的高手加入，產生滾雪球效果，培養出盧卡斯這樣的博士生榮耀門第。*本章解說這個學派的基本特徵，限於篇幅只簡介三位代表人物的貢獻。

學派的特徵

問：從整體角度來看，1950 年代後的芝加哥有哪些特色？

答：1. 最重要的精神，是亞當斯密和奧地利學派強調的個人角色與尊重市場機制：追求個人福利、尊重價格機能、保障個人自由意志與行為。

2. 社會現況不論是否合理或是否喜歡，都是長期競爭與演化的結果。政府最好不要干預硬扭到特定方向。真正要做的是建立公平競爭環境，維護財產權，讓外部性與交易成本極小化，才能更合理、更效率、更公平。

3. 反對凱因斯派的干預，尤其是操縱貨幣與財政政策，因為那是大蕭條與景氣波動的亂源。

4. 人民的眼睛雪亮，民間對政府的作為早已了然，上有政策下必有對策。干預式的政策效果，早就被理性預期和提早反應消解了。

5. 官員的政策目標與民間看法未必一致，政府的管制也未必公平合理。主張最小政府，管得愈少管得愈好，回歸古典學派的自由主義。有人稱芝加哥學派為新興的古典學派，或新興的自由主義學派。

問：每種學派都有人支持或反對，芝加哥學派的情況呢？

答：自由主義沒有特定訴求對象，受益者是：(1)一般民眾和民意代表，因為自由主義尊重個人意志與民意表達。(2)財團和富人不喜歡精明或太有權力的政府，因為會妨礙他們的活動與利益。18 世紀有人批評《國富論》是替資本家講話，看不見的手學說偏袒資本家。

哪些人討厭自由主義？(1)農業團體需要政府補助，干預性的政府會注意農產品價格，關切物價水準與通貨膨脹。(2)工會也反對自由主義，因為他們要結合勞工，和資本家爭議薪資與福利。(3)積極作為的官員不相信放手讓民間自己管理會對 GNP 有顯著效果，也不相信自由放任會讓社會更公

＊ David Mitch: "A Year of Transition: Faculty Recruiting at Chicago in 1946," *Journal of Political Economy*, 124(6), 2016:1714-34. "The year 1946 has been seen as a pivotal year of transition by historians of the Chicago Economics Department, in large part as a result of the arrival of Milton Friedman that year." (p. 1714 Abstract)

平理性。

很難說芝加哥學派是否正確，有幾件事實反映這個學派的優劣勢：

1. 從 1929 年大蕭條至今，總統的經濟顧問團很少由芝加哥派主導，基本上是由東部的凱因斯派參與。如果你是總統，會找個顧問團來說自由放任是最好的政策嗎？當然不會，因為政府就是要表現、要行動、要作為。

2. 就學術的創新與影響來說，芝加哥學派的影響力就很顯著，例如米爾頓·傅利曼的貨幣數量說、貝克的家庭經濟學、盧卡斯的理性預期理論、科斯的交易成本說、羅伯特·孟岱爾（Robert Mundell）的最適貨幣區理論，以及年輕一代史蒂芬·李維特（Steven Levitt）、約翰·李斯特（John List）的新題材與創意分析。

傅利曼的成就與評價

問：可否介紹幾位代表人物？

答：篇幅有限只介紹三位：米爾頓·傅利曼、貝克、盧卡斯。從網路上可看相關資料豐富得很：(1)查看「經濟學的芝加哥學派」（Chicago school of economics）。(2)進入芝大經濟系網站看最新狀況。(3)對以下介紹的三位，看他們的生平與著作。(4)上諾貝爾獎官網，看他們的自傳與演說影片。

先從傅利曼開始，有人說傅利曼是 20 世紀經濟學界的小巨人，對比身高與成就的明顯反差。有位類似反差的，是建造艾菲爾鐵塔的亞歷山

圖 23-1　傅利曼

大·古斯塔夫·艾菲爾（Alexandre Gustave Eiffel，1832~1923）。鐵塔總高度 324 公尺，最頂端的樓層 273 公尺，建造時間是 1887 ～ 1889 年（三年不到），當作 1889 年巴黎世界博覽會的入口點。仰望浮雲快速飄動，總是想

不通在 1880 年代怎能做出這樣驚人的東西。參觀時要站在鐵塔的四個腳下方，感受一下塔基的大曲度弧狀底座。你就明白建造者的身高（聽說不到 160 公分）和成就的反差。

當初要蓋鐵塔時，艾菲爾最擔心的不是高度與工程問題，而是要選擇哪種材料。當時還沒有不鏽鋼，他要考慮兩大問題：(1)風吹雨打的生鏽問題；(2)全塔的總重量問題（約 1 萬公噸）。最後選擇他最熟悉的材料：生鐵。聽說每次從底層油漆到塔尖後，就又要從底層漆起反覆不已。

傅利曼最有名的學說當然是「唯貨幣論」（monetarism）。從思想史的角度，真的是太陽底下沒新鮮事。古典學派的貨幣理論說過，貨幣是一層面紗：透過貿易順差或印鈔票，讓貨幣數量增倍，長期而言物價也會增倍，實質購買力根本沒變化。如果一個人的薪資加十倍，物價也漲十倍，那有什麼用？如果一個人的薪水少 1/3 物價也跌 1/3，那也沒什麼損失，所以說貨幣只是一層面紗。

傅利曼反對在景氣好時縮緊貨幣供給量，或在蕭條時增加貨幣供給量，想用政策手法把經濟活絡起來。他認為最好的貨幣政策，就是長期維持溫和穩定成長（每年約 4% 或 5%），這樣就能配合或刺激自然增長。1929 年大蕭條後，美國就沿用凱因斯學派的擴大赤字、貨幣擴張政策，例如在金融海嘯與新冠疫情時大量印鈔。

傅利曼一方面強調古典學派的理論與智慧，二方面和安娜‧許瓦茲（Anna Schwartz）合作，1963 年出版 860 頁的《美國貨幣史，1867～1960》。這本沒有數學，但有大量長期統計的巨著，提供許多肉眼就可判斷的證據：美國史上的幾次重大蕭條，都和政府不恰當的貨幣政策關係密切。以 1929 年為例，為了防止股市過熱貨幣供給減少 1/3，就是錯誤的政策。

凱因斯說貨幣的需求有三項動機：交易的需求、預防的動機、投機的目的。傅利曼則加上七項因素，包括：個人對貨幣的需求量、個人的總財富量、保有現金的成本（利息或保管費）、個人的偏好（喜歡手上有大把鈔票或低調節省）、與長期的實質收入正相關、與物價水準正相關、與預期的通貨膨脹率負相關、與利率的變化無顯著關係。

他同樣了不起的是《消費函數理論》（*A Theory of the Consumption*

Function，1957，45 歲）。以下的解說是簡化版，請在教科書看嚴肅版。凱因斯告訴我們一個重要觀念：邊際消費傾向。你多賺 1 萬元，會多花 7,000元，多賺 10 萬元，會多花 5 萬元：消費是所得的函數。對窮人或少數人來說，平常過得苦哈哈，多賺當然多花。可是對中產階級或較富有的人，你覺得王永慶會因為財富而過得紙醉金迷嗎？其實他節省得要命。如果明天中了10 億元彩券，我會多花 1 億嗎？當然不會。邊際消費傾向說讓人困惑。

傅利曼說，凱因斯的理論無法反映所得與消費的正確關係，對理解消費行為沒有助益。他認為「我們使用現金消費時，並非取決於短期的現金收入」。相反地，他認為家計單位的消費模式並不是由「當前（即短時期）的所得來決定」，而是由恆長（長時期）的所得決定。

這符合大多數家庭的開銷模式。例如夫妻都是上班族的家庭，就算收入中上也要長期規畫房貸與兒女教育，就算中了上億彩券也是慶祝幾天後就回到長期規畫。中獎後就揮霍的人幾年內就一貧如洗甚至自殺，這符合凱因斯的邊際消費傾向說，正常家庭絕不會這麼做。

傅利曼在 1950 年代有證據支持恆常所得說嗎？除了理論的建構與推演，他實地訪問專業人士（律師、會計師、醫師）的日常開銷模式，都支持這個假說：家庭的支出取決於長期收入（預期未來長時間的所得），而非半年或一年的短期收入。

這個學說更深遠的意義，是要反對凱因斯學派的短期總體理論，說消費是短期所得的函數。凱因斯派認為所得增加讓消費支出增加，會造成乘數效果，傅利曼認為這是自我感覺良好的說法。凱因斯學派只用邊際消費傾向說，必然著重政府的短期刺激效果，忽略長期的功效。

貝克的理論與貢獻

貝克則公認的天才，不是靠複雜的數學演算，而是題材的新穎，以及和不同領域（尤其與社會學）結合後的閃亮火花。1930 年出生，1951 年普林斯頓大學畢業，1952 年 22 歲與老師威廉・鮑莫爾（William Baumol）刊出一篇思想史的名作：〈古典貨幣理論：討論的結果〉（The classical monetary theory: the outcome of the discussion）。1955 年從芝加哥大學取得

博士學位，1957～1969年任教紐約哥倫比亞大學。1970年回母系任教，和社會學系、商學院合聘。1967年得克拉克獎，1992得諾貝爾獎，2007得總統自由獎章，2014年逝。他在幾個領域的貢獻，各自帶引出研究風潮：種族歧視、犯罪與懲罰、毒癮問題、利他行為、人力資本、家庭經濟學、時間分配經濟學、不肖子定理。

圖23-2　貝克（2008）

他著作等身，影響全世界，有兩篇文章令人印象深刻：

1.〈品味無法爭辯〉（De gustibus non est disputandum），這是和喬治・史蒂格勒合作的漂亮論文。西諺說顏色與味道無法爭辯，因為這是主觀的感受無法透過辯論說服。此文給這個諺語做出數理分析，相當有創意。

2.〈關於餐廳定價的說明，以及社會對價格影響的其他範例〉（A note on restaurant pricing and other examples of social influences on price）。這篇8頁短文，問一個常見，但難以回答的問題。有家海鮮店生意非常好，顧客寧可排兩小時隊也不願去隔壁的海鮮店。問題是：生意這麼好的店，為什麼不提高價格（以價制量）？如果我是附近生意清淡的海鮮店經理，就該降價吸引排得不耐煩的顧客。但為什麼通常不會這麼做？貝克在文章內說，這個問題他百思不解，1950～1960年代在哥倫比亞大學任教時，常把這個題目給學生當作業題看會不會碰到個天才，但都無人解答，幾十年過後只好自己解決。在這個有趣的問題裡，供給和需求曲線都變得很奇怪。貝克終於解出答案。這兩篇文章告訴我們一件事：貝克的問題有趣，解答技巧奇特，答案讓人驚異。

他的博士論文（1955）分析歧視經濟學，這是任何社會常見的事。例如會因膚色而得到不同待遇，會因高矮胖瘦而被排除機會。歧視者會這麼做，因為他們擁有歧視的偏好或品味，也願意為這種歧視付出額外成本（可能被

告上法院）。換句話說，歧視者比公平對待者要付出更高的代價，來購買歧視的品味。

另一個例子是分析人力資本的投資，說明為什麼教育是短虧長賺的投資。如果高中畢業後立刻就業馬上可以有收入，何必讀大學、碩士、博士？上大學的代價是：少賺 4 年又多花 4 年學費與生活費，但大學畢業後找到的工作收入較高生活品質較好。以一生的觀點來看，多花 4 年的投資與少賺 4 年，長期而言值得。以上說明略為簡化，目的是說明貝克很能分析日常生活題材。

這類的分析可以延伸出個小領域，叫做訊息經濟學。為什麼要進明星高中與大學，要跟隨名師或進入百大企業？因為人海茫茫不易出頭，你有前十大名校的學位或十大企業的名片，別人容易注意到你。名牌發出的訊息較強出頭的機會就高，同樣的道理，進大賣場後與其買不夠熟悉的產品，不如買信任的廠牌。

再舉一個例子：時間分配理論。過去的理論假設消費是即時的，忽略了時間（延遲）的面向。各種消費所需的時間成本其實很不相同：讀書的時間成本、娛樂的時間成本、購物的時間成本，每個小時所得的快樂，和付出的成本都很不一樣，所以成本＝金錢＋時間。大家都知道時間就是金錢，但過去的分析著重實質的成本（土地、勞動、金錢），忽略時間成本的重要性。春宵一刻值千金，每個人都要決定如何分配時間，就像要決定如何分配金錢。

這些都是老生常談，貝克有何高見？他進一步區分出：(1)時間密集的商品（time-intensive commodity），例如要花長時間才能獲得的知識（學微積分或德文）。(2)財貨密集的商品（good-intensive commodity），就是短時間內會大量消費的東西（如速食）。這樣區分要做什麼？(1)如果我的薪資增倍，就會把時間分配從時間密集的工作（例如煮晚餐），轉向財貨密集的消費（例如改吃餐廳）。(2)我就不肯花時間洗衣，改用洗衣機和洗碗機代勞。(3)夫妻雙收入高的家庭平日工時長較勞累，對子女數量的需求減少。若只有男方工作女方全職主婦，對子女的需求會增加。

貝克還有一項重要貢獻：家庭經濟學，分析為什麼會有婚姻、男主外女

主內的契約行為與交易成本、子女是昂貴的耐久財、家庭是利他互助的單位、為什麼離婚是理性的行為。

盧卡斯的理論與貢獻

理性預期的大將盧卡斯專業精采豐富，諾貝爾獎官網有他的自傳與影片。他本科讀的是芝加哥大學歷史系，後來去柏克萊讀博士，但受到傅利曼影響決定回芝加哥。他在自傳上說，某個暑假他系統地研讀薩穆爾森（1947）《經濟分析的基礎》，把書內的幾何圖形與數學方程式重做一次。暑假後發現自己的技術熟練度已不比系上老師差。

圖 23-3　盧卡斯（1996）

他最有名的貢獻是理性預期理論（rational expectation）。簡單地說，就是民間對政府的政策很快就能預期到，還能迅速提出對策（上有政策下有對策）。大多數的政策公告前，早就被對策中和掉了，政策因而變得中性無效。從教科書可看到這個理論的解說與數學證明，用一個小故事結尾。

盧卡斯和元配離婚時，她說我人生的精華歲月都在幫你生小孩做家庭主婦，要求在協議書加上一條：若簽字後七年內盧卡斯得諾貝爾獎，她可以分一半獎金。這是最高的祝福，盧卡斯當然願意。1995 年他獨得諾貝爾獎，夫人依約分半。這是完美的理性預期，她是全世界最能應用理性預期的非專業人士。

III

觀念與辯駁

24

貨幣數量說：論點與質疑

> 如果河流的水量加倍，流速並不會因而加倍，因為河床不是平整
> 的，河道也不是筆直的。
>
> —— 理查・康帝雍（Richard Cantillon）

　　貨幣數量說是經濟學界最熟悉的學理之一，耶魯大學的知名教授歐文・
費雪，在他的名著《貨幣購買力》（*The Purchasing Power of Money*，1911）
提出眾所周知的費雪交易方程式 MV = PT，M 表示貨幣的總數量，V 表示
貨幣的流通速度，P 表示一般物價水準，T 表示經濟體系內的總交易量（從
房地產到青菜豆腐）。不要小看這條簡潔的方程式，背後蘊藏著數不盡的理
論爭辯與實證差異。它的基本訊息是：貨幣數量與流通速度的乘積，等於一
般物價與交易數量的乘積。

　　這樣的說法隱含一項認知：在交易數量不變的情況下，貨幣的數量與流
通的速度，會「均勻地」影響物價水準。如果 MV 增加 10 倍，假定 T 不變
的話，那麼 P 就會上漲 10 倍。這是 18 世紀古典學派的基本認知，一直延續
到 1970 年代芝加哥大學的米爾頓・傅利曼，在大方向上都接受這個說法。
現在要介紹古典學派之前的另一種說法：如果 MV 增加 10 倍，T 也不變的
話，P 未必同步上漲 10 倍，而是要看新增的 10 倍貨幣供給，是流入哪些部
門或哪些階層手中。提出這項重要見解的是理查・康帝雍，他的見解較符合
現實，比貨幣數量說近乎情理。

康帝雍其人

問：能否介紹康帝雍是誰？

答：他是愛爾蘭人，1680 年代出生（確切年不知），背景資料有限，1734 年死於倫敦自宅（約 49 歲）。有人說是家僕貪財縱火，另有一說是他債台高築，不堪債主逼迫自焚。還有一說：他設計火災找個替死鬼，本人帶著財富遠走新大陸。Cantillon 讀作「康帝龍」，但他的發跡與主要事業在法國，法文中若有連續的「ll」就不發音（例如女兒 fille 就讀作 fie），所以在法國時大家應該叫他「康帝雍」。他只留下一本書稿《商業本質通論》（*Essai sur la nature du commerce en général*），目前的考證是 1730 年寫的（1755 年出版），1931 年由亨利・辛格斯（Henry Higgs）英譯為《經濟理論文集》（*An Essay on Economic Theory*）。 *

他父親是巴利海吉（Ballyheigue）地區的地主，康帝雍大約 1705 年赴法，1711 ～ 1714 年間住在西班牙建立不錯的政商關係。1714 年回巴黎後在堂兄弟的金融圈工作，逐漸闖出名號，主要業務是巴黎與倫敦間的金融交易，包括外匯買賣。轉折點是他和蘇格蘭籍的約翰・羅（John Law，1671~1729）搭擋，在巴黎掀起密西西比公司（Mississippi Company）的股票投機。這是近代史上的重大金融泡沫事件，可參見查爾斯・金德伯格（Charles Kindleberger）1997 年出版的《瘋狂、恐慌與崩盤》。

簡要地說，1716 年法國政府頒給羅兩項特許：(1)成立投資銀行「通用銀行」（Banque Générale）；(2)用來籌措資金成立密西西比公司，開發法國在北

圖 24-1　約翰・羅

---

* 美國 Auburn 大學的 Ludwig von Mises Institute，有 2010 年的譯版與解說（254 頁）
https://cdn.mises.org/An%20Essay%20on%20Economic%20Theory_2.pdf

美的領地。羅擁有這兩項特許權後，開始發售公司股票，同時透過自己的銀行印鈔票融通資金。康帝雍透過羅的關係，低價買進大筆公司股票，高價脫手大賺一筆。接下來他找人合夥做北美土地生意，但隨著密西西比公司泡沫的破滅，投資北美土地的人跟著破產，就到法院控告康帝雍，也有人計畫對他謀財害命。

康帝雍的理論與貢獻

問：從分析的角度來看，他的主要貢獻何在？

答：英國早期的邊際學派主將傑方士，1881 年「重新發現」康帝雍的著作，評價說這是「政治經濟學的搖籃」。(1)這是當時已知最早的「完整經濟學論述」。(2)對經濟理論與分析有好幾項重要貢獻，包括貨幣理論（這是本章的主題）、經濟學的研究方法論、對企業家的概念（風險承擔者）、空間經濟的分析。(3)18 ～ 19 世紀受他影響的重要經濟學者，有英國自由學派的亞當斯密、法國重農學派的主將杜爾哥和揆內、以賽依法則聞名的尚－巴斯蒂爾・賽依。

進入 20 世紀後，康帝雍的學說再度引起學界重視，例如亨利・辛格斯（康帝雍作品的英譯者）、奧地利學派的熊彼德、海耶克。這些事在安東・墨菲（Antoin Murphy）1986 年出版的《理查・康帝雍：企業家與經濟學家》（*Richard Cantillon: Entrepreneur and Economist*）有詳述。

回來談他的貢獻。大家熟悉的貨幣數量說，最簡單的版本是：在流動速度（V）和交易數量（T）不變的情況下，貨幣數量（M）增加 N 倍，物價（P）就會上漲 N 倍。反之，M 減少 N 倍，物價就下跌 N 倍。這種數量的特點是「等比例性」的，康帝雍提出的觀念是「非等比例性」。

重商主義時期英國外貿大幅成長，外匯存底大增後國內的貨幣供給跟著大增。但這筆錢並不是「均等地」進入士農工商各階層，也不是「均等地」進入農業、工業、商業各部門。所以完全沒有理由相信貨幣供給增加 N 倍後，全國的物價會「平均地」漲 N 倍。

較真實的狀況是：如果大部分的外匯流入廠商手裡，他們會建工廠、買土地、買奢侈品、投資股票，這幾個部門的價格會水漲船高。相對地，內

地居民、農業部門、木工鐵匠、教育部門，就不會感受到這筆財富的直接效果，這些部門的價格不可能漲 N 倍，而是依部門、依地區而異的物價上漲。

換句話說，新增的貨幣供給會產生「相對」而非等比例的物價效果，學界稱之為康帝雍效果（Cantillon effect）。教科書上常看到一個名詞：貨幣的中立性（the neutrality of money）。大意是說，如果每個人手中的鈔票都增加 N 倍，物價也跟著漲 N 倍，所以並沒有增加任何人的實質購買力；在這種情況下，貨幣供給增加的效果是「中性的」。所以古典學派也常說，貨幣只是一層面紗。

你會反駁說：康帝雍效果是短期性的，在 3 ～ 5 年內或許是對的，但把時間拉長到 10 ～ 20 年，全國的各種物價應該都會成 N 倍。是的，很有可能，所以比較簡單的說法是：康帝雍的非貨幣數量說較適合說明短期現象；貨幣數量說較適合說明長期現象。

問：康帝雍是怎麼導出這個結論的？

答：先談貨幣供給（M）。康帝雍認為只有黃金、白銀才算貨幣，紙幣不屬於他定義的貨幣。原因是在金銀本位的時代，紙幣只是方便交易的貨幣形式，本身並無價值。買賣雙方肯用紙幣，是因為任何人拿官方發行的鈔票，都可以去銀行換取公告價值的金銀，銀行有義務把金銀兌給紙幣的持有者。金銀（幣）的優點是：量小值高、容易運送、各地的金銀質量相同、容易切割也不損價值、容易保存不怕水火、美觀吸引人、長期保存不會變值、產量不多但價值穩定。國家的短期貨幣供給（金銀）有兩項主要來源：國內金銀礦的產出、外貿盈餘所累積的外匯。

康帝雍認為流通速度取決於對貨幣的需求，愈需要用貨幣交易，錢的流通速度就更快，也就是每張鈔票在一年內換手的次數會增高。V 的簡單定義是：全國年產值除以民間擁有的金銀貨幣。1750 年英國的總產值約 1 億英鎊，當時民間的金銀幣值約 1500 萬，所以 V 值約為 6.6，也就是每塊錢每年約可換手 6.6 次。

如果看今日美國的 V 值，在 1900 ～ 2007 年間大約在 2.12 與 1.15 之間，年平均約 1.67（季平均也差不多）。為什麼美國經濟交易這麼活絡，V 值

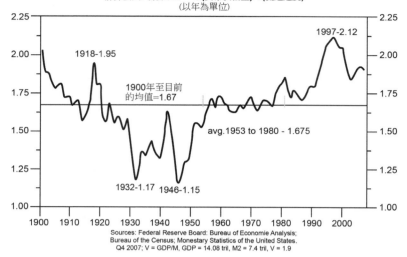

1900-2007年間的貨幣流通

計算公式: 名目GDP = M(貨幣供給量)*V(流通速度)

(以年為單位)

1997-2.12

1918-1.95

1900年至目前
的均值=1.67

avg.1953 to 1980 - 1.675

1932-1.17　1946-1.15

Sources: Federal Reserve Board; Bureau of Economie Analysis;
Bureau of the Census; Monestary Statistics of the United States.
Q4 2007; V = GDP/M, GDP = 14.08 tril, M2 = 7.4 tril, V = 1.9

圖 24-2　1900~2007 年間的貨幣流通速度（Ｖ）

才 1.67，而 1750 年代的英國反而高到 6.6 ？原因可能是：(1)美國的貨幣發行量很大，每塊錢被用到的次數因而較少；(2)交易時多用支票或信用卡，對現金的需求不高。而 18 世紀的英國金銀幣數量較少，每個錢幣要快速流通，才能讓交易順暢；再說當時沒信用卡，一切靠現金。

物價部分，18 世紀的英國並沒有今日意義的物價統計，因此康帝雍的分析裡並沒有 P，也沒有物價指數的想法，他只能用個別的變動（例如小麥）來表示物價趨勢。但他明確地區分「貨幣價格」（用多少錢可以買 1 公斤小麥），和「相對價格」（用多少個雞蛋可以換 1 公斤小麥）。他說長期而言，物品的「相對價格」是一種「內在的價值」（intrinsic value），是由生產一項產品所需的「勞動投入」和「土地投入」來決定。但短期而言，物品的價值可以用市價來表示，這是由供給與需求條件決定的。

同樣地，他也無法得知經濟體系內的交易總額（Ｔ），他只能用農業部門的產出來代表「流通的財貨」（circulation of goods）。換句話說，康帝雍無法掌握 PT 這兩項變數。今天的 PT 有個簡單的數值，就是國民生產總額

（GDP）。

整體而言，就 MV＝PT 這條方程式來說，他只能掌握 MV，但他知道增加貨幣的流通速度（V）的效果，和增加貨幣供給額（M）的效果類似，都會影響物價（P）和交易量（T）。

康帝雍的非貨幣數量說還有更精微的見解，可稱為「貨幣數量說的動態版」，也可稱為「貨幣失衡理論」。他的主要見解是分析貨幣數量如何透過動態過程，影響經濟活動與物價水準。以重商主義時期的英國為例，當外貿部門賺入新金銀流入時，大家的直覺是物價水準會跟著變動。洛克說新流入多少錢（例如增加20%），物價就會上漲20%。康帝雍認為這種思維與實況不符，因為這種「數量」與「物價」的「直接對應說」有個嚴重問題：沒有考慮新流入的錢是透過哪些管道（士農工商）對哪些部門（農林漁礦製造業）產生不同比例的影響（可以從 0% 到 50% 或更多）。

貨幣發行也有連通管原理？

基本物理知識內有一項「連通管原理」：雖然各種水管的粗細不同，但只要放入同個水槽內，每種水管內的水位會都一樣高。也就是說，只要有新錢流入，經濟體內各部門的規模雖然大小不同，但水位（物價）必然會趨於一致。你同意這種觀點嗎？試想中國近幾十年來賺進多少外匯，沿海大城市的物價漲幅就比內陸高出許多。從各產業部門來看，房地產和奢侈品的漲幅也比基本糧食高。雖然整體物價是比十年前提高，但各部門與各地區的差異還是很明顯，這就反駁貨幣數量說隱含的「等比例上漲」觀點。

康帝雍的說法是，流通的貨幣數量如果增加一倍，「這些貨幣所導致的物價上漲，並不會均等地影響所有產品與商品，上漲的幅度也不會和貨幣的增加量成等比例。」他舉例說：如果在國內挖到大量金銀礦，礦場主人與相關人士必然暴富，與他們鄰近的居民和相關行業是周邊受益者。這些新出土的金銀要經過很長時間，才會流入各行業各部門，短期內（3～5年）不會產生連通管原理。

康帝雍分析影響「相對價格變化」的七項因素，以「第一波」、「直接」接受新錢者（initial recipients）來看：(1)這筆新錢是在國內挖到的金銀

礦？(2)或是外國政府援助的？(3)或是外國移民帶進來的？(4)是外國使節和遊客帶進來的？(5)是國外來投資的？(6)是戰敗國的賠款？(7)是進出口的盈餘？這些因素都會把外國錢帶進來，但進入的管道、行業、長短期都很不同，對物價的影響效果也不同。

接下來還有兩項因素：(1)哪些人接收這些新錢？(2)他們把錢花在哪些項目上（土地、房產、股市、奢侈品、高利貸）？不同階層和不同部門的人收到這筆錢（是第二回合的收受者），他們又會花用在不同的事物上。這個原理一直運作下去，就會產生第二波、第三波、第 N 波的效果。較複雜的是：第一波和第 N 波的 V（流通速度）都很不一樣，所以很難明確預知從外國引入 1 億美元，10 年後對各行業的漲價效果。明白這個道理，你就會對貨幣數量說的「等比例上漲」打個大問號。

問：沒想到 18 世紀的見解反而比 21 世紀教科書說得更深入，他還有什麼見解？

答：主要論點大概就這樣，還有一兩個小要點也可看出他的思考周密：(1)國內金銀礦增產，物價必然上漲，國民富裕後就會增加國外低價產品的進口，這反而會傷害本國的產業與安全（例如買外國廉價糧食，而不自己生產）。(2)另一項缺點是物價上漲、國民富裕後大量進口外國產品會造成外匯流出、國際收支赤字。本國的貨幣因而減少，這對國內的生產與物價會產生傷害（緊縮蕭條）。他提出一個重要論點：從上述 7 種管道所增加的新錢，必然會把物價往上推，本國產品的價格相對於外國就貴了，表示本國的「貿易條件」會逐步惡化，匯率也被迫升值，更不易把產品賣到國際市場，長期而言這筆從外國賺來的錢又會流出去。

除了非貨幣數量說，康帝雍也討論其他主題，例如利率、外匯投機、貨幣規則與政策、國際收支、貨幣。康帝雍的缺點在於只有理論而無實證支持，那是時代的限制。後來的經濟學者也有類似看法，大家最熟知的就是凱因斯。據布勞格的說法，凱因斯《貨幣論》（*The Treatise on Money*，1930）的見解是：貨幣供給量的變動，不會對所有的價格產生相同的影響，程度不一，時間也不同。如果模仿這種的簡潔語句，也可以把康帝雍的主要

見解濃縮成：「貨幣供給增加後，不只會把物價向上推，還會改變物價的結構。這取決於兩項因素：是誰得到這筆新錢，以及這些人對不同物品的相對需求。」

參考書目

Blaug, Mark (1991) ed.: *Richard Cantillon (1680-1734) and Jacques Turgot (1727-1781)*, UK: E. Elgar.

Blaug, Mark (1997): *Economic Theory in Retrospect*, Cambridge University Press, 5th edition（《經濟理論的回顧》第 5 版中譯本，2009）。

Bordo, Michael (1983): "Some aspects of the monetary economics of Richard Cantillon", *Journal of Monetary Economics*, 12:235-58.

Brewer, Anthony (1992): *Richard Cantillon: Pioneer of Economic Theory*, London: Routledge.

Cantillon, Richard (1755): *Essai sur la nature du commerce en général*, edited with an English translation and other material by Henry Higgs (1931), New York: Kelley, 1964. The Ludwig von Mises Institute provides PDF file of a new (2010) translation.

Murphy, Antoin (1986): *Richard Cantillon: Entrepreneur and Economist*, Oxford: Clarendon Press.

"Richard Cantillon", *Wikipedia*.

Spengler, Joseph (1954): "Richard Cantillon: first of the moderns", *Journal of Political Economy*, 62(4):281-95 (part I); 62(5):406-24 (part II).

25

貨幣數量說：歷史證據

二次大戰後大部分國家都觀察到，各種商品價格的變動幅度並不一致。……經濟理論告訴我們，貨幣供給的變動在短期內，對經濟體內各部門與各產業的價格，應該會有不同的影響。

——麥可・博爾多

卡恩斯的理論預測是在 1850 和 1860 年代提出的，之後雖然科技與制度上有過顯著的變化，但他的預測在 1950 和 1960 年仍然有效。也就是說，當貨幣供給變動時，初級產品價格變動的速度，會比製造產品價格變動的速度快。

——麥可・博爾多

上一章討論非貨幣數量說時，因為沒有 18 世紀的史實可供驗證，只能在概念的層次討論。本章以 19 世紀中的澳洲與 20 世紀中的美國，來支持非貨幣數量說。第一位主角約翰・艾略特・卡恩斯（John Elliott Cairnes，1823~1875），他是愛爾蘭人，父親威廉（William）生在政治家庭，但違反父母的期盼進入商界，在慈善界也有很大名氣。約翰（John）則進入學術界，1848 年在都柏林的三一學院取得學士，六年後取得碩士學位，領域是藝術與法律，之後轉向政治經濟學，投入相當大的心力。

1856 年他在都柏林擔任政治經濟講座，翌年出版《政治經濟學的性質與邏輯方法》（*Character and Logical Method of Political Economy*），後來還出版幾本著作，例如《政治經濟學與土地》（*Political Economy and Land*）

以及《政治經濟學與自由放任》（*Political Economy and Laissez-Faire*）。1866 年任倫敦大學的政治經濟學教授，1872 年因健康不佳辭職，1875 年 7 月逝於倫敦。他是英國在彌爾發表《政治經濟學原理》（1848）之後，以及在傑方士與馬歇爾興起之前最重要的人物。彌爾在《政治經濟學原理》第 6 版序言說，卡恩斯是「當今最科學的政治經濟學家」。熊彼德在《經濟分析史》對卡恩斯有很高的讚許，說他是當時能修正彌爾分析結構的人，也說他在方法論上的見解是個里程碑。

約翰・卡恩斯的論點

問：約翰・卡恩斯提出什麼論點？

答：卡恩斯在 1873 年出版的《政治經濟學理論與應用文集》（*The Essays in Political Economy, Theoretical and Applied*）研究澳洲貨幣史，他的目的是要分析幾項議題：

1. 1848 ～ 1851 年發現金礦後，貨幣數量說是否還能成立？

2. 發現金礦對各國的貨幣供給與物價水準，會有哪些對照性的影響？

3. 發現金礦後，依照李嘉圖比較利益法則的預測，澳洲因為富裕起來，就會從農業產品的「淨出口國」轉為「淨進口國」。果真如此？

4. 大衛・休謨的「物價與金銀流量調整機制」理論說，英國透過貿易賺入金銀，國內物價因而上漲，出口競爭力變弱，最後會拿祖先辛苦賺來的外匯去買外國產品，導致金銀外流。這個現象在澳洲也會發生？

5. 上一章提過康帝雍的理論說，國外流入的金銀對國內物價的影響不是「平均的」，而要視外匯流入哪些人手中（地主或商人或工業界），對不同類別的產品引發不同的物價效果。整體而言，卡恩斯要驗證的是「非貨幣數量說」是否成立。

簡言之，卡恩斯要闡明 1848 ～ 1851 年間發現金礦後，造成通貨貶值與物價上漲，這種效果在各行業與各產品之間「並非一致」。這就能反駁貨幣數量說的見解：貨幣貶值後對物價會有一致性的影響。

19 世紀英國（及其屬地）的貨幣有兩種類型：金銀幣和英格蘭銀行發行的紙幣。卡恩斯認為這兩種貨幣、銀行存款、匯票、各種信用工具的數

量，對物價都會有影響。他區分貨幣的長短期價值：(1)在交易量不變的情況下，短期價值是由貨幣的供給需求交互決定的。(2)但長期而言，貨幣的數量取決於獲得貴重金屬（金銀）的成本，例如貿易順差、發現金銀礦。

古典學派認為貨幣是中立性的，只是交易的媒介，金銀本身沒有實質意義，不會影響經濟體系的成就。卡恩斯認為這是「比較靜態」的看法，只有長期才成立。卡恩斯的觀點和20世紀初期的凱因斯類似：我們生活在鐘錶時間內，短期（1～3年）才是重要的，貨幣政策在短期具有意義。古典學派的貨幣中立說是長期性的觀點，不適合分析短期貨幣供需變動（例如發現金礦）對物價的衝擊。

卡恩斯的說法是：「通貨增加後，會依環境的狀況而有不同的效果。有哪些環境狀況呢？要看這些新增的錢是如何運用。如果新錢流入喜歡借貸而非花費的人手中，那就會壓低利率。反之，如果流入喜歡花費而非借貸的人手中，就會提高利率。透過這個機制，也會把物價提高，因而增加借款者的需求。這就是發現金礦國家的狀況。新黃金首先流入礦業主手中，他們會把這些錢用在無生產性的事物上，或是用來投資在礦業上。不論是哪個方向都會提升物價，也因而會提升借款者的需求，但不會提升可貸資金。」

卡恩斯的新見解在於，新增通貨對物價與實質產出的影響程度，取決於新錢是透過哪些管道（礦業主或地主貴族）進入經濟體系，這是他所謂的「第一回合」（the first round）。換句話說，(1)新錢是被哪些人先取得，以及這些人把這些錢用在哪些用途，就會影響物價的方向與程度。(2)該經濟體系內，各部門對新錢的需求與供給的「相對彈性」，例如夕陽產業對新錢就沒有多大需求，處於朝陽階段的（如電子業和科技新貴）就有很大需求。(3)對外匯需求高的國家，以及產品具有競爭力的國家，都會來爭取這筆新錢（新發現的金礦）。

他舉澳洲的實例說明，新黃金會透過國際貿易和其他管道，先流到英國之後再流到各國，用以進口所需的財貨和勞務。這些外來的新物品，一方面讓澳洲的物價提升，二方面澳洲的黃金流到各國後，也會提升世界的物價。

澳洲新金礦對各國物價的影響

1859 年他發表第一篇論黃金的文章〈澳洲事件〉（The Australian Episode），檢視發現金礦對物價與經濟的效果。他的證據顯示金礦工人的薪資大幅增長，產業對勞動需求減少，表示機械設備明顯取代體力勞工。接下來可以看出金礦工資很快就影響其他行業，各部門的價格都上漲了。重點在於發現金礦之後的幾個月，金塊的價格比金幣的價值漲得慢，那是因為澳洲沒有鑄幣廠，金塊的產量大增但無法轉為金幣。金塊因為缺乏貨幣功能，價值就相對地低於金幣。但把黃金運到英國換回金幣後，物價就漲得和預期的相同了。

對這個農業國來說，最重要的產品是畜牧業（奶油、奶粉、牛羊肉）。這些產品的價格由於金礦而上漲後，澳洲很快就從糧食的淨出口國轉為淨進口國。原本投入農牧業的資金與人力也大幅轉入礦業，用新黃金購買外國的農產品與製造品。

澳洲的黃金會一直流出，世界的物價並沒有漲得和澳洲一樣高。不會如此的原因很多，例如有些國家採取貿易保護主義，有些國家和澳洲的貿易額不多（例如清朝）。這就像大水庫決堤，也不會讓全國的土地平均濕透，因為各地的海拔不同、地形各異。再說，澳洲因為敢花錢買昂貴品，進口價格會逐漸高升，黃金逐漸外流。外匯優勢減弱後，失去黃金帶來的比較利益，終必回到當初的農業生產上。這就像中了彩券後揮霍採購，錢耗光了只好重操舊業。

用具體的數字來說比較明白：1848 ～ 1851 年發現金礦，維多利亞地區的金產量 1856 年約值 1,200 萬英鎊，1870 年時減半為 600 萬；總商品貿易量從 1856 年的 1,550 萬，減為 1870 年的 1,250 萬，更可怕的是人口在 1856 ～ 1870 年間加倍。

他在 1858 年發表另一篇論黃金的文章〈貶值的過程〉（The Course of Depreciation）。他說有一種「直接過程」，就是金礦業者手中的錢迅速增加，然後大量採購開採設備，或購買從前缺乏的物品。另一種是「間接過程」：金礦工人的薪資提高後，會吸引其他行業的工人進入採礦業，也會帶動各行業的基本工資上漲，造成產業的利潤降低，投資意願淡化，工商業的

供應減少，造成物價上漲。

另一方面，農工商業各部門之間的價格效果，也會產生明顯差異，取決於四個條件：⑴新黃金所帶來的財富流向何方（房地產或奢侈品或股市）。⑵各行業更新設備、增加商品供應量的能力不同。⑶各行業產品的短期需求彈性不同（餐飲業或運輸業）。⑷各行業的品味與習慣不同，對新錢的用法也不同。四項因素加總起來可以推論出：新增加的金錢流入各行業的比例與速度高低快慢不一，把錢花出去的手法各異必然不會產生平均的物價上漲效果。

卡恩斯認為，澳洲新黃金影響最大的國家是英國這個宗主國，其次是美國（因為英美的銀行體系交流通暢），接下來是法國（銀行信用體系的效率沒那麼好）。再來是貿易量大的國家，以及逐漸要改制為金本位的國家。印度和中國因為落後又採銀本位，列強的物價因黃金流入而上漲後，中印兩國的進口成本會增高。卡恩斯用 1872 年的統計研究顯示，各國物價變動的排序和他的預期相符，唯一的例外是美國。因為 1858 ～ 1868 年間受到南北戰爭（內戰）的影響，發行過多紙鈔導致物價大幅變動。同一時期，英國經濟學者傑方士也做了類似研究，雙方獨立研究的結果竟然幾乎相同，卡恩斯感

1848 ～ 1851 年金礦潮之後的經濟變動		
	1849 ～ 1858	1859 ～ 1868
英國 ⑴貨幣黃金存量 ⑵物價 ⑶實質產出	＋4.4% ＋2.4% ＋3.2%	＋3.7% ＋1.5% ＋3.1%
美國 ⑴貨幣黃金存量 ⑵貨幣供給量 ⑶物價 ⑷實質產出	＋8.2% ＋6.8% ＋4.0% ＋5.4%	0 ＋8.8% ＋3.4% 無資料

到欣慰。

紐澤西州立大學（Rutgers）經濟系的麥可‧博爾多（Michael Bordo）是國際知名的金本位制專家，1975 年寫一篇研究卡恩斯見解的好文章，用幾個簡單數字來說明這個情況。

問：19 世紀下半葉英美的經濟還在快速成長，這樣的百分比好像是自發性的成長，未必與新金礦有密切關係。我覺得卡恩斯的理論不錯，但證據嫌弱。有無近代的研究可以支持或加強他的理論？

答：麥可‧博爾多 1980 年在芝加哥大學的《政治經濟學期刊》發表論文：運用美國 1957～1971 年間的批發物價資料，把各種產品分成九大類，印證康帝雍和卡恩斯的非貨幣數量說。他的主要命題和結論，摘錄在本章開頭的兩段引文。

他把前述卡恩斯的學說精簡成一頁的命題：

1. 新發現的金礦，在短期內對不同商品的衝擊程度，取決於新錢流入哪些人（或哪些部門）手中（即所謂的第一回合），以及這些人（部門）如何運用新錢。

2. 不同部門的產品，在短期內的供需彈性。

3. 金礦發現後，在短期內會造成商品之間相對價格的顯著變化。

4. 初級產品（crude products），對新增貨幣的反應比較快速，製造品（manufactured products）的反應比較慢。因為製造業牽涉到要改用哪些生產機械、哪種生產程序；初級產品沒有這些複雜的過程，較能直接反應。

5. 在初級產品部門內，卡恩斯預期動物產品（肉、乳）價格的上漲程度，會比植物（蔬菜、水果）高。

6. 易腐品和非耐久財，對新貨幣的反應（漲價）速度，會比耐久財快。

卡恩斯運用 1850～1860 年代幾個國家的統計，得到的結果支持他的理論：羊毛、肉類、動物油脂的漲幅最高，蔬果類與礦業產品的漲幅居次，製造業產品最低。博爾多運用美國 1957～1971 年的資料，得到和卡恩斯在百年前相似的結論。

博爾多把產品分成工業、農業、原物料、製造品、初級產品、中間製

品、最終產品、耐久財、非耐久財。也可以說是四大類：⑴工業與農業；
⑵完全的原料或基本加工品，與完全製造品；⑶用加工的程度來分：初
級、中間、最終產品；⑷耐久與非耐久財。他的物價是 1957 ～ 1971 年間
的季資料，所以有 9 類產品和 60 個時間點（15 年）。他把 9 類產品再細分
成 14 類，得到的結論仍然相同。

　　希望本章的主題可以說服你：

　　1. 費雪交易方程式和貨幣數量說，在短期內是錯的。

　　2. 貨幣供給增加時，短期內對不同部門的價格效果必然不一。

　　3. 19 世紀中葉卡恩斯的理論與預測是對的，思想史不是在研究死人的
錯誤見解，有不少命題值得重新檢驗。

參考書目

Bordo, Michael (1975): "John E. Cairnes on the effects of the Australian gold discoveries, 1851-73: an early application of the methodology of positive economics", *History of Political Economy*, 7(3):337-59.

Bordo, Michael (1980): "The effects of monetary change on relative commodity prices and the role of long-term contracts", *Journal of Political Economy*, 88(6):1088-1109.

"John Elliott Cairnes", *Wikipedia*.

26

牛頓曾經影響亞當斯密？

（《道德情操論》和《國富論》這兩本名著，）就是亞當斯密把牛頓的方法論先應用到倫理學上，然後應用在經濟學上。
—— 馬克・布勞格

其實亞當斯密的思維不是牛頓式的，甚至連牛頓都不是牛頓派的。
—— 萊奧尼達斯・蒙特斯

　　本章的主題讓人疑惑：牛頓是物理學家，怎麼會影響經濟學的思考與分析？牛頓的影響廣泛深遠，對 18 世紀的蘇格蘭啟蒙運動也有重要啟發，例如對休謨的影響就很明顯，而休謨和亞當斯密又有師友情誼。

　　1492 年發現新大陸後，對經濟分析的主要影響，是來自美洲的白銀（在歐洲引發物價革命）和糧食（馬鈴薯和玉米引發人口革命）。重商主義之下的國際貿易快速成長，改變 16 ～ 17 世紀的世界觀。還有一項同樣重要的因素，是 18 世紀中葉開始醞釀的產業革命。工商業發達後商人階級興起，掌控更多的現金與物資，新式工廠興起，傳統的工匠沒落，工人階級逐漸形成。過去擁有土地的貴族勢力逐漸衰退，資產階級取而代之。經濟與商業的大洗牌，對社會哲學家的思維引發新激盪，具體的行動例如反對重商主義、主張經濟自由化、推翻獨占特許權。除了這些「形而下」的具體人事物，還有「形而上」的影響來源，牛頓是思維上的重要泉源。

問：物理和數學觀點，怎麼影響人文社會的思維？

答：從天文學發展的角度來看，在牛頓之前有兩位重要人物：(1) 1609年德國數學家與天文學家克卜勒（Johannes Kepler，1571~1630）提出行星運動的兩條定律，1618 年提出第三條定律，後來稱為「克卜勒的行星三大定律」。(2)義大利物理學家、數學家、天文學家伽利略確認哥白尼的「日心說」（太陽是太陽系的中心）成立，推翻宗教界主張的「地心說」（地球是太陽系的中心）。牛頓的貢獻大家都很熟悉：萬有引力說、三大運動定律、發展出現代的微積分。簡言之，牛頓是近代科學革命的標竿人物，他所代表的科學態度對知識界產生不可磨滅的影響。

科學革命有幾項重大影響：(1)理解自然法則，從萬物現象中找出背後的原理，得出能一般化跨越時空的真理。(2)講求用實驗證據支持科學理論，注重實驗的可重複驗證性。(3)世間的事物都相互依存，例如太陽系內的恆星、行星、衛星之間，表面上看來各自在自己的軌道上運轉，其實交互影響。(4)造物主創造宇宙後，就讓萬物依據簡潔的法則自行運作，不再干涉或指揮。這一點對社會哲學家的影響最大，因為當時處於重商主義時期，在政府大有為的心態下，積極採用各種干預手段來富國強兵。休謨和亞當斯密這些蘇格蘭啟蒙運動大將提出自由經濟學說，主張政府不宜採干預主義，應該學習造物主「自由放任」的精神，減少不必要的障礙與管制，讓百姓追尋自己的利益才合乎自然法則。

所以不是牛頓直接影響經濟學說，而是他所代表的科學革命精神，對亞當斯密所代表的自由學說有所啟發。從後人的眼光來看，思維的轉變好像是平滑順暢、理所當然，馬克思對這件事有個好說法：拔牙很痛，有麻醉藥就能解決，但我們沒有可以用來拔除舊觀念的麻醉劑。

從現象歸納出基本原則

問：牛頓式的科學態度與物理觀，如何影響經濟學界？

答：舉個例子說明當時的學術氣氛。1751 ～ 1752 年間有位約翰・密勒（John Millar），在愛丁堡聽過亞當斯密道德哲學課程，他說：「大學的智識圈非常受到培根（Francis Bacon，1561~1626）與牛頓著作的影響。」人

文學科也想應用研究自然科學的態度與手法：科學家想了解上帝的手法，哲學家想要了解上帝的意思。亞當斯密從牛頓那裡學習如何用「法則」的概念來分析社會裡的個人，在追求自身利益的行為背後，會受到「看不見的手」引導，以及受到「供需法則」的約制。

亞當斯密的學生杜格爾德‧史都華（Dugald Stewart）說，亞當斯密當時的研究興趣是數學與自然哲學。最明顯的例證是他在 1746 ～ 1758 年間寫過一篇 70 多頁的長文〈引導與指導哲學性探究的原則：以天文史為例〉（The principles which lead and direct philosophical enquiries; illustrated by the history of astronomy），解說天文史對哲學探討的影響。

亞當斯密對自然科學的興趣，已經有許多研究詳細分析過。這類從自然科學影響人文學科的例子相當常見，例如法國重農學派的主將揆內提出著名的經濟表，影響 20 世紀的「投入產出分析」。揆內是宮廷御醫，他的血液循環知識，有助於解說經濟體系的流通原理。

問：為什麼〈天文史〉這篇長文，是理解亞當斯密對自然科學、對牛頓的科學觀、對自然法則見解的重要文獻？

答：〈天文史〉從三個角度出發：wonder（困惑：新奇獨特的事情）、surprise（驚異：意外的發現）、admiration（敬佩：了不起的見解與漂亮的論點）。他從早期西洋天文史的諸多理論中，感受到一項有意思的見解：天文理論未必就是真實的形象，早期的天文理論其實是虛幻作品，目的是「要把各種想像平滑地銜接起來」；但到了〈天文史〉的結尾，亞當斯密的態度改變了，那是由於牛頓的卓絕天才，讓自然科學有了完整的解說體系。牛頓提出一項天體運動的連結原理（principle of connection），那就是萬有引力。

亞當斯密對「法則」的執著，也表現在他對法理學（Jurisprudence）的定義：「一種探討適用於所有國家所有法律的科學，這種科學是要探討這些法律基礎背後的一般性原則。」牛頓和亞當斯密的著作表面上毫不相干，但手法卻有明顯的相似性：都是從外在的現象歸納出通則，然後從通則演繹出現象。例如牛頓從諸多物理現象中歸納出基本原則（萬有引力法則），然後用萬有引力去推演星球的運動定律。萬有引力可以解釋地球上的現象，也可

以解釋衛星的軌跡、彗星的軌道、潮汐的變化。

　　亞當斯密的著作中當然沒有漂亮的單一「引力法則」，可用來解釋複雜的現象，但亞當斯密的著作中有許多結構、手法、思維是牛頓式的。以分工這個概念為例，《國富論》首篇首章就舉製針廠為例，說明如果能有效分工，每個工人每天可以製出 4,800 支針。亞當斯密對分工的解說方式和牛頓相似，先說明具體現象，然後得出一個強而有力的概念：社會分工之後生產力大增，成本降低在市場上才有競爭力，所以分工是增加國家財富的首要因素。

　　接下來亞當斯密得出另一項重要推理：分工的程度受到市場規模大小的約束。這是什麼意思？如果小診所每日的營業額只有 2,000 元（市場規模太小），分工程度就必然不細（兩三個人就夠了）。如果大醫院每日的營業額超過五億，那麼連領藥品都要精細分工，甚至到讓人嘆為觀止的程度。

　　這種推理手法就是牛頓式的：從現象到基本原理，從基本原理再向外延伸。如果對牛頓的著作不夠熟悉，就不容易感受到亞當斯密思維中的牛頓成分。在《國富論》裡亞當斯密只提過牛頓一次：1717 年參加財政大臣會議，討論對中國、日本、印度貿易時金銀的價格兌換比例應如何制訂。亞當斯密和當時的知識圈都籠罩在牛頓式的科學態度和推理方式下，雖然不易從著作中直接感受到這一點，但對比雙方的結構和手法就可一目了然。

　　馬克·布勞格在《經濟學方法論》說：亞當斯密的兩本名著《道德情操論》和《國富論》，「就是亞當斯密把牛頓的方法論先應用到倫理學上，然後應用在經濟學上。」亨利·彼特曼（Henry Bitterman）說，亞當斯密的手法是「把牛頓實驗主義的技術應用在道德問題上」。蘇格蘭格拉斯哥大學的亞當斯密研究者安德魯·史金納（Andrew Skinner）教授也說，亞當斯密用許多牛頓式的手法，他的分析「在構思時就是仿效牛頓式的物理學」。這類的說法還有許多。

亞當斯密與牛頓著作的比較

　　問：這樣聽起來，《國富論》就像是牛頓《數學原理》的藉屍還魂版。我有三個困惑：(1)亞當斯密真的那麼沒主見？(2)牛頓的科學觀這麼輕易就

能融入《道德情操論》和《國富論》？(3)如果亞當斯密在思維上受到牛頓的啟發，這是否表示亞當斯密缺乏獨立的貢獻？

答：很多人有類似的疑惑。萊奧尼達斯・蒙特斯（Leonidas Montes）有兩篇文章刊在《劍橋經濟學期刊》，他提出幾個論點：(1)其實亞當斯密的思維不是牛頓式的。(2)甚至連牛頓都不是牛頓派的，這句話聽起來就像馬克思說「我不是馬克思主義者」一樣。(3)亞當斯密經濟學和19世紀的新古典學派很不同，和今日的主流也很不同，完全沒有「原子機械論」（atomistic-mechanistic）的觀念。(4)亞當斯密也沒有「一般均衡」的概念，有人說他是一般均衡理論的奠基者，這個論點完全不成立。

這些論點較微妙不易簡要解說，我們試著指出方向：(1)牛頓常被定位為「理性時代」之父，他是18世紀下半葉知識界的頭號英雄，對各學門、各行業都有深刻影響，大家對亞當斯密受牛頓的啟發這個論點很少質疑。蒙特斯說，其實牛頓的推理並不是一般人認為的公理演繹（axiomatic-deductive）式的，而是分析綜合（analytic-synthetic）式的。更令人驚異的是，蒙特斯認為牛頓的分析方法（實證主義的詮釋）是受到法國啟蒙運動的影響，這件事反映在他的《數學原理》（*Principia*，1687）內的機械哲學（mechanical philosophy）。(2)過去認為亞當斯密的方法論比較簡單，只是一種較特殊的機械式社會觀，從個體活動的角度來看人類的行為，蒙特斯認為這個觀點也是錯的。

再舉兩個例子，說明亞當斯密和牛頓的觀點其實很不相同。一是牛頓的星體運動、古典力學、萬有引力、光學分析，基本的分析方法是數理演繹（mathematical-deductive）。亞當斯密處理的議題是人性本質與社會行為，當然不能用數理演繹的方法來探討。其次，亞當斯密的分析對象雖然是個人，但人是社會性的動物，是相互依存影響的共同體。《道德情操論》裡有個好譬喻：在社會的龐大棋盤裡，雖然每個棋子都依照自己的意願來移動，但也必須考量自己的行為是否會影響全盤。這個譬喻再次說明，亞當斯密的分析手法和牛頓的數學演繹相距甚遠。

這兩個簡單的例子讓人傾向於贊同：牛頓的科學觀對亞當斯密的思維確實產生過影響，但對《情操論》和《國富論》這兩本最具代表性的作品，

大概沒有密切的關係。學界也一直有人傾向這個見解。如果你還記得亞當斯密的主要概念是「看不見的手」、「鑽石與水的矛盾」、「勞動價值說」、「論分工」，那就更難和牛頓的概念與手法聯結在一起。希望這個簡單的論點能說服你，而不是讓你更混淆。

參考書目

Copernicus, Nicolas (1992): "Copernicus and the money question", in his *Minor Works* (pp. 169-215), translation and commentary by Edward Rosen, Johns Hopkins University Press.

Hetherington, Norriss (1983): "Isaac Newton's influence on Adam Smith's natural laws in economics", *Journal of History of Ideas*, 44(3):497-505.

Fiori, Stefano (2012): "Adam Smith on method: Newtonianism, history, institutions, and the 'invisible hand'", *Journal of the History of Economic Thought*, 34(3):441-35.

"Isaac Newton", *Wikipedia*.

Montes, Leonidas (2003): "Smith and Newton: some methodological issues concerning general economic equilibrium theory", *Cambridge Journal of Economics*, 27:723-47.

Montes, Leonidas (2008): "Newton's real influence on Adam Smith and its context", *Cambridge Journal of Economics*, 32:555-76.

Redman, Deborah (1993): "Adam Smith and Isaac Newton", *Scottish Journal of Economics*, 40(2):210-30.

Schliesser, Eric (2007): "Hume's Newtonianism and anti-Newtonianism", *Stanford Encyclopedia of Philosophy* (online version, 26 pages).

"Scottish Enlightenment", *Wikipedia*.

27

亞當斯密的兩個面貌

屠夫、釀酒者或麵包師傅的產品，都是我們晚餐所需要的。但他們
並不是為了要提供我們的晚餐，而只是在追求自己的利益。

—— 亞當斯密

即使是自私無比的人，在他的本性中一定有某些原則，讓他對別人
的幸運也會感到欣慰，因為別人的快樂會傳到他身上。即使他從別
人的快樂得不到任何東西，他都會愉快地看到這件事發生。

—— 亞當斯密

亞當斯密的有情和無情

在《國富論》（1776）之前，亞當斯密有本名著《道德情操論》，這
本書比《國富論》早 17 年出版，生前出過六版，最後修訂版是去世那年
（1790）。這兩本是亞當斯密對社會與經濟見解的「一體兩面」。

《情操論》首章談的「同理心」，就是「人同此心，心同此理」、「人
溺己溺，人飢己飢」。為什麼會感受到別人的喜怒哀樂，因為人體有鏡像
神經元：對鏡子裡的影像會有適當反應，知道對方是在發怒或歡呼，我就以
憤怒或大笑來回應。自閉症的鏡像神經元有基因缺陷，對別人的感覺較無感
受。《情操論》的主要論點是：大部分人對同一件事（如車禍）會有共同反
應，這種同感心就是凝聚社會的膠水，這是互助合作的善良面。但另一方
面，社會的成員之間也會爭奪，凡事以自利為優先考量，甚至會傷害別人，
所以社會和人性一樣都有黑暗競爭面。

《情操論》強調同理心的「有情面」，《國富論》強調自利與競爭的「無情面」。這是明顯的矛盾，德國學界把這個現象稱為「亞當斯密問題」（Das Adam Smith Problem），用來指稱人文社會學者與哲學家對這項矛盾的爭辯。有許多人宣稱已經解決這個議題，但至今仍無明確定論。

　　現今最簡潔也最有說服力的論點，是維農·史密斯（Vernon Smith，1927~，2002年以實驗經濟學得諾貝爾獎）1998年提出的見解：在社會的層面上，亞當斯密認為人必須互助共利，所以在《情操論》提倡「同理說」。但在經濟層面上人是自利的，在市場層面上人是競爭的，所以「競爭自利說」成為《國富論》的核心。維農·史密斯認為，《情操論》與《國富論》之間沒有矛盾，因為亞當斯密在處理不同層次的議題，「亞當斯密問題」是稻草人式的假問題，是沒生產性的影子問題。

圖 27-1　維農·史密斯（2011）

　　對亞當斯密來說，《情操論》析述的是社會層面，是同理與互助的；《國富論》分析的是市場面，是競爭自利的。就像人在家裡、在職場、在不同場合，會扮演不同角色，行為會很不相同，可以是仁慈的，也可以是嚴厲的。這兩本書是一體的兩面。

問：經濟學談很多競爭和自利的意義，但同理心的概念是什麼？

答：用中文的概念來表達，就是感同身受、替他人設身處地。例如2011年3月日本發生9級地震與大海嘯，死亡失蹤人數超過2萬人，還有福島核電廠爆炸的輻射威脅。鄰國電視台女主播在報導時隔海拭淚，這就是同理心（sympathy）與同情心（empathy：不是可憐的同情而是共情）。

　　為什麼人類會感同身受？因為我們的神經系統裡有「鏡像神經元」，看到鏡子裡的人被火燒，也會感受到他的痛苦。因而能從古今中外的小說、

戲劇、電影、音樂中，感受到微妙複雜的喜怒哀樂和七情六欲。哪些動物沒有鏡像神經元？最明顯的是蛇類（會相互吞食），老鷹啄死獵物或子女時毫不留情（別人的苦痛對牠們無意義），據說是因為腦中缺乏一種大腦皮層（cortex）。鏡像神經元若有基因缺陷，就會有自閉的傾向，對他人的喜怒哀樂較無感受，俗稱「白目」（不會看人臉色、不會閱讀空氣）。

為什麼會有「亞當斯密問題」？

　　這個議題就這麼簡單明確，為什麼 19 世紀下半葉的德國學者，會認為亞當斯密有兩個面貌？或者反過來問：為什麼亞當斯密時期的讀者，不認為他有兩個面貌？主因是德國經濟學家中，有一派屬於社會主義或同情社會改革者，他們對當時主流的英國式自由放任學說很有意見，就把這筆帳算到學說的源頭亞當斯密身上。要怎麼批判他呢？很簡單：論證《情操論》和《國富論》的內在見解相互衝突，而且這種矛盾既是顯然的，又是無法調和的。簡言之，習於國家主義的德國學者認為，英式的自由主義不是跨越時空的真理，亞當斯密的著作更不可靠，因為這兩本源頭著作對人性本質的立論相互矛盾。

　　例如德國經濟學者奧古斯特・翁肯（August Oncken，1844~1911）在 1898 年發表一篇長文〈亞當斯密的問題〉（Das Adam Smith-Problem，分三次刊出），質疑「這位蘇格蘭道德學教授（亞當斯密），把『自利』視為人類行為的唯一原則，就表明他是「物質道德」的支持者。這樣的話，他又如何把『慈善』，適當地放在人類的本性裡？……《情操論》和《國富論》是兩部完全獨立的著作，基本原則相互牴觸。我們應該把《國富論》視為《情操論》的續作，或者是把這兩本書合併起來，視為亞當斯密對道德哲學的整體性論述？」

　　實際上，亞當斯密屬於 18 世紀蘇格蘭啟蒙運動成員，影響他道德哲學觀念的兩位重要人士，是法蘭西斯・哈奇森與大衛・休謨。這兩位的影響在《情操論》出版前無可置疑。但在出版《情操論》後、《國富論》前的 17 年間，有人認為影響亞當斯密道德哲學的來源，是法國的重農學派（揆內和杜爾哥等人），和哲學家，如伏爾泰（1694~1778）。換句話說，有人認為

《情操論》和《國富論》的人性觀分屬兩個來源：前者屬於蘇格蘭，後者屬於法國：同感互利說是蘇格蘭的，自利競爭說是法國的，兩者的差距17年。

德國學者注重這件事，認為法國的遊歷改變亞當斯密的人性觀。著名的德國經濟學家卡爾・克尼斯（Karl Knies，1821~1898）認為，「法國之旅與這兩本書之間的差異，不能視為單純的意外」。德國學界顯然是多心了，因為自由主義在蘇格蘭學者之間早有共識，法國的自由主義是亞當斯密精神上的奧援。1759年出版《情操論》時亞當斯密36歲，心智上已經成熟穩定。《國富論》雖然是17年後出版，那是因為他受成名之累雜事過多，加上那本書太厚（超過800

圖 27-2　卡爾・克尼斯

頁）才會拖這麼久。其實他的見解早就定型了，《情操論》與《國富論》是持續性的著作。但是還有許多德國經濟學家，例如知名的盧約・布倫塔諾（Lujo Brentano，1844~1931）在1877年，以及維托・斯卡爾斯基（Witold Skarzynski，1850~1910）在1878年，都堅持這兩本書之間是斷裂的，認為亞當斯密的人性道德論從英國轉向法國。

問：英國學界對德國人的「斷裂說」有什麼看法？

答：1764～1766年亞當斯密在法國遊歷，有位在格拉斯哥大學聽課的學生留下1762～1763年的筆記。18世紀中葉的學術風氣，是學生記下詳細的課堂筆記在書局出版供他人閱讀，也供教授日後修改著作時參考。這些筆記現在收錄於《法學論集》（*Lectures on Jurisprudence*，全集第5冊，1978）。從1762～1763年的筆記可明顯看出，《國富論》的主要見解，尤其是自利說和競爭說，在赴法之前早就形塑了。

舉一段最有名的例子。1762～1763年的筆記裡說，屠夫、釀酒者、麵

包烘焙者，並不是為了我們需要飲食才去做那些事。他們之所以勤奮地在本業上努力，完全是出於自利的動機（賺錢養家活口），而不是出於慈善或利他。這個例子在 17 年後的《國富論》裡再度出現，只有字面上的差別，內容與訊息毫無二致。這個例子再度顯示：1764 ～ 1766 年的法國遊歷是找尋知音之旅，德國學者應該先查證這個眾所周知的例子。

還有兩個類似的證據。第一個是有位學生杜格爾德・史都華，在亞當斯密過世（1790）後發表一篇傳記〈亞當斯密的生平與著作紀錄〉（Account of the Life and Writings of Adam Smith, LL.D.，1794），現收錄在《全集》第 3 冊《哲學論文集》。這篇傳記明確指出，亞當斯密的主要見解在 1752 年或 1753 年就已經呈現了。此時《情操論》尚未出版，離 1764 ～ 1766 的法國遊歷還有十年，所以亞當斯密的自利說、競爭說、自由論都不是受到法國重農學派的影響。用個較強烈的說法，《情操論》的同理心與互利說（道德哲學），和《國富論》的自利說與競爭說（經濟哲學），有可能是在同個時期（1740 年代末到 1750 年代初）同時形塑構思的。

而在亞當斯密過世前不久寫的《情操論》第 6 版序言，明白指出：當初會寫《國富論》，主要是《情操論》初版的書末有一段話沒講完，主旨是「要對法律與政府的一般原理提供解說」。這篇序言顯示，亞當斯密寫這兩本書時在構思上是一貫的。這兩本書之間沒有斷裂，亞當斯密沒有兩個面貌，而是德國的解讀者有兩種眼睛。

至於先前提到維農・史密斯，他在 1998 年那篇文章的摘要說：亞當斯密的這兩本主要著作，是從兩個互斥的主題（一論道德、一論競爭）來探討人性問題。《國富論》談的是自利與不合作（競爭），《情操論》談關注他人的同理心、同情心。這是屬於兩個層面的議題：經濟行為屬於「非人身的市場交換」（impersonal market exchange），社會行為屬於「人身的交換」（personal exchange）。在不合作的市場競爭行為裡，人要從交換行為中追求利益極大。相對地，在人身交換的社會合作行為裡，是以相互性為基礎：互贈禮物、幫助他人、給別人方便。

更直接地說，人性兼具合作與不合作的面向，正如你我同時具有慈善與凶惡的組合，兼具天使與魔鬼的成分。對待鄰人與朋友時我們是慈善的，對

待敗類與敵人時我們是凶惡的。不論行為是善是惡、是交換或競爭或互助，基本人性還是自利的，只是有時會以互助利他的形式出現，有時以自利競爭的形式表達，研究黑猩猩的動物學者也有類似觀察。

國富論更偏自利說

　　學界對這個議題的論點五花八門，有兩個特別的例子。其一是瑪麗亞‧帕加內里（Maria Paganelli），主要見解與過去的理解相反。我們知道《情操論》的主要訴求是互助利他，《國富論》是自利競爭，但她找出相反的證據說：其實「自利」這個觀念在《情操論》裡出現的頻率反而更高。而且在《國富論》裡的自利說，亞當斯密並沒有賦予積極正面的意義，反而是持較批判的態度。因此她認為，這兩本書如果真的有矛盾，那是因為《情操論》要比《國富論》更偏向自利說，證據十足難以駁翻。

　　另一個例子是瑪莎‧努斯包姆（Martha Nussbaum），她發表過一篇類似的翻案文章，主旨是說大家以為《國富論》的內容較冰冷無情，其實亞當斯密在這本書內對同理心的著墨也很深；對物質生活與制度的安排，如何會影響個人的能力也有詳細解說。

　　這些無奇不有的論點，讓人感覺亞當斯密不只有兩個面貌。他到底有幾個面貌？這取決於有多少學者，在多少世紀之間從多少角度來詮釋他。如果亞當斯密棺中復起，恐怕連自己都會聽糊塗了。我們的看法是：「亞當斯密問題」是個無生產性的虛假問題，是個張飛打岳飛的混淆議題，就算能確實解決也沒有多大助益。

參考書目

Montes, Leonidas (2003): "*Das Adam Smith problem*: its origins, the stages of the current debate, and one implication for our understanding of sympathy", *Journal of the History of Economic Thought*, 25(1):63-90.

Nieli, Russell (1986): "Spheres of intimacy and the Adam Smith problem", *Journal of History of Ideas*, 47(4):611-24.

Paganelli, Maria (2008): "The Adam Smith problem in reverse: self-interest in *The Wealth of Nations* and *The Theory of Moral Sentiments*", *History of Political Economy*, 40(2):365-82.

Paganelli, Maria (2011): "The same face of the two Smiths: Adam Smith and Vernon Smith", *Journal of Economic Behavior & Organization*, 78(3):246-55.

Smith, Vernon (1998): "The two faces of Adam Smith", *Southern Economic Journal*, 65(1):2-19.

Smith, Vernon (2010): "What would Adam Smith think?", *Journal of Economic Behavior & Organization*, 73:83-6.

Tribe, Keith (2008): "'Das Adam Smith problem' and the origins of modern Smith scholarship", *History of European Ideas*, 34:514-25.

Witztum, Amos (1998): "A study into Smith's conception of the human character: Das Adam Smith problem revisited", *History of Political Economy*, 30(3):489-513.

28

消費不足說：馬爾薩斯與李嘉圖的爭論

1823 年李嘉圖寫給馬爾薩斯的最後一封信說：「現在，親愛的馬爾薩斯，我的話都說盡了。正如其他的好辯者一樣，在經過這麼多的辯論後，你我皆可保留自己的看法。這些辯論並不會影響我們的情誼；即使你完全同意我的話，我也不見得會更喜歡你。」

馬爾薩斯與李嘉圖是多年好友，個性不同（馬爾薩斯悲觀，李嘉圖樂觀），觀點迴異（馬爾薩斯支持穀物法，李嘉圖反對）。馬爾薩斯對達爾文的進化論和 1930 年代凱因斯的經濟學有深廣影響；李嘉圖對馬克斯、19～20 世紀的抽象演繹分析有長遠影響。這種既是朋友又是論敵，又影響思想流派的例子相當少見。以下整理四項議題各寫一章，希望能發揮「組曲」的效果。

1. 對比馬爾薩斯與李嘉圖的方法論，解說雙方在理解經濟現象時，採取的分析手法與得出的結論。簡要地說，馬爾薩斯傾向傳統的歸納法，從諸多事實中得出共通的法則，據以提出政策。李嘉圖也是要提出有用的建議，但手法完全相反：先從最簡單的基礎，創造出新的概念與工具，逐步推理建構出一套邏輯思維，得出分析上的共通原理。本章以一個他們持久爭辯的主題「有效需求說」（或稱「消費不足說」），來彰顯雙方的差異與特點。

2. 馬爾薩斯對凱因斯有過重要啟發嗎？馬爾薩斯的手法常被批評為較實際、較表面，缺乏李嘉圖式的學理深度；但馬爾薩斯也常批評李嘉圖，為了追求漂亮的邏輯而枉顧現實。現代學者認為李嘉圖的成就較高，但也常忽略一件重要的事：馬爾薩斯的文筆與政治影響力雖然比不上李嘉圖，但他對凱

因斯的影響，以及他對蕭條的政策藥方，遠比一般認知的重要。

3. 是否應該廢除穀物法，這是馬爾薩斯與李嘉圖在具體政策上最大的爭辯。簡要地說，透過關稅保護，不讓廉價穀物進口，糧價因而不合理地高漲。李嘉圖說這會逼迫工資上漲，工商業成本增高減弱國際競爭力。馬爾薩斯的見解完全相反：廉價穀物進口後，工人的實質購買力上升，必然會生養更多子女，只會讓工人階級的人數增加，之外毫無助益。穀物法的好處是讓地主能獲得利益，才有意願在工商界投資，購買設備增加產能、改進品質加強國際競爭力。你贊同哪一邊？較奇特的是：維護地主的馬爾薩斯是個牧師，並無土地私產的利益。而主張打破地主利益的李嘉圖，卻是擁有良田千頃的大地主。他們的政策建議都不是為了自身，而是追求社會的長遠發展。

4. 為什麼 20 世紀的主流經濟學者，對李嘉圖的分析手法相當讚許？他的長久性貢獻何在？有哪些不同的見解與爭論？

有效需求不足說

問：可否先解說有效需求不足說？我一直以為這是凱因斯的創見。

答：先說明時代背景。第一次世界大戰前英國是最發達的國家，也擁有最長期的統計。葛瑞里・克拉克用 800 年間（1209 ～ 2004 年）的數字（見圖 7-2），告訴我們幾項重要訊息：1800 年之前的所得成長非常緩慢，甚至是停滯性的；1800 年之後所得幾乎以 80 度仰角爬升，終於脫離馬爾薩斯陷阱，進入富裕的工業社會。這套 1209 ～ 2004 年的數據有兩項主要來源：(1)英國建築工人的薪資（4.6 萬筆）；(2)物價和房租數字（11 萬筆）。這 15.6 萬筆的數字當然不是每年每月都有，若以每 10 年的平均數字求取 1 個點，然後把這 80 幾個點接起來也能展現長期的趨勢。

克拉克的研究顯示：(1)馬爾薩斯發表《人口論》（1798）時，為什麼筆調那麼悲觀？因為 1798 年建築工人的實質薪資，是 1760 ～ 1860 年間的最低點。(2)為什麼李嘉圖寫作《政治經濟與賦稅原理》（1817）時那麼樂觀，因為正值景氣大幅反彈。如果以 1860 年代的平均所得為 100，1789 年的平均所得約 45，1817 年大增至約 65。(3)馬克思《共產黨宣言》（1848）時平均所得約 80，那為什麼還需要革命呢？因為從 1840 年開始，英國進入

「饑荒的 40 年代」，平均工資從 1836 年的 83 跌到 1840 年的 75，反彈到 1842 年的 85，又跌回 1848 年的 80。這十年間起伏激烈，失業嚴重暴動頻傳。

馬爾薩斯與李嘉圖的切點不同

問：《人口論》的悲觀有史實背景，但馬爾薩斯的《政治經濟學原理》（1820）和李嘉圖的《賦稅原理》（1817）只隔 3 年。當時工人的平均所得一路上升，為什麼馬爾薩斯會悲觀？

答：那是因為 1803 ～ 1815 年間英法打了好幾場仗，稱為拿破崙戰爭（Napoleonic Wars，注意有 s）。這是指拿破崙稱帝統治法國期間（1804 ～ 1815），在歐洲各地與諸多國家的多場戰事。但是 1812 年的侵俄戰役慘敗，1815 年的滑鐵盧之戰又敗給英軍，結束長達 13 年牽扯全歐的大戰爭。馬爾薩斯和李嘉圖爭論的時間點，正值拿破崙戰後的蕭條。1815 ～ 1820 年間的蕭條有幾項特徵：(1)資金不足難以累積投資，用現代的話來說就是 K/L 比值太低（工人可分配到的生產性資金太少），因為有許多資產在戰爭期間被摧毀。(2)資金不足就無法僱用足夠的工人，造成嚴重失業。(3)另一方面，1815 ～ 1816 年間農業大豐收，價格下跌農戶收入降低；對工業部門的需求不足（購買力不足）。馬爾薩斯給當時的症狀開出診斷書：關鍵在於需求不足所造成的過剩。

他的有效需求不足說（或是消費不足說）有一套因果邏輯：從個人的過度儲蓄推論到景氣低迷不振。簡單地說，1815 年戰後因為景氣不佳，失業率高，民間所得低，自然就會節約支出（提高儲蓄率），市場上的可用資金就會不足，無法籌到足夠資金投入生產設備與聘僱工人。法國的尚‧夏爾‧德‧西斯蒙第（Jean Charles de Sismondi，1773~1842）在 1819 年出版的《新政治經濟學原理》也提出類似的概念。

怎麼打破這個惡性循環？最有效的方法就是鼓勵消費，創造有效需求。最有消費能力的是誰？地主和政府。為什麼？因為透過穀物法的關稅保障，在高糧價政策下才會有高地租收入，地主才能把多餘的資金投入生產創造就業。另一方面，地主家庭的貴婦開銷、聘用僕人與園丁，也會增加就業機

會，這就是創造有效需求。政府能做的是積極從事公共工程、造橋修路、興建學校，目的也是創造就業與有效需求。這就是凱因斯對 1930 年代初期大蕭條的處方。

但李嘉圖的看法剛好相反。他認為消費不足說是馬爾薩斯《政治經濟學原理》內最重要但也最難以接受的論點，可以從兩個角度來看。李嘉圖說：「目前我真的覺得有點困難，我不太能清晰地了解馬爾薩斯先生的論說體系。」這個困難點不容易體會，必須先說明雙方思維上的差異，才好解說為什麼不易相互理解。

在實際生活上，李嘉圖是股票金融業出身的富豪，買了許多地成為士紳後，進入國會參與決策，他當然不是個書呆子，而是見多識廣的精明商人。寫作上他是個相當科學性思維的人，習慣從基本的公理（axiom），透過邏輯的演繹建構出一套推理。最明顯的例子，是為了解釋全國的產出如何在三個階級（工人與農民、工商業者、地主）之間分配，他憑空創造出「差額地租」這個不實際但又能「歪打正著」的概念（參見第 8 章）。

換言之，他要看到內在的邏輯推演，才能明白對方的思維。馬爾薩斯的手法是古典學派的類型，敘述很多事實之後得出一些見解，是歸納性的，是論說性的。這種文筆缺乏科學上的優雅與「一般性」（跨越時空），但它訴諸常識與直覺，較能掌握現實感與讀者的情感。換句話說，李嘉圖經濟學走的路線是抽象分析派，馬爾薩斯走的是事實直觀派。分析派為了得到精確的結論，通常要做出不符現實的假設，例如假定其他條件不變。

李嘉圖就像保羅・薩穆爾森、米爾頓・傅利曼、蓋瑞・貝克、保羅・克魯曼（Paul Krugman）等現代獲得諾貝爾獎的美國經濟學家，用右手寫抽象數學推演的論文，左手評論現實議題。馬爾薩斯不會寫抽象推理演繹的論文，只能寫具體議題。有可能是李嘉圖看不上馬爾薩斯的分析手法，也不同意他的見解，就委婉地說「不太能清晰地了解馬爾薩斯先生的論說體系」。

他寫信給馬爾薩斯說：「你認為政治經濟學是在探討國家財富的本質與起源，但我認為政治經濟學應該是用來探討財富創造之後，如何在不同的產業與不同的階級之間分配的法則。……我愈來愈覺得前者（探討財富的本質與起源）是白費力氣與虛幻的，後者（追尋科學性的法則）是科學唯一的真

正目標。」用現代的話來說，會寫數學模型的人輕蔑只用文字的同行，說你們的工作白費力氣又虛幻無用。弱勢的馬爾薩斯堅信，經濟現象是複雜的多面體，無法只用法則、邏輯、演繹來掌握。

另外還有學派間的認知差異。李嘉圖和許多古典學派的人，都接受賽依法則（供給會創造本身的需求），就算某個行業短時期失衡，但不會有全盤性的失衡，因為複雜的經濟體系有自動調整的機制。有沒有可能發生全盤性失衡，或產品過剩或非志願性的失業？馬爾薩斯認為有，因為所得太低造成購買力不足，這是 1803～1815 年戰後蕭條的主因，所以必須有積極的作為，例如刺激有效需求、透過公共工程創造就業。但李嘉圖認為這只是短期的失衡，不必干涉就會自動回復均衡狀態，不必擔心產品過剩。

兩方各有值得參考之處

問：你認為馬爾薩斯的觀點比較有理？

答：雖然沒有提出漂亮的理論與法則，但他是個悲天憫人的牧師，比較會從「人的行為」（例如決定花錢的方式與動機）來觀察現象。相對地，李嘉圖著迷或執著於優雅的法則，比較會「看不見」事實。2011 年日本發生 9 級地震與海嘯，如果身歷其境你會相信：(1)一切都會自動回復均衡，政府不必干預；(2)政府要積極建設公共工程，刺激有效需求才能迅速復甦？很多人會選(2)投馬爾薩斯一票。

兩方因為觀點不同價值觀迥異，幾乎是雞同鴨講。學界很多人則覺得馬爾薩斯的分析不深入，論點平常，跟不上科學的腳步。李嘉圖遵循的賽依法則，到了 1930 年代才被凱因斯的《一般理論》推翻。凱因斯熱情地寫一篇〈馬爾薩斯傳〉，推崇有效需求不足說（消費不足說）。

問：馬爾薩斯如何反駁李嘉圖？

答：他說「某些非常有才華的作者認為，雖然時常可以看到特定商品會有過剩（glut），但不可能會有全盤性的商品過剩。因為依照他們的觀點，（製造）商品一定是用來交換（其他）商品的，……某項產品的超額供給，只是證明其他商品在供給上有缺失，所以全盤性的超額（general excess）是

不可能的。……這種說法及其應用，對我而言是無稽之論，也和供需原理完全違背。」這段話的主旨是在反駁古典學派共同遵守的賽依法則：不會有超額供需，市場終將均衡。

馬爾薩斯從「個人的需求與行為」來觀察市場運作機制，站在微觀的立場認為每種商品都有它的市場特性與管道。相對地，李嘉圖站在宏觀的角度，主張商品的存在就是為了要和其他商品交易，沒有人會在交換不到商品的情況下生產自己的商品。各行各業的商品種類何止千萬種，如果我是製造棉被的工人，我能預知今年應生產多少才不過剩？你怎麼會買到廉價的倒店貨？不就是超額供給？

李嘉圖或許是為了維護模型的優雅，而否認供需失調，畢竟「失衡模型」被學界接受，是凱因斯學說得勢之後的事。在 1820 年代很難處理失衡問題，因為這是破壞科學對稱性、破壞理論簡潔性的討厭鬼。賽依法則是完美的遮羞布，讓供需永遠相等，保障魔術師得到熱烈掌聲的法寶。馬爾薩斯是個不識相的老實人，硬要把潘朵拉的盒子打開，硬說國王的新衣並不好看。他喜歡混亂但較真實的理論，李嘉圖喜歡跨越時空的優美法則。

在馬爾薩斯「真實但醜陋」，和李嘉圖「優美但失真」之間，或許是源自面對自然科學的自卑感，經濟學界選擇了李嘉圖，只有勇敢的凱因斯力挺馬爾薩斯。這項差異也能解釋，為什麼制度學派和歷史學派會興起：他們要用動人的故事，對抗高深優雅但生冷不符實境的模型。

凱因斯曾說，李嘉圖的勝利是百年來經濟學的大災難。他不只同意馬爾薩斯的結論，也贊同他的分析路線，試看以下兩小段凱因斯的話。「經濟學的寫作並不是在做數學證明或寫法律文件，而是要激起或訴諸讀者的直覺。」「經濟學並不是和數學一樣，要在邏輯上寫得密不通風滴水不漏。……最能一般化的理論，通常也最沒有討論價值，……但是如果作者不能提出嚴謹清晰的作品，我也擔心他恐怕無法發表。」

馬爾薩斯和李嘉圖是個好例子，因為他們的思維方式很不相同，如果堅持自己的立場與觀點，對方的論述就變得無法理解甚至可笑。也正因為有這種堅持，才會產生各種學派（古典派、新古典派、馬克思派、奧地利學派、凱因斯學派），也才會有主流和非主流的區隔，這些都是源自路線不同和認

知差異。

　　總結地說，馬爾薩斯和李嘉圖對有效需求不足說的辯論，是雞同鴨講的爭執，不會得出有意義的結論。在複雜的政治經濟現象中，科學的（例如會設計引擎）是否永遠比直覺的（例如會處理車禍）優越，那就未必了。最後引個例子，說明皮耶羅・斯拉法並不同意凱因斯對李嘉圖的偏見，也不同意凱因斯對馬爾薩斯的過度欣賞。1932 年 12 月凱因斯草擬〈馬爾薩斯傳〉時，他請斯拉法提供當時正在編輯中的《李嘉圖全集》，因為其中有一冊是這兩位論敵的通信。斯拉法知道凱因斯對李嘉圖有偏見，而李嘉圖是斯拉法的偶像。斯拉法回信說他很願意在資料上配合，但請凱因斯「不要太惡待我的大衛・李嘉圖」。

參考書目

Clark, Gregory (2005): "The condition of the working class in England, 1209-2004", *Journal of Political Economy*, 113(6):1307-40.

"Effective demand", *Wikipedia*.

"General glut", *Wikipedia*.

Hollander, Samuel (1969): "Malthus and the post-Napoleonic depression", *History of Political Economy*, 1:306-35.

Maclachlan, F. Cameron (1999): "The Ricardo-Malthus debate on underconsumption: a case study in economic conversation", *History of Political Economy*, 31(3):563-74.

"Overproduction", *Wikipedia*.

Sowell, Thomas (1963): "The general glut controversy reconsidered", *Oxford Economic Papers*, 15:193-203.

"Underconsumption", *Wikipedia*.

29

馬爾薩斯對凱因斯的啟發

我們可以明顯看到，馬爾薩斯的研究路線完全失利。李嘉圖的經濟學在過去百年間完全主宰經濟學界，對經濟學的進展其實是一大災難。如果馬爾薩斯（而非李嘉圖）帶動 19 世紀的經濟學，今日的世界應該會更豐富更有智慧。

—— 凱因斯

　　上一章多次提到馬爾薩斯的有效需求說，對凱因斯的《一般理論》有顯著影響，本章進一步解說雙方的相似見解。有人認為他們之間並沒有智慧上的密切連結，我們從多篇文獻得到的綜合印象，傾向於認為有顯著影響。但比較屬於啟發性的，因為凱因斯有許多新概念是馬爾薩斯沒提過的，例如流動性陷阱、工資向下僵固性、乘數效果。在拯救蕭條的具體措施上，雙方共同的藥方是刺激有效需求。整體而言，凱因斯的成就明顯超越馬爾薩斯，尤其是在兩次大戰之間他對經濟決策的影響力，以及對國際金融組織建構的貢獻，是馬爾薩斯無法企及的。

　　有很多論文分析馬克思、馬爾薩斯或亞當斯密對凱因斯的影響。如果問誰對凱因斯的經濟思考最有影響力，應該還是馬爾薩斯，主因是他們有共同的敵人：馬爾薩斯面對 1815 年戰後的英國大蕭條，凱因斯面對 1929 年 10 月紐約股市崩盤後，在美國與世界造成的大恐慌。前者是單國的問題，後者是全球性的問題。換個角度來說，賽依法則（經濟會自動回復均衡）這種古典學派的觀點，已無法解釋大蕭條的成因遑論提出有效對策。馬爾薩斯和凱因斯共同面對的是：產業衰退、失業率嚴重、有效需求不足、市場機能失靈

（供需失調）、投資不足、過度儲蓄、經濟失衡。

反對古典學派的主張

問：聽說凱因斯《一般理論》的首章只有一頁？

答：其實首章就是一段和一個注腳。以下全文譯出，你就明白此書的方向與性質是反對古典學派的均衡觀念（參見第 21 章）。

我這本書取名為《就業、利率與貨幣的一般理論》，重點放在「一般」，目的是要把我的論點與結果，拿來和古典學派的理論相對照。我受的是古典學派教育，百年來這個學派在理論上與政策上都處於主宰地位。我要提出論證，說古典學派的基本論點只能適用在某些特例，不能運用在一般的情況下，因為古典學派所說的，只是均衡下的某個特別狀態。此外，古典學派所主張的這些特殊情況，正好與當前經濟社會的狀況不符。也就是說，如果我們把古典學派的見解，運用來處理眼前的問題，結果必然是誤導的與災難性的。

這段正文有個注腳：

古典學派這個名詞是馬克思發明的，用來指稱李嘉圖與彌爾以及他們的前輩，也就是那些替李嘉圖派的經濟學奠定基礎的人。我認為古典學派也應該包括李嘉圖的跟隨者，他們不但承襲李嘉圖派的經濟學，還把它弄得更加完善。這些人包括（例如）彌爾、馬歇爾、埃奇沃斯和庇古教授。

《一般理論》的首章這麼簡短，就是一項革命宣言：要和古典學派劃清界線，從李嘉圖到凱因斯的師長庇古等人。或許你已注意到，凱因斯沒提馬爾薩斯（李嘉圖的朋友兼論敵）。

凱因斯與馬爾薩斯有很多觀點相同

上一章提過凱因斯寫過一篇傳記，明白顯示對馬爾薩斯的感情。《凱因斯全集》的第十冊是《傳記文集》，內收 39 篇長短不一的文章，最長的是〈馬歇爾傳〉（頁 161~231，71 頁），因為那是凱因斯父親的老師，更是新

古典學派的大將。其次是〈傑方士傳〉（頁 109~160，50 頁），因為他是英國邊際學派的開創者。第三是〈馬爾薩斯傳〉（頁 71~108，38 頁），這是理解他對凱因斯啟發的重要文獻。

學界對於凱因斯受馬爾薩斯的影響已有一些共識：

1. 雙方都主張民間要更積極消費，就算是非生產性的消費，也能刺激需求與供給。

2. 主張政府透過公共工程建設帶動活力，1930 年代美國大蕭條時羅斯福總統就採用過這種手法，效果還真不錯。1980 年代雷根總統在景氣衰退時也這麼做過，但用了一個新名詞「供給面經濟學」（supply-side economics）：一方面透過減稅來降低企業成本與增加僱用就業，另一方面由政府投資公共建設刺激活力。

3. 另一項特徵就是注重短期效果，凱因斯說「長期而言我們都死了」。大意是說蕭條時期生活艱難，如果政策要長期才有效那早就全死光了。古典學派注重長期效果（與均衡），但馬爾薩斯很明白經濟理論不應追求優雅完整，而是要有「活人無數」（立竿見影）的具體措施。哪種政策最具短期功效？當然就是刺激有效需求：增加浪費性或無生產性的消費、公共工程、減稅、創造就業。

4. 凱因斯經濟學內有個概念：儲蓄的矛盾（paradox of thrift）。我們從小的教育都是鼓勵節儉，但在景氣衰退時全面性的節儉，會導致可用資金不足。馬爾薩斯早就有類似見解。

從一些蛛絲馬跡也可以看出馬爾薩斯如何啟發凱因斯，例如：

1. 你在經濟學原理一定讀過凱因斯的「邊際消費傾向」、「邊際儲蓄傾向」、「邊際投資傾向」，這些是一組共同的概念。馬爾薩斯也說過類似的話，但沒提出這麼引人注目的名詞。「當資本增加得太快時，累積資本的動機就會減緩，因而自然會增加消費，減少儲蓄。」同樣地，「當利潤增加時，累積資本的動機就會增強，因而會傾向於花費較少的收益，增加儲蓄。」他認為繁榮時，儲蓄率會高過 GNP 的成長率。雖然字面上未必和凱因斯相同，但精神的相通性很難否認。

2. 還有一點很重要：雙方都鮮明反對賽依法則，反對李嘉圖派的均衡

觀，都認為失衡是常態，均衡反而是異常，衰退、繁榮、蕭條都屬於不均衡狀態。馬爾薩斯批評賽依、李嘉圖、彌爾，說這些人都犯了「一個非常嚴重的錯誤，因為他們都假設『資本累積就會保證有需求』（意思是說：供給資本就會自動創造出需求），也錯誤地認為勞動者的儲蓄，會創造出對商品的有效需求，因而會鼓勵廠商繼續生產。」他的意思是：古典學派的錯誤認知，是儲蓄會自動轉換成有效需求；儲蓄是一件事，肯拿出儲蓄購買東西是另一件事。換句話說，有購買力並不等於有購買意願，要掏錢買才算數。

3. 古典學派認為貨幣是中立性的、是一層面紗，因為貨幣供給額增加十倍，物價也會上漲十倍，所以貨幣只是交易的媒介與經濟的潤滑劑，對國民生產額無實質效果。馬爾薩斯的觀點不同，他認為貨幣有購買力（你沒看錯，這是他的用語）。直接摘述他的論點：「政治經濟學理論的作者，通常害怕賦予貨幣過高的重要性。……大家真正要的是商品，而非貨幣，……但這種會流通的中介（貨幣），對儲蓄而言也是絕對的必要，工商業者如果用實物而非貨幣來支付工資，生產必然會變得緩慢，……如果沒有貨幣，農人和工匠在銷售產品時也會立刻受阻。這種流通性的中介在分配財富時、在鼓勵工商業時，都有非常重要的功能。如果把貨幣的角色放置一旁，那必然會誤導我們的推理（經濟思維）。」

同樣地，凱因斯對貨幣的態度也和古典學派迥異，他寫過《貨幣論》（*A Treatise on Money*，1930），把貨幣和生產理論結合在一起，但這是另一個大議題。在此只是要指出雙方的觀點有個共通性：貨幣不是面紗，更非中立性的，而是生產體系中的重要環節。

我們的重點是：

1. 在古典學派中，馬爾薩斯是個相當獨特的人物。在李嘉圖經濟學（抽象分析、法則化、演繹手法）稱霸的一百多年間，馬爾薩斯被忽視了。

2. 從凱因斯的著作中，我們明顯看到馬爾薩斯的影響力，反而看不到李嘉圖的影子。主因是他們面對共同的敵人：大蕭條、大恐慌、景氣低迷、高失業率。他們處於悲觀的時代，共同感覺到古典學派的理論幫不上忙，感嘆經濟學是一門喪氣的科學（dismal science）。

3. 馬爾薩斯較不幸運，因為 1840 年之後英國的景氣好轉（維多利亞女

王時期的繁榮），他的見解就被忽視了。凱因斯較幸運，因為 1930 年代的大蕭條是全球性的，他的有效需求說、赤字支出說、公共工程建設說，被美國羅斯福總統採用成為新政的靈藥，雄霸世界至今不衰。

4. 凱因斯的新創見很多，例如乘數原理、加速原理、IS-LM 曲線、流動性偏好、流動性陷阱、失業狀態下的均衡、儲蓄的矛盾、總合需求。

前面提過〈馬爾薩斯傳〉，大半篇幅是在解說有效需求、儲蓄、投資、市場過剩這幾項觀念，這些都是對凱因斯最有啟發的部分。能有這幾項重大影響，其實就很了不起了。相對地，他對馬爾薩斯的生平與《人口論》著墨不多，因為較缺概念深度。

問：凱因斯對馬爾薩斯只講好話嗎？不可能沒批評吧！

答：有兩點批評：

1. 凱因斯那本名著的全稱是《就業、利率與貨幣的一般理論》，馬爾薩斯分析過就業和貨幣問題，凱因斯說他完全忽視利率這個重要面向。這是事實，但也不公平，因為 1815 年戰後的金融市場尚未健全，利率的影響深度與廣度，以及央行的公開操作效果，遠遠比不上 1930 年代。

2. 馬爾薩斯的有效需求說，只是概念性地提出，沒有具體說明和就業、貨幣、利潤、儲蓄、投資諸多議題之間的關聯與運作機制，很容易被當時的讀者忽視。反過來看，馬爾薩斯不就是做了又高又漂亮的好球，讓凱因斯在百多年後大顯身手？

學界的爭論

問：學界都同意馬爾薩斯對凱因斯有明顯的影響嗎？

答：其實也未必，柯瑞（Corry）1959 年發表的文章是個好例子。這篇文章刊在皇家經濟學會的《經濟期刊》，凱因斯當過主編（1911~1946），絕非戲作。這篇 8 頁短文的基本論點是：

1. 從理論架構上來看，《一般理論》幾乎和馬爾薩斯不相干，凱因斯有自己的原創觀念與思維。

2. 凱因斯說李嘉圖經濟學百年來的勝利，對經濟學界是一場災難，柯瑞

也不同意。

3. 從經濟理論創新的角度來看，馬爾薩斯不是凱因斯的前導者，實情是凱因斯對馬爾薩斯過譽了。總之，馬爾薩斯對凱因斯的理論並無多大助益。凱因斯的學生羅伊‧哈洛德有本《凱因斯傳》（1951），柯瑞引用此書的頁460：「我無法相信馬爾薩斯這位了不起的人口理論學者，對經濟學會有多高價值的貢獻，因為他的分析總是攪亂成一團。」

柯瑞認為，凱因斯的一大特色就是儲蓄未必等於投資（S ≠ I），而馬爾薩斯對這個問題的觀點，完全屬於古典學派（S = I）。柯瑞引用許多馬爾薩斯的原文來支持此點。

他知道馬爾薩斯的重要貢獻是指出市場過剩，也就是生產過剩，原因在於消費不足與有效需求不足。解決之道在提高非生產性的消費，以及政府帶頭做公共工程建設，增加就業機會提升購買力。柯瑞也明白，李嘉圖認為市場過剩這個觀點「不符實情」，因為李嘉圖相信賽依法則的均衡說。

馬爾薩斯的政策是自由放任式的古典學派（政府極小化），而凱因斯主張政府大有為，採取赤字支出政策、積極做公共工程。馬爾薩斯確實說過：「我們最好跟隨亞當斯密遺留的偉大政治經濟原理，除了少數幾項特例（如國防、教育、司法、貨幣），最好讓每個人在法律規定之下，追求自己的利益。」我想反問柯瑞：就算馬爾薩斯基本上有自由放任的思維，但在 1815 年戰後大蕭條期間，自由放任能解決市場過剩與有效需求的困境？如果他此時主張政府大有為，也算是特殊時期的特例吧！這正好和凱因斯的想法相符，怎麼會是雙方的大差異？

很多學者反駁柯瑞的文章，像是拉塞福（Rutherford）1987 年在《牛津經濟論文》（*Oxford Economic Papers*）期刊上辯駁，說柯瑞和熊彼德這些人的觀點值得商榷。他認為馬爾薩斯對凱因斯有顯著的啟發，否則為什麼要寫 38 頁的〈馬爾薩斯傳〉？拉塞福先列舉負面的文獻與見解，說這些否認馬爾薩斯的學者，是先入為主接受凱因斯的成熟版（也就是先了解愛因斯坦的相對論），當然就會輕視馬爾薩斯（牛頓）的貢獻與啟發。換句話說，接受《一般理論》之後，馬爾薩斯的《政治經濟學原理》必然顯得幼稚單純。

薩謬爾‧何蘭德（Samuel Hollander）1969 年發表長文，從史實與理論

兩個角度同時考慮，得出具體的結論：相反地，馬爾薩斯的論點和凱因斯的分析並無歧異。史蒂芬・凱茲（Steven Kates）1994 年發表的論文標題更是直接：〈《一般理論》的馬爾薩斯根源：凱因斯如何寫一本關於賽依法則與有效需求的書〉（The Malthusian origins of the *General Theory*: or how Keynes came to write a book about Say's law and effective demand）。

參考書目

Corry, B.A. (1959): "Malthus and Keynes: a reconsideration", *Economic Journal*, 69(276):717-24.

Hollander, Samuel (1969): "Malthus and the post-Napoleonic depression", *History of Political Economy*, 1:306-35.

Kates, Steven (1994): "The Malthusian origins of the *General Theory*: or how Keynes came to write a book about Say's law and effective demand", *History of Economics Review*, 21:10-20.

Keynes, John Maynard (1933): "Thomas Robert Malthus", in *The Collected Writings of John Maynard Keynes*, volume 10 *Essays in Biography*, 1971, pp. 71-108.

Keynes, John Maynard (1936): *The General Theory of Employment, Interest and Money*, volume 7 of *The Collected Writings of John Maynard Keynes*, Cambridge University Press.

O'Leary, James (1942): "Malthus and Keynes", *Journal of Political Economy*, 50(6):901-19.

Rutherford, R.P. (1987): "Malthus and Keynes", *Oxford Economic Papers*, 39:175-89.

30

廢除穀物法：馬爾薩斯與李嘉圖的爭論

英法拿破崙戰爭（1803～1815）結束後，有過一場是否應該廢除穀物法的激烈爭辯。大家都知道，馬爾薩斯主張保護農業，他是唯一替穀物法辯護的重要經濟學家，因而一直被視為異類。本文研究發現，其實他早在 1824 年就撤回支持穀物法的主張。這項發現也佐證，他當初之所以會支持保護主義，並不是為了要維護地主階級的利益，而是從國家的利益著眼。

—— 薩謬爾·何蘭德

李嘉圖著作中的主要結論是說，如果有更開明的經濟政策，英國的利潤與新資本的累積率應該可以更好。也就是說，他相信穀物法是為了要維護地主階級，而犧牲相當大的國民利益。然而我認為，即使穀物法沒有廢除，英國還是會有一長段的經濟成長。

—— 塔克（Tucker）

　　何謂穀物？這是基本糧食的代名詞，在亞洲就是米，在南美是玉米，在英國是指大麥、小麥、燕麥。穀物法的主旨是透過高關稅壁壘，讓英國與愛爾蘭免於外國廉價的穀物競爭。穀物法是個代名詞，國會的正式條文是 Importation Act 1815，1846 年廢除，共約施行 32 年。穀物法的通過，是英國重商主義的重要特徵；它的廢除，是邁向自由貿易的里程碑。為什麼會引起這麼大的爭辯？牽扯這麼多政界、工商界、學界重要人物的爭執？主因很簡單：地主希望透過關稅保護維持高糧價；工商界希望國外廉價糧食自由進

口，降低工資與原料成本；政界就是雙方角力的場所；經濟學界也分成兩大陣營各自析論利弊得失。本章的重點是馬爾薩斯和李嘉圖在這場大爭辯中的論點與邏輯。

爭論的前因後果

問：能否解說這項大爭辯的遠近因素，以及此事的結果和影響。

答：1813 年下議院的委員會建議排除國外種植的穀物（也就是禁止進口），直到國內種植的穀物（指小麥），每 quarter（＝ 8 bushels ＝ 291 公升）的價格，達到 4 英鎊（＝ 80 先令，2010 年的幣值約 202.25 英鎊），才再度開放進口。馬爾薩斯認為 4 鎊是合理價格，主要論點是：(1)如果長期倚賴外國廉價穀物，勞動階級的工資會下降，那是因為勞動者領的是「生存工資」。如果糧價下跌，資本家就會支付更低的薪資。(2)穀物下跌後農業部門（農民與地主）收入大減，當時農業占 GDP 比重高，對經濟打擊大。(3)地主所得減少後無餘力投資工商業，產品的數量與品質很快就被外國超越。

李嘉圖的見解正好相反：(1)開放國外廉價穀物進口，可以降低工資，減少製造業成本，增強貨品的國際競爭力。(2)廢除穀物法等於宣示自由貿易，讓廉價原料進口。透過英國的先進技術與優越的生產效率，能從國際貿易獲得更多利益。這兩種相反見解，代表贊成與反對穀物法的基本論點。

英法戰爭（1803 ～ 1815）結束前夕，一方面風調雨順穀物豐收，二方面是預期和平即將到臨，穀價在 1814 年明顯下跌。當時保守的托瑞（Tory）派政府，在利物浦伯爵（Lord Liverpool，1770~1828）帶領下 1815年通過穀物法，立即引發贊成者與反對者尖銳對立，但無具體結果。

此事拖延到 1820 年，有位經濟學家湯瑪斯・圖克（Thomas Tooke，1774~1858），為商界寫一份陳情書（Merchant's Petition），要求下議院廢止關稅保護實行自由貿易。當時的主政者仍是利物浦伯爵，他贊同自由貿易，但在當前的複雜限制下不易廢除保護條例。他也相信英國的經濟優勢，在保護體系下仍能持續成長。翌年貿易局的領導威廉・赫茲金森（William Huskisson）提出報告，要求恢復 1815 年之前「實質上自由」的貿易。

下議院在多重壓力下，1822 年通過進口法案（Importation Act 1822），

規定國內種植的穀價達到每 quarter 80 先令（＝4 鎊）時，就可以進口穀物；但穀價低到 70 先令（＝3 鎊 10 先令）就禁止進口。這項法案 1822 年通過後到 1828 年之間，穀價從未漲到 80 先令，表示這 6 年間沒有進口穀物。1827年地主階級聯合起來反對 1822 年的法案，翌年通過新的穀物進口法案：當國內穀價低於 52 先令時，進口的穀物課稅 34 先令 8 便士；當穀價高到 73先令時，關稅就降到 1 先令。也就是說，若穀價在 52 與 73 先令之間，關稅就在 34 先令與 1 先令之間浮動。

廢除穀物法的政治角力

問：英國政治的特點是政黨輪替，難道保守的托瑞政府能長期執政？

答：1830 ～ 1841 年間是自由派的輝格（Whig）主政，仍傾向於不廢除穀物法。輝格派日後的首相查爾斯・佩勒姆・維利爾斯（Charles Pelham Villiers，1802~1898），1837 ～ 1845 年間在下議院提出 9 次廢除法案但都未成功。其中阻力最大的是 1842 年那次，反對票高達 303 票，1845 年反對票降到 132 票。保守派的首相羅伯特・皮爾爵士（Sir Robert Peel，1788~1850）1841 年上任，1845 年宣稱傾向廢止穀物法但卻投了反對票，翌年他才投贊成票通過廢止穀物法。

穀物法的廢止有兩大功臣。⑴前述的自由派首相維利爾斯，1838 年他在工業城曼徹斯特對 5,000 名工人大會演說，宣揚反對穀物法的立場與主張。1840 年他領導進口稅委員會（Committee on Import Duties），出版一本冊子檢討穀物法的影響。⑵1836 年倫敦成立一個反穀物法聯盟（Anti-Corn Law League），但民間支持度不高。1836 年在曼徹斯特也成立一個同名的聯盟，與維利爾斯密切結合，把那本小冊子翻印好幾萬本，在主要的報章刊登，甚至還在美國翻印。

1815 年通過穀物法後到 1840 年正好 25 年，反對聲浪已難以抵擋。保守黨的羅伯特・皮爾 1841 年擔任首相，他宣稱研究過亞當斯密、大衛・休謨和李嘉圖的著作。但 1837 ～ 1845 年間他仍投票反對廢止，只願在稅率上稍讓步：穀價跌到 51 先令以下時最高關稅為 20 先令（相對於 1828 年的 34先令 8 便士）。

問：英國在 1840 年代是「飢餓的 40 年代」（the hungry '40s），在缺糧的狀態下還能禁止國外廉價穀物？

答：馬克思和恩格斯 1848 年出版的《共產黨宣言》，背景就是這個時期：民不聊生、政治不合理。馬克思對穀物法一直有強烈意見，廢除穀物法已經起動，需要工人運動支持。廢除穀物法的目的不只要得到兩倍的「大麵包」（a Big Loaf），也要通過十小時工作法案（每日工時減到十小時）。社會主義者和工人階級結合起來，和「反對穀物法聯盟」結合，得到知識份子與作家的支持。他們的共同訴求是開放穀物進口提高工人購買力。英國《經濟學人》週刊（The Economist）內容多元，文章品質優良，可讀性高。這個刊物創辦於 1843 年，正值廢除運動的高點，「反對穀物法聯盟」就是《經濟學人》的主要支持者。

廢除運動高漲時，護衛穀物法的里奇蒙公爵（Duke of Richmond）在 1844 年創立「中央農業保護協會」（Central Agricultural Protection Society，CAPS），和反對勢力抗衡。CAPS 能成立有一項外在因素：1844 年農業豐收。但好景不常翌年農業歉收，愛爾蘭馬鈴薯受到枯萎病害，造成英國缺糧、愛爾蘭饑荒。在危急存亡的壓力下，1845 年 12 月 4 日政府在《泰晤士報》（The Times）上宣告，1846 年元月召開國會廢止穀物法。這項決定導致皮爾首相辭職，維多利亞女王找羅素（Russell）另組政府，但此事未成皮爾回任首相。

1846 年元月 27 日皮爾發表 3 小時演說，宣稱穀物法將在 3 年後（1849 年 2 月 1 日）廢止，關稅在這 3 年間會逐步調降，低到每 quarter 只課 1 先令。反對廢法者堅稱，廢除後必將使傳統地主的社會與政治勢力消退，被日益茁壯的工商階級取代。皮爾在多重壓力下提出廢除法案（Bill of Repeal），此法案也稱為 1846 年進口法案（Importation Act 1846）。1846 年 5 月 15 日這項法案三讀時，贊成廢止的票數是 327 票，反對票有 229 票，大勝 98 票。這是下議院的投票結果，還需上議院（House of Lords）通過。此事在 6 月 25 日完成，長達 32 年（1815 ～ 1846）的穀物法宣告結束。

問：廢除後果真糧價大跌？

答：從長期趨勢來看，1850 ～ 1870 年間的平均穀價是 52 先令，因素很多。(1)從國外運糧的輪船費用便宜化，鐵路發達後港口到內陸的運送成本大幅下跌。(2)北美的農業生產機械化，糧產大增價格低廉，遠程渡海後仍有利潤。(3)俄羅斯的農業生產集體化，工資便宜產量豐富大量湧入英國。

國際糧價大跌，各國紛紛以關稅壁壘（穀物法）保護本國農業，只有英國和比利時反其道而行（廢止穀物法）。19 世紀中葉後英國經濟大幅成長，人口大增物價激漲，但 1877 年的平均穀價每 quarter 只有 56 先令 9 便士，到 19 世紀末都未超過 66 先令，這是自由貿易之功。試舉幾個特例：1878年跌到 46 令 5 便士，1885 年的穀物種植面積減少 100 萬英畝（約 4,000 平方公里），降幅約 28.5%。1886 年的穀價跌到 31 先令。

反過來說，英國對進口穀物的依存度，從 1830 年代的 2% 激增到 1860年代的 24%，1880 年代約 45%（近半靠進口）。從農業人口的角度來看，1871 ～ 1891 年間減少 9.22 萬人，城市勞動人口增加 5.34 萬人，表示許多農民被迫轉入工商業部門就業，成為新興的勞動階級。從開闊健康的鄉村，進入擁擠汙濁的都市，流離失所或被迫接受低工資與惡劣工作環境。9.22 萬農民轉入工業部門後，農村勞動力吃緊造成工資上漲，農業部門失去穀物法的保護，優勢一去不返。

保護主義 vs. 自由貿易

問：李嘉圖是 1823 年去世，馬爾薩斯是 1834 年過世，離 1846 年的廢除法案間隔 23 年或 12 年，他們對穀物法的廢除有直接影響？

答：沒有，但他們的見解是正反雙方最典型的代表，所以有必要理解。從理論的角度來說，李嘉圖派的論點認為隨著工業革命的進展，人口與資本累積日益增高，各行各業的利潤率愈來愈低。那是因為隨著肥沃耕地的耗竭，農業部門會去耕作愈來愈貧瘠的土地。同樣的道理，工商業愈來愈競爭，產品日益多樣化與平民化，過去的超額利潤日益減少。

用今日的術語來說，這是報酬遞減的觀點，因為 19 世紀初期還沒有大量的技術創新，學界與產業界看不到報酬遞增的可能性。在這樣的視野下，

如果施行高關稅壁壘，必然使工人的實質購買力下降（因為糧價太高）。工商業的工資和原料成本太高，結果就是英國的產品價格會遠高於穀價低廉的國家。接下來的惡果是：(1)失去國際競爭力、產品滯銷、工商業蕭條、失業率爬升。(2)16～18世紀重商主義時期從國際貿易辛苦賺來外匯，會倒流出去購買外國的廉價產品。(3)所以穀物法基本上是在維護地主的短期利益，長期而言是一種「自己打敗自己」的錯誤政策。

馬爾薩斯派的見解正好相反：

1. 19世紀初期的英國還是以農業為本，農業部門的人口與產出是經濟重心，如果讓廉價穀物自由流入，農業部門必然受到嚴重打擊：農產品價格低落、農民收益大跌、地主收入劇減。

2. 工商業部門尚在成長，資金來源仰賴農業部門提供。如果農業被打垮，工商業的資金從何而來？

3. 農村部門破壞後地主與貴族的優勢消失，國會的上議院、社會的階層制度、傳統價值觀、社會秩序都會破壞。

以今日的見解，我們對李嘉圖派的論點較能接受：

1. 19世紀初期已逐漸進入產業革命，英國的前途維繫在產業部門的發展，高穀價政策必然有害產業成長。

2. 廢除穀物法後工商業的成本下降利潤自然提升，工商業發展後會累積所需的資金，不必仰賴地主階級投資。

3. 農業部門萎縮後，釋放出來的勞動力進入棉紡業或工商界，帶動產能提升。

4. 在高關稅保護下農產品價格過高，會鼓勵農民耕作不夠肥沃或甚至貧瘠的土地。換言之，高穀價會導致全國的資源配置不效率：把有限的人力物力，投在生產力極差的劣質耕地上。

5. 實行穀物法必然引起各國報復，用高關稅壁壘阻擋英國產品。穀物法廢除後，各國的原料、產品、人力自由流通互易有無，物價低廉，貨品豐富，互助合作，共同成長，何必把國門關上損己不利人？

這些道理誰都明白，但國會勢力掌握在貴族與地主手中。在既得利益的考量下不易短期內廢除，穀物法就成為保護主義 vs. 自由貿易的代名詞。穀

物法的廢止不單是經濟的考慮，政治面與社會面也扮演重要角色，主要是擔心若不廢除有可能引發暴動性的革命，例如愛爾蘭在 1845～1849 年間發生大饑荒。

問：從思想面來說，大家都認定馬爾薩斯贊成穀物法。本章開頭引用薩謬爾·何蘭德的論點，說馬爾薩斯的立場後來已轉為支持自由貿易，只是還沒來得及修正著作出版，難道後世學者沒意識這項轉變？

答：大部分人認為馬爾薩斯主張或同情穀物法，是在維護地主階級的利益。他偏向農業部門的原因很簡單：農業部門占 GDP 的比重最高、僱用人數最多、土地的總價值是全國財富的首位。基於這三個基本事實，他認為穀物法可以保護農業的利益（也就是國家的利益）：保障高糧價，地主才會去開發更多的耕地，促進農業產出，增加地租收入。高糧價可以刺激農業部門更繁榮，這是累積「可投資資金」最有效的方法與管道。馬爾薩斯是個農業保護論者，但基本目的是要讓經濟成長。

1824 年他在《評論季刊》（*Quarterly Review*）發表一篇長文（頁 287~334），名稱有點奇怪，叫做〈政治經濟〉（Political Economy）。新近發現的三封信函，日期是 1829 年 3 月 31 日、1832 年 3 月 6 日、1833 年 1 月 22 日。這三項文獻透露三項重要訊息：(1)馬爾薩斯意識到工商業的出口利益，是經濟成長更重要的來源。(2)理解到自由貿易（廢止關稅保護），對工商業的擴展有明顯助益。(3)自由貿易後工商業收益的增加，可以彌補開放農產品進口的損失。

他的觀點之所以會轉變，是因為 1803～1815 年間的英法戰爭對雙方經濟都有重大打擊。為了加速復甦避免國民生活貧困化，他理解到(1)開放市場打通國際管道，一方面可以吸引國外糧食與物資流入，二方面貿易也能使工商業繁榮，增加勞工需求減少失業。(2)透過國際互通有無，可以解決內需不足（產品過剩），這是促進成長的有效需求。(3)他支持穀物法的基本動機，也是考量國家的利益。既然自由貿易能帶來更大的利益，就沒必要堅守穀物法。(4)工商業發達後也能快速累積資金，不必仰賴地主階級的財富與儲蓄。

1832 年 3 月 6 日馬爾薩斯寫信給湯瑪斯‧查爾摩斯（Thomas Chalmers）說：「我十分贊同那些廢除穀物法的優點。」1833 年元月 22 寫給珍‧馬希特（Jane Marcet）的信中，再次表示同意廢除穀物法，還加上兩句話贊同自由貿易：「我贊同鼓勵對外貿易……移除各種限制。」整體而言，誠實公正的馬爾薩斯是以國家利益為重，階級利益其次，個人利益最末。到了 1840 年代，自由貿易已成為不可抗拒的潮流，他的轉變是時代意義大於個人立場。

參考書目

請參閱 Schonhardt-Bailey (1997, 2006) 和 Barnes (1938)，有好的史料和解說。與穀物法相關的文獻龐雜，以下是較新近的文獻，許多精采過程無法在此詳述。

Barnes, Donald (1930): *A History of English Corn Laws from 1666 to 1846*, London: Routledge (reprinted 2006).

"Corn Laws", *Wikipedia*.

Dorfman, Robert (1989): "Thomas Robert Malthus and David Ricardo", *Journal of Economic Perspectives*, 3(3):153-64.

Hollander, Samuel (1977): "Ricardo and the Corn Laws: a revision", *History of Political Economy*, 9(1):1-47.

Hollander, Samuel (1992): "Malthus's abandonment of agricultural protectionism: a discovery in the history of economic thought", *American Economic Review*, 82(3):650-9.

Kadish, Alon (1996) ed.: *The Corn Laws: the Formation of Popular Economics in Britain*, London: William Pickering, 6 volumes.

Malthus, Thomas (1815): "The grounds of an opinion on the policy of restricting the importation of foreign corn", in Schonhardt-Bailey (1997) ed., volume 1, pp. 55-74.

Ricardo, David (1815): "An essay on the influence of a low price of corn on the profits of stock", in Schonhardt-Bailey (1997) ed., volume 1, pp. 87-100.

Ricardo, David (1822): "On protection in agriculture", in Schonhardt-Bailey (1997) ed., volume 1, pp. 128-58.

Schonhardt-Bailey, Cheryl (1997) ed.: *The Rise of Free Trade*, London: Routledge, 4 volumes.

Schonhardt-Bailey, Cheryl (2006): *From the Corn Laws to Free Trade: Interests, Ideas, and Institutions in Historical Perspective*, Cambridge: The MIT Press.

van Dijck, Maarten and Tom Truyts (2011): "Ideas, interests, and politics in the case of Belgian Corn Laws repeal, 1834-1873", *Journal of Economic History*, 71(1):185-210.

31

李嘉圖對經濟分析的貢獻：分歧見解

> 李嘉圖是個安詳寧靜的人，他的同事和對手來自不同圈子：證券業、剛萌芽的政治經濟學界、國會議員。他們都喜愛也尊崇他的智慧與個性。例如他和馬爾薩斯，在宗教上與經濟上都有相當不同的見解與立場，但又能維持長久的情誼，也能有風度地交換歧見。
>
> —— 肯尼斯・阿羅

　　凱因斯曾說李嘉圖分析方法的勝利，對經濟學百年來的進步是一大災難，原因如下。李嘉圖的邏輯推理演繹，一方面注重內在的模型嚴謹，與追求科學性的法則；二方面遵循賽依法則，認為短暫的失衡終必將自動回復均衡；三方面遵循古典學派的見解，認為貨幣只是交易的媒介，是中立性的面紗，對成長沒有實質意義。有這三項特色的李嘉圖經濟學，對 1930 年代初期的大蕭條提不出明確有效的對策，反而不如馬爾薩斯的直觀現實推論。

　　凱因斯對「有效需求說」、「政府積極推動公共建設」深感觸動，1933年熱情洋溢地寫了〈馬爾薩斯傳〉，把有效需求說衍伸成《一般理論》的第3 章。此書的第 1 章是 1 頁的革命宣言，第 2 章是〈對古典學派基本命題的批判〉（20 頁），第 3 章就是〈有效需求原理〉（12 頁），這也是全書主體的首章。從書末索引查「馬爾薩斯」、「有效需求」、「消費不足」，就可以感受到馬爾薩斯在這本名著內的地位。

　　大蕭條的地震海嘯平靜後，學界並不覺得馬爾薩斯的分析能力有那麼好，缺乏引申擴展的空間。馬爾薩斯是急診室的特效藥，平常不起眼的在危急時竟然立了大功。恢復常態後，小兵還是得回到原來的位階，李嘉圖又重

回主流至今不衰。

《李嘉圖全集》的出版

問：凱因斯對李嘉圖的評價那麼負面，為何在皇家經濟學會擔任祕書或會長任內，他還邀請義大利人皮耶羅‧斯拉法主編《李嘉圖全集》？

答：這套十冊全集的編輯時間很長，1946 年凱因斯去世後才在 1951 ～ 1973 年間逐冊問世。其中最耗時的是第 11 冊總索引（至少用了好幾年），因為斯拉法想做的不只是名詞與人名，而是概念與內容的索引，那就不只是從字面判斷，必須掌握內在的脈絡才有可能。

1926 年斯拉法在凱因斯主編的《經濟期刊》發表報酬遞增的重要論文，之後就一直待在劍橋大學經濟系，與凱因斯的團體有長期密切交流。凱因斯深知李嘉圖是斯拉法的英雄，就委請他編輯《全集》。凱因斯透過皇家經濟學會重編主要經濟學家的全集，包括馬歇爾《經濟學》的集注版（2 大冊），甚至日後的《凱因斯全集》（含索引共 30 冊）也是屬於這個傳統系列。凱因斯對古典學派與李嘉圖的批評，隨著大蕭條之後的重新洗牌而消散，《李嘉圖全集》出版後再度吸引學界的注意。

李嘉圖有很多重要議題被後世學者重新理解與詮釋，至少有四位諾貝爾獎得主寫過相關的論文：史蒂格勒（1982 年得獎）寫過好幾篇相關論文。1959 年薩穆爾森（1970 年得獎）發表一篇 50 頁的長文，運用戰後的新分析工具（數學與圖形）重述李嘉圖的主要見解。薩穆爾森在 1959 ～ 1989 年間至少寫過 5 篇分析李嘉圖的論文。約翰‧希克斯（1972 年得獎）1977 年用現代概念重述李嘉圖的工資理論。肯尼斯‧阿羅（1972 年得獎）1991 年發表 8 頁短文批評李嘉圖的分析，引發不同的迴響。其他各國的理論學者和思想史家，也發表不計其數的論文與專書。在此僅挑幾條路線簡要說明：

1. 關稅保護主義與自由貿易論，最具代表性的議題就是穀物法是否應該廢除，上一章已經說明。

2. 比較利益法則。

3. 李嘉圖的「對等定理」：如果政府需要籌款打仗或建設，請問應該增稅或發行公債？政府不必償還稅款，但民怨必高甚至造反；民眾可以購買公

債，但政府日後的財政負擔必重。李嘉圖說課稅和公債的財政效果相同（對等），你同意嗎？（參見第 8 章末的注解）

4. 斯拉法根據李嘉圖的學說，1960 年發表一本百頁不到的怪書《透過商品生產商品》。薩穆爾森非常稱讚，說這是斯拉法派的經濟學。跟隨著斯拉法這條路線發展出一派新李嘉圖經濟學（neo-Ricardian），再度激發許多文獻。

我們得到一個印象：從科學分析的角度來說，如果馬爾薩斯在過去 150 年間成為主流，恐怕才是經濟學的大災難。凱因斯有所偏誤。

李嘉圖的罪惡

李嘉圖的分析側重抽象演繹，目的是追求邏輯上的嚴謹與科學性的法則，凱因斯批評這種分析優雅但不實用。熊彼德的《經濟分析史》對這種邏輯嚴謹，但未必是好理論的現象，稱為「李嘉圖的罪惡」（Ricardian vice），因為在他的系統之外「就沒有多大意義，也不值得探討」。

換句話說，李嘉圖和現代的新古典學派著重抽象分析與數學模型。這些分析必須建立在不真實的假設上，這些抽象優雅的理論通常無實際用處。用熊彼德的話來說：「這是卓越的理論，永遠無法駁斥，除了意義之外，什麼都不缺（也就是說完全沒有意義）。用這類手法所得出的結果，來解決實際問題者，可稱為李嘉圖的罪惡。」

這個名詞還有另一種解釋：在抽象模型裡真正能操作的只有少數變數，必須假設其他變數都不會變動。要從這種抽象、簡化、遵循數理邏輯的模型，推論出具體的政策結論，必然是危險的事。現今學界熱烈擁抱這項「罪惡」，視為常態與必要，主要期刊的論文都屬於這個類型。熊彼德眼中的李嘉圖罪惡，當今已成為一種「遵循的德行」（virtue）。李嘉圖是近代經濟分析之父，在數理模型當道的今日凱因斯和熊彼德的判斷都偏誤了。

問：李嘉圖只用文字描述，沒有數學也沒有今日意義的模型，但他的思維推理方式和數理學派相通，所以他的分析手法至今仍是主流？

答：就像所有的思想家，身後的評價會隨著時代的潮流起伏。李嘉

圖逝後也有人批評他對人口問題的見解，塞謬爾·貝利（Samuel Bailey，1791~1870，英國哲學家與作家）不太欣賞他的邏輯推理。古典學派的末代傳人彌爾，一方面視他為無上權威，但也想推翻他的見解，要把分析帶向新古典學派。馬克思推崇李嘉圖，自己卻發展出截然不同的學派。新古典派初期的大將傑方士說：「李嘉圖是個有才華的人但方向錯誤，把經濟學帶入錯

圖 31-1　肯尼斯·阿羅

誤的路線。」這類的批評多得很，肯尼斯·阿羅那篇 8 頁短文的前 4 頁，對歷代諸家如何評價李嘉圖做了不少摘要。

　　阿羅用現代的概念與分析工具，把李嘉圖的雛型見解改寫成成熟版。這種手法像是借屍還魂，把自己的意念用李嘉圖的名義表達出來。若李嘉圖從棺中復起，恐怕無法相信自己的見解能改寫成驚人的數理模型。阿羅先說自己對思想史沒有研究，但從理論的角度來看李嘉圖的分析有幾項重大缺點。

　　1.《國富論》分析財富的本質與起源（注重經濟成長），李嘉圖的分析著重財富在階級之間的分配（注重如何分配成長的果實），但忽略一個重要面向：國家的資源應如何配置才會更有效率。資源包括勞動、資金、土地，這三項之間有複雜的連鎖關係。如何有效運用這些資源來追求成長，要比如何分配所得重要多了。

　　2. 李嘉圖的價值論基本上還是勞動價值論，缺乏供給與需求的面向，也就是完全沒有最基本的分析工具，甚至連價格和數量的關係都沒提過。

　　3. 這樣的話，商品的價格與數量就不是由供給和需求來決定，而是完全由技術水準決定：如果工人很有效率產能增五倍，價格就會降低，與需求面無關。市場機能、競爭原理這些今日的重要因素，在李嘉圖體系內也不具備應有的份量。

　　4. 完全缺乏效用這個觀念。

阿羅的批評不公道,他等於是在批評凡爾賽宮浪得虛名,因為既無電梯、抽水馬桶,也缺中央空調,更沒有冰箱與微波爐和烤箱,甚至比不上美國中產階級的家庭舒適便利。這是時光錯置型的批評,不是設身處地理解當時的環境與主要議題。

思想史的寫作有兩條主要路線:一是歷史重構法,回到當初的社會經濟背景,解說作者的主要問題與論點,讓我們更明白為什麼會寫出那樣的作品。二是理性重構法,用現代的工具與概念,重述作者的邏輯與內在論點,幫助我們理解如何古今貫通,史蒂格勒(1952)、薩穆爾森(1959)、希克斯(1977)就是這種手法的範本。阿羅(1991)這篇短文把李嘉圖痛罵一頓,缺乏同情的理解,也無古今貫通的創見,對今日讀者沒有理解上的助益。

對李嘉圖的人生與學術評價

問:從經濟學發展三百年的宏觀角度來看,應如何評價李嘉圖?

答:如果依年代主觀排列,最有影響力的前 5 位應該是亞當斯密、李嘉圖、馬克思、馬歇爾、凱因斯。若依影響力排序就很困難,因為會隨時代風潮而有顯著變化。我們換個角度,不比較專業成就,而是把視野拉開,對比他們的人生圓滿度。

1. 亞當斯密是古典學派的奠基者,也是市場機能說的倡導者,有經濟學之父的地位。他未婚無子女,日子平順,談不上財富,學說在政策上無立即影響力,而是在概念的層次上影響深遠。

2. 李嘉圖是股票市場的勝利者,擁有良田千頃,有 8 個子女和 25 個孫子,他的推理方式(方法論)與各種理論影響至今。政策上他極力主張自由貿易,反對穀物法,雖然這些在他逝後才落實,但他對這兩件事的影響無庸置疑。還有一件不算小的決策影響:他主張銀行發行紙鈔時,必須有足夠的黃金準備,國會在 1819 年通過這項提議,可算是早期的金本位形式。簡言之,他在經濟分析、個人財富、政策影響力、家庭圓滿這幾方面,是每項都滿分的人生。

3. 馬克思的思維開創許多新觀念,例如剝削、階級鬥爭、歷史唯物論、生產關係。他一生窮苦潦倒,好幾位子女先他而逝。他對實際政治的影響,

要等到 1917 年俄國革命成功後才「死後哀榮」。有生之年他厄運纏身，落寞多苦、多難、多劫數。

4. 馬歇爾是新古典學派的重要奠基者，今日經濟學的基本原理，例如供需法則、彈性、消費者剩餘，這些概念都是他的貢獻。他在劍橋大學透過教學與著作，影響全世界的理論與分析手法。他的健康從小不佳（綽號白蠟燭），沒有政策影響力，家庭生活平淡，稱不上富裕，相較於李嘉圖他的人生算不上精采。

5. 凱因斯是可以和李嘉圖相較的人：開創總體經濟分析，影響美國 1930 年代的「新政」，形塑戰後國際金融組織的架構。他在股票與理財上相當成功，但財富還是比不上李嘉圖，較缺的一環是子女。李嘉圖在這 5 位當中，整體人生分數排名最高。

這些是八卦式的對比，嚴肅評估李嘉圖的學理貢獻與缺失，可以重新整理條列。

1. 在古典學派中，他首先運用抽象分析與邏輯推理得到重大成果。

2. 他的自由貿易論根植於比較利益說，這是國際貿易理論的基礎。

3. 雖然尚無邊際學派的工具，但他已掌握報酬遞減法則，具體運用在差額地租理論上。

4. 古典學派大都強調成長，他的重點是過去較少觸及的所得分配，這對社會主義與馬克思學派是重要啟發。

5. 他對財政問題的分析，在今日的財政理論中仍有重要地位。

他的理論當然有缺失，基本上是時代性的，試舉兩點：(1)古典學派在態度上接受賽依法則，同意會有短期的部門性失調，但不會有全盤性的失衡，因為經濟體系有自動回復均衡的機制。(2)資本家傾向於購買機器取代勞工，因而造成排擠性的失業。這是因為當時的科技尚未大幅進步，在成長較緩慢的社會裡難免有零和的見解。這種觀念現在看來錯誤的原因有二：GNP 不是固定的，人會創新會追尋新的就業機會（如 AI 興起後帶動的各種新行業）。雖然機器剛開始取代勞工時會導致就業上的困難，但長期而言失業者也會找新出路。機械確實會造成短期的就業失調（影響家庭與社會生活），但還是應該鼓勵使用機械降低成本增強競爭力。

李嘉圖可能是經濟學界有史以來最值得羨慕的人：原創的分析方法影響深遠、富甲一方而不假公濟私、對政策有顯著影響力、家庭繁盛人生圓滿。

參考書目

Arrow, Kenneth (1991): "Ricardo's work as viewed by later economists", *Journal of the History of Economic Thought*, 13:70-77.

Blaug, Mark (1956): "The empirical content of Ricardian economics", *Journal of Political Economy*, 64(1):41-58.

Blaug, Mark (1991) ed.: *David Ricardo (1772-1823)*, UK: Edward Elgar (reprint 17 papers).

"David Ricardo", *Wikipedia*.

Hicks, John and Samuel Hollander (1977): "Mr. Ricardo and the moderns", *Quarterly Journal of Economics*, 91(3):351-69.

Hollander, Samuel (1977): "Ricardo and the Corn Laws: a revision", *History of Political Economy*, 9(1):1-47.

Johnson, L.E. (1993): "Professor Arrow's Ricardo", *Journal of the History of Economic Thought*, 15:54-71.

Pollitt, B.H. (1988): "The collaboration of Maurice Dobb in Sraffa's edition of Ricardo", *Cambridge Journal of Economics*, 12(1):55-65.

Samuelson, Paul (1959): "A modern treatment of the Ricardian economy: I. The pricing of goods and of labor and services", *Quarterly Journal of Economics*, 73(1):1-35. "A modern treatment of the Ricardian economy: II. Capital and interest aspects of the pricing process", *Quarterly Journal of Economics*, 73(2):217-31.

Schumpeter, Joseph (1954): *History of Economic Analysis*, Oxford University Press.

Sraffa, Piero (1951-55) edited with the collaboration of Maurice Dobb: *The Works and Correspondence of David Ricardo*, 11 volumes. Cambridge University Press for the Royal Economic Society (reprinted by Liberty Fund, 2005).

Stigler, George (1952): "The Ricardian theory of value and distribution", *Journal of Political Economy*, 60:187-207.

Wood, John (1985) ed.: *David Ricardo: Critical Assessments* (1st series: 4 volumes, reprint 110 papers, 1985; 2nd series: 3 volumes, reprint 79 papers, 1994), London: Routledge.

32

賽依法則的根源、內容與爭論

值得注意的是，當一件商品生產出來後，就會立即在市場上，透過和其他商品交換的方式，充分展現本身的價值。生產者做好這項商品時，會迫不急待地把它賣掉，否則它的價值就會隨著留在手邊的時間加長而遞減。同樣地，這位生產者也會急著把到手的錢處理掉，因為金錢的價值也會消滅。把錢用掉的唯一方法，就是購買其他產品。所以創造一種商品之後，就立即開啟其他商品的銷售管道。

—— 尚－巴斯蒂爾·賽依

古典學派的經濟學家，從賽依和李嘉圖的時候，就開始傳授供給會創造本身的需求的說法。這種說法是有些意義，但也定義得還不夠清晰。它的基本意思是說：整體而言，生產的總成本，必然會直接或間接地全部用來購買這項產品。……賽依法則的意思是說，產出的總合需求價格，會等於總合供給的價格。換句話說，總合供給與需求之間不會阻礙充分就業。

—— 凱因斯

賽依與賽依法則

　　法國經濟學者尚－巴斯蒂爾·賽依，逝前一年擔任法蘭西學院的政治經濟學教授，1826 年當選瑞典皇家科學院的國外會員，代表作有《政治經濟學》（*Traité d'économie politique*，1803~1826 年間共 5 版）。現代版的賽依法則各位早就耳熟：供給創造本身的需求。但賽依法則其實不是賽依發現的。

這讓我們聯想到另一個有名的法則：史蒂格勒的命名定律。史蒂芬·史蒂格勒是芝加哥大學的統計學教授，他父親喬治·史蒂格勒是 1982 年諾貝爾經濟學獎得主，父子都以學識淵博幽默嘲諷知名。學界通常以某位知名人物替某項原理命名，例如「供給創造本身的需求」就命名為賽依法則。Eponymy 就是「追求祖名」：找出某項法則或原理的始祖（詳見《「追求祖名」經濟學辭典》，*An Eponymous Dictionary of Economics*，2004）。

史蒂芬·史蒂格勒在 1980 年提出一項命名定律：沒有一項科學的發現是依最早的發現者命名。也就是說，科學界以人來命名的法則或發現，都是「認錯了祖宗」。最典型的例子就是：現在大家把這個法則命名為史蒂格勒的命名定律，其實早在史蒂格勒發現之前，學界早就知道真正發現這條法則的是哥倫比亞大學的社會學教授羅伯特·金·莫頓（Robert K. Merton，1910~2003），他兒子羅伯特·柯克斯·莫頓（Robert C. Merton，1944~）以財務經濟學的貢獻，1997 年獲得到諾貝爾獎。羅伯特·金·莫頓才是史蒂格勒命名定律的發現者，但現在卻都稱為史蒂格勒法則。這就更證明史蒂格勒法則是正確的：沒有一項科學的發現，是依它最早的發現者命名。

這項原理告訴我們，賽依不是最早發現賽依法則的人。有人說《國富論》已有「供給創造本身的需求」的見解；這項概念在彌爾的《商業辯護》（*Commerce Defended*，1808）也出現過，為什麼現代人稱它為賽依法則？主因是凱因斯的《一般理論》太有名，大家跟著他誤認為這是賽依的見解。

問：賽依是誰？賽依法則的重要性何在？

答：想進一步理解賽依的生平與著作，英文版維基百科是理想入口。本章末的書目中，帕默爾（Palmer）1997 年的賽依傳記有深入解說。分析賽依法則的論文多如過江之鯽，布勞格（1991）和凱茲（2003）這兩本論文集是代表作。有兩本專著綜述賽依法則的發展史，都有相當的可讀性，請參考索維爾（Sowell，1972）與凱茲（1998）的著作。當然也不要忘記凱因斯，因為《一般理論》的主旨，就是要推翻古典學派奉為基本概念的賽依法則。

誇大地說，賽依法則對古典學派的重要性，猶如天文學上的「地心說」（地球是宇宙的中心），《一般理論》就是要改變基本認知，把學界帶進

「日心說」的時代：1930 年代的經濟大恐慌起因於供給過剩，供給並不會創造本身的需求。解決大蕭條的藥方是反其道而行：透過財政赤字與公共建設，創造有效需求提供就業機會，這是馬爾薩斯早就提出的處方。

　　既然賽依不是最早發現賽依法則的人，那是誰給賽依法則命名？以下轉述三項八卦：

　　1. 其實「供給創造本身的需求」這句名言也不是源自凱因斯，那是他取自美國經濟學者哈蘭・麥克拉肯（Harlan McCracken）1933 年出版的《價值理論與經濟週期》（*Value Theory and Business Cycles*），但因未注明出處大家誤把這句名言歸功於凱因斯。

　　2. 芝加哥經濟學者法蘭克・奈特（他是喬治・史蒂格勒的博士論文指導教授），在 1928 年的論文〈現代資本主義的歷史與理論議題〉（Historical and theoretical issues in the problem of modern capitalism）就提過賽依法則：「交換經濟的基本定理（有時稱為「賽依法則」）就是說，某項商品的供給就是另一項對商品的需求，反之亦然。同理，總合供給和總合需求必然相等，在此概念下貨幣只是交易的媒介。」（頁 91）這表示奈特比凱因斯更早提出賽依法則的名稱與內容。

　　3. 誰最早提出這個名稱？是美國經濟學者弗瑞德・泰勒（Fred Taylor，1855~1932，1892~1929 年間在密西根大學任教），在《經濟學原理》（*Principles of Economics*，1925 年 第 9 版）中有一章名為「賽依法則」，除了解說它的意義，還追溯到古典學派中的相關見解，認為賽依是其中最具代表性的人。泰勒在頁 201 說：「這項原理我稱為賽依法則。雖然從前已有許多作者解說過，不過我認為賽依對此事的表達最特出。」

圖 32-1　弗瑞德・泰勒（約 1902）

　　綜言之，賽依法則的名稱是泰勒在 1925 年首先提出；法蘭克・奈特在 1928 年也解釋它的名稱與內容；「供給創造

本身的需求」這句名言是麥克拉肯在 1933 年提出的。《一般理論》借用這個名稱、借用這句名言、借用這個觀念，但都未注明出處，後世誤以為是凱因斯的創見。

現實社會的供給與需求

問：為什麼 20 世紀之前的學者，會接受「供給恆等於需求」或「供給創造本身的需求」，難道他們看不到日常生活中顯著的反例？

答：20 世紀之前當然有人不相信賽依法則，最著名的兩位是馬爾薩斯與馬克思。馬爾薩斯的見解前幾章已解說過許多次，他認為蕭條的主因不是供給不足，有效需求不足才是重點。馬克思的視野與見解更犀利：這是資本主義體制的本質問題，資本家只顧生產，透過剝削勞工追求利潤極大化，必然的結果是生產過剩、景氣衰退、民不聊生、資本主義滅亡。

身處於資本主義陣營的經濟學家，例如亞當斯密、李嘉圖、賽依、彌爾，認為生產者是精明理性的，規畫生產時必然已想好這些產品的出路，沒有理由過度生產造成庫存，就算有短暫的供需失調，透過市場機能的調整必然會回到均衡，沒有必要擔心長期的市場失衡。

這些學者見過農業歉收，也知道歐洲各國爭戰的後果，但在認知上仍然不敢推翻賽依法則。這種普遍的心態現在說來很奇怪，也不知如何替他們辯解。同樣的道理，古埃及時代就知道地球不是平的，哥白尼之前也早有證據說地球不是宇宙的中心，但是科學界還是不敢推翻教會的解說。經濟學界沒有這種不可推翻的權威，不知為何還遵循與事實格格不入的舊說，直到1930 年代才被凱因斯推翻。英法兩國的百姓在 11 ～ 18 世紀時，相信國王有特殊的神授能力，觸摸病灶就能治好結核菌引起的頸部膿腫。這裡的意思很簡單：今日我們深信的觀念，對後人而言可能是單純的無知，這是科學進步的常態。

大一經濟學原理的第一課就是供需曲線的分析：縱軸是價格，橫軸是數量，兩條曲線相交表示處於均衡狀態，有個價格對應個數量。萬一供需曲線不相交，會變成什麼局面？是由於哪些因素造成的？歐洲經濟史有太多實例，顯示供需並不是配合得那麼好。景氣衰退、豐年、歉收、貧窮、戰爭、

天災，都會讓供需失調，賽依法則失靈的機率其實不低：有供給未必有需求，反之亦然。

16 世紀重商主義時期，西班牙把歐洲產品大量運往拉丁美洲，也運回大量白銀、蔗糖、菸草。這些都是利潤豐厚的國際貿易，但每年交易的數量高低起伏，還受到疾病、戰爭的多重阻礙。這類貿易是帝國主義武力擴張的一環，真的是「供給創造需求」，但你也必然同意：這種供需的交會是由供給面在主導，背後的推動者是政治與武力，不是兩廂情願的公平交易，而是強國對弱國的剝削。

就算回到單一社會的架構裡，也很容易找到實例反駁賽依法則。有實證研究顯示，日本在 1950～1970 年代的經濟起飛，應歸功於擴大內需，成長的引擎是需求面而非供給面。再舉個史例：隋唐帝國建造大運河，讓南方的米糧運送到北方京城，直到明清都是如此。對華北而言，這是單方面的需求，對華南而言這是強制供給，而非市場機能在運作。

再以荒年為例，農業歉收糧食不足，造成供不應求，供需曲線無法交會，市場失靈，政府也失靈，結果是死人無數。非洲饑荒嚴重糧食需求大於供給，而歐美各國正好相反，可見賽依法則並非超越時空的真理。在 1800 年產業革命之前，農業供給的不確定因素很高（天災人禍），工業產品的需求有限（所得不足以購買），在這個階段（1800 年之前）賽依法則不會成立。在這個階段之後，只要有天災人禍與景氣衰退，賽依法則也不會成立。換言之，賽依法則會成立的時間其實不長，經濟史上這個法則是例外而非常態。

賽依法則的基本特徵

現代架構下的賽依法則大都是短期的理論分析，比較少見到實證面的長期數值檢驗，原因很簡單：這個法則本來就是個純概念，不易用實例驗證；這是個總合性（aggregate）很高的概念，不易用產業與廠商的資料印證。以下整理這個法則的基本特徵，內容乾澀乏味。

1. 貨幣只是交易的媒介，貨幣不會改變任何事情。

2. 所有的儲蓄都會轉為投資或花用，這個想法在亞當斯密和杜爾哥的著

作也可以看到。

3. 儲蓄（而非消費）是成長的根源。

4. 經濟體系內的產出與需求必然相等（表示無剩餘），而且是同時發生（表示無時間落差）。也就是說，總產品必然等於總購買，因為勞動、資本、土地所得到的報酬，都會（立即）轉化成對財貨與勞務的需求。

5. 雖然總需求與總供給必然相等，但也會因某些個人的計算失誤而產生落差，這些落差就是造成危機的因素。但在運轉良好的經濟體系，這些只是部分的與暫時的。在這個觀點下，古典學派認為總額需求不可能會不足，危機只是因為某些財貨與勞務供需的暫時失調。就算發生極端嚴重的危機，由於庫存相當豐富，以及價格會跌得夠深，所以對各種商品產生需求，繼而帶動景氣回升。這種原理也可以應用在失業問題上。

6. 危機必然是局部的，通常是由於投資錯誤造成超額供給（產品過剩）。人們對這些過剩商品不願支付高於生產成本的價格，必須削價求售。

7. 在貨幣經濟體系中，貨幣不只是支付的工具也是儲存價值的工具，所以可以只賣出商品而不必買入東西。這種保有貨幣的行為，會隨著對經濟失去信心而增高，因為大家會看到許多投資性的錯誤。在信用經濟體系中（可向金融體系貸款），大家會更追求現金，因而握有貨幣的效應會更放大，造成普遍性的破產。

8. 這些現象會導致全盤性的衰退與蕭條，但也會很快透過價格、薪資、利率調整回來。在一般均衡的體系中，透過人與人之間的相互牽扯，超額需求與超額供給都會消失，回復均衡狀態。

凱因斯的《一般理論》，就是要打破這種自動回復均衡的迷思。他認為過度儲蓄會降低總合消費、降低總合生產，因而造成投資不足，降低國民所得，增加非自願性的失業。這就是節儉的矛盾：原本是美德的儲蓄，到頭來反而有害成長。對應之道就是刺激有效需求，提高消費與投資。

參考書目

Baumol, William (1977): "Say's (at least) eight laws, or what Say and James Mill may really have meant", *Economica*, 44(174):145-61.

Blaug, Mark (1991) ed.: *Jean-Baptiste Say (1767-1832)*, UK: Edward Elgar.

"Say's Law", *Wikipedia*.

Kates, Steven (1998): *Say's Law and the Keynesian Revolution: How Macroeconomic Theory Lost its Way*, UK: Edward Elgar.

Kates, Steven (2003) ed.: *Two Hundred Years of Say's Law: Essays on Economic Theory's Most Controversial Principle*, UK: Edward Elgar.

Kates, Steven (2010): "Influencing Keynes: the intellectual origins of the *General Theory*", *History of Economic Ideas*, 18:34-64.

Palmer, R.R. (1997): *J.B. Say: an Economist in Troubled Times*, Princeton University Press.

Sowell, Thomas (1972): *Say's Law: an Historical Analysis*, Princeton University Press.

33

馬克思經濟學的貢獻

對思想史學者來說，馬克思社會主義會一直是個謎：這麼不合邏輯、如此晦澀的學說，竟然產生這麼大的能量，能持續影響這麼多人的心智，還能創造出許多歷史事件。

—— 凱因斯

馬克思主義體系，如果看它的整體外觀、它的假設、它的目的，或許還有點意義；除此之外，它的內容不只站不住腳，甚至無法理解。

—— 韋伯倫

社會主義是知識份子的鴉片。

—— 雷蒙・阿龍（Raymond Aron）

影響半數地球人口的馬克思經濟學

馬克思經濟學在 20 世紀影響過地球一半人口的生活形態與思維，喜不喜歡它是個人偏好但不可以不理解它。它的聲勢今日已稍衰退，曾有多少儒林豪傑在這個領域放過異彩，也有許多值得介紹的精采人物與事蹟。

馬克思的著作很豐富，長遠深刻地影響人文社會諸多領域（社會學、歷史、哲學、政治學、人類學）。對經濟理論的影響，主要是透過三大冊的《資本論》批判古典學派的見解。主要的批判對象是亞當斯密，因為他主張市場機能說，替資本制度辯護。亞當斯密強調分工會增進生產力，是《國富論》的首要動力。馬克思認為資本家透過分工制度，剝削勞工賺取剩餘價

值，追求利益極大化，是不公不義不道德的行為。相對地，馬克思對古典學派的李嘉圖相當欽佩，因為他著重階級所得分配，不是只追求利潤；他的分析手法運用邏輯推理演繹，較具科學分析的特質。

馬克思反對古典學派的基本認知與分析方法，他不把問題的重心放在土地、資本、勞動、利潤，而是著重階級衝突、剝削剩餘價值、生產關係、上層建築、失業、景氣危機、土地與生產工具公有化、銀行與金融體系國家化、革命、社會主義、共產主義，這些名詞與概念清楚指出馬克思經濟分析的獨特取向。

本章挑兩位有特色的學者介紹他們的部分見解。第一位是劍橋大學經濟系的莫里斯·多布（Maurice Dobb，1900~1976），第二位是波蘭的奧斯卡·朗格（Oskar Lange，1904~1965）。

多布的分析視角

問：眾多精采人物與學說中，為何挑出多布？

答：先簡介莫里斯·多布的生平與主要觀點。1919 年進劍橋大學讀歷史一年後轉讀經濟，1921 ～ 1922 年在歷史與經濟兩個領域都獲得首獎，畢業後在倫敦政經學院取得博士，回劍橋當講師（1924~1959），之後任 Reader（相當於副教授與教授之間，1959~1976）。他原本隸屬劍橋的彭布羅克學院（Pembroke College），因對馬克思主義的積極投入喪失在學院的用餐權與教學權，1948 年轉到同校的三一學院（Trinity College）任教。

1920 年大二時加入共黨，1930 年代大學初現共黨活動時他成為核心人物。在學術方面著作眾多影響廣泛，主要路線是從馬克思的角度詮釋新古典經濟學。他探討的主題相當多元：資本主義、社會主義、計畫經濟、福利經濟學、所得分配、經濟成長與發展、俄國經濟。他最關心的議題是社會主義經濟的中央計畫大爭辯：計畫經濟學是否可行、市場式的社會主義（注重市場機能的集權經濟學）是否可行。

他認為中央計畫有三大優點：

1. 可以事先協調各項資源的數量與運用的優先順序。資本主義的市場機能強調自由運作，但缺乏相互協調性容易造成浪費、不確定性、失衡。透過

中央計畫與協調可以減少無謂的浪費、不確定性、不效率。

2. 資本主義制度追求私利，大都從較狹隘的眼光做決策（追求利益極大），較不顧慮弱勢與公平性，容易造成外部不經濟。中央計畫的眼光較全面，注重扶助弱勢與所得公平性，確保基本工作機會與福利救助，優先投注公共建設扶持弱勢產業。

3. 中央計畫可以匯集更廣泛的資訊，例如投資率、可用資金的合理分配、消費數量的配置、選擇合適的技術、合理分配各區域的資源、各種能源（水電油氣）、各項基礎產業（農林漁牧）的長期規劃。

本章末的參考書目，提供進一步理解他的訊息。

朗格結合「市場」與「計畫」的理論

問：朗格又有什麼貢獻呢？

答：波蘭籍的朗格在經濟分析上有重要貢獻，在政治上和外交上也有特殊歷程。他出生在波蘭西南部的大城克拉科夫（Krakow），1926 年大學畢業，1928 年取得法學碩士，1927 ～ 1931 年在克拉科夫大學擔任研究助理。轉捩點是1934年獲得洛克菲勒獎學金赴英國，1937 年轉往美國。1938 年任芝加哥大學經濟系教授，主因是 1934 ～ 1936 年間他在英國的重要經濟學期刊《經濟研究評論》（*Review of Economic Studies*）發表 4 篇論文，其中兩篇是純理論，兩篇是馬克思與社會主義的理論。

圖 33-1　朗格

赴美後的學術成果更引人注目：1942 ～ 1960 年間，在《計量經濟學》期刊發表 6 篇，在《美國經濟評論》（*American Economic Review*）、《經濟學季刊》（*Quarterly Journal of Economics*）、《經濟學刊》（*Economica*）都有重要論文，在經濟理論與社會主義這兩個領域已是世界級的學者。這些

成就引起俄國領導史達林注意，請求美國羅斯福總統特許朗格赴俄訪問，商討社會主義建設議題，還邀請他在日後的波蘭內閣任職。

1943 年朗格取得美國籍，二次大戰尾聲時他和流亡倫敦的波蘭政府意見分歧，轉向蘇聯支持的另一派人士。政治上他有過幾項角色：在羅斯福與史達林之間扮演白手套討論戰後波蘭重建問題。二次大戰後他放棄美國籍，新成立的波蘭共黨政府派他擔任首位駐美大使。1946 年擔任波蘭駐聯合國代表。1947 年返國在政府部門任職，也在華沙大學繼續學術研究，擔任經濟計畫與統計方面的工作。1961～1965 年間任內閣副主席，還短暫代理過國家主席（1964 年 8 月 7～12 日）。

他的學術貢獻可以分兩方面。對純理論的分析，例如效用函數的決定因素、利率與生產理論的關係、利率與最適消費傾向、儲蓄與投資、福利經濟學的基礎（他曾證明福利經濟學的第一和第二定理）、經濟均衡的穩定性、賽依法則的批判、論創新、乘數理論、計量經濟學、投入與產出分析、批判貨幣數量說、指導唐‧派丁金（Don Patinkin，參見第 37 章）這些學生日後成為傑出學者。

社會主義經濟學方面，例如對比馬克思經濟學與現代經濟理論、蘇俄的馬克思經濟學、史達林著作中的社會主義經濟法則、論中央計畫經濟、計畫經濟的原理。更重要的是他提出市場的社會主義學說，略述如下。朗格深受英美新古典學派的影響認為市場機制確實有效率，但又堅持社會主義的大方向（生產工具與資源國有化、中央計畫經濟）。他結合「市場」與「計畫」這兩個看起來不相容的概念，主張在總體宏觀的層次上走社會主義與中央計畫；在產業、廠商、消費的個體微觀層次上走市場經濟與自由化。

這種異類結合是取資本主義與社會主義的優點，能發揮價格機能的效率，也能避免資本主義的分配不均。朗格在波蘭和美國都長期生活過，他認為只要中央計畫者能善用市場機制，同時要求國營產業成本極小化和利潤極大化。為了追求這項理想他晚年還研究控制學（cybernetics）、學習操作電腦，希望能應用在中央計畫上。

資本主義與馬克思主義經濟學的缺點

問：身為馬克思經濟學大將，朗格如何分析資本主義經濟學的缺點？

答：1935 年朗格在《經濟研究評論》發表一篇〈馬克思經濟學與現代經濟學理論〉。此文的背景是 1933 年 7 月有位日本學者柴田啟（Shibata Kei），在《京都大學經濟評論》（*Kyoto University Economic Review*）發表〈馬克思的資本主義分析與（瑞士）洛桑學派的一般均衡理論〉，主旨是對比馬克思經濟學與現代均衡理論。柴田的論點是：雖然一般均衡理論很精細也很完整，但對資本主義的組織以及發展的規律，無法提出有效的解說。相對地，馬克思經濟學雖然有許多缺失，反而更能解說資本主義的特質，原因何在？朗格覺得這個問題有意思，他想提出自己的見解。

這其實並不是個好問題，因為一般均衡理論是在做數學定理的證明，不適合解釋資本主義制度的動態運作機制。柴田的問題就好像是在問，電腦斷層掃描的影像分析雖然是最新的醫療科技，為什麼但反而比不上年老的傳統心理專家，更能解說人類的不理性行為。

柴田明白這個道理。他認為一般均衡理論之所以不能解釋眼前的具體現象，那是因為均衡理論太細節、太複雜、太抽象。相對地，馬克思經濟學的特點是著重整體性問題，以及個人在資本主義生產模式中的位置，比較適合解說具體的現實問題。朗格要接續柴田的議題，想釐清馬克思經濟學和「資產階級經濟學」（也就是我們熟知的古典學派和新古典學派），雙方有哪些本質上的異同，各自有哪些優劣點。

朗格的立場偏向社會主義，他認為資產階級（現代）經濟學有缺點：

1. 注重科學工具的應用，例如用微積分、計量統計方法、幾何圖形來分析短期問題（廠商競爭、消費函數）。優點是可以得出具體的答案，但比較不看重整體制度的合理性和長期的走向。

2. 愈來愈強調大規模生產的效益，取代中小型的生產模式，從自由競爭模式走向寡占與獨占。

3. 愈來愈走向（凱因斯式的）政府干預，取代古典學派的自由放任（看不見的手與市場價格機能）。

4. 從自由貿易走向保護主義，在國際關係上更強調國家主義。

5. 把資本主義的生產模式帶到開發中國家，這是經濟的帝國主義，改變許多文化的價值觀與生活形態。

6. 強權國之間的利益爭奪激化，造成資本主義更不穩定。現代理論的主要關懷是科學性的外觀（數學模型化），較不重視制度的合理性。

反過來說，馬克思經濟學比較注重較為現實的議題，「科學性」是次要問題。朗格提出一種說法，假設有兩個人，一位只讀奧地利學派、巴瑞圖、馬歇爾的著作，從來沒聽說過馬克思；另一位只讀馬克思，完全不知還有另一種經濟學存在，請問哪一位比較能解說資本主義演化的基本趨勢？答案不說自明。相對地，1930年代的馬克思經濟學有許多缺點：

1. 對獨占性的價格沒有多少見解可以提供。

2. 對貨幣、利息、信用這些基本問題，沒有多層次的政策見解。

3. 對租稅原理沒有深刻分析。

4. 對技術進步與研究發展的分析太少。

5. 如何把有限的生產資源，在不同部門間最適配置？馬克思經濟學對這方面的分析明顯不足，而這正是社會主義中央計畫的關鍵。

馬克思派注重資本主義整體的長期演化理論，但不擅長經營中央銀行，也不會處理資本市場的變化。現代經濟學注重短期具體問題，對解決效率議題尤其拿手。缺點是眼光較短，就像是著重治好眼前的疾病，較少關懷病患長期的生理與心理環境。現代經濟學的特色，是局部的、靜態的、技術的。馬克思派的特色是注重長期演化，缺點是題材龐大不易聚焦，人人都能輕易講述一大套，共同的結論就是：抗爭、鬥爭、革命。現代經濟學的共同結論是：競爭、利潤、均衡。

問：我想到熊彼德，他是「資產階級經濟學家」，但他的經濟學不就是演化式或演進式（evolutionary）的嗎？

答：他是奧地利學派的大將，在《經濟發展理論》（*Theory of Economic Development*，英譯本1934）提出兩個現在很知名的關鍵詞：企業家精神、經濟演化。他不屬於馬克思派，讀他的《十大經濟學家》第5章〈論馬克思〉，或《資本主義、社會主義與民主》（1942）的前4章，必然會強烈感

受到兩件事：他對馬克思這個人物的讚嘆、他對馬克思諸多見解的反對。我們有理由相信，他的經濟演化觀必然受過馬克思的影響。從動態演化的觀點來看經濟學，「均衡」這個概念是現代分析的核心概念，它的數學意義遠超過對現況的解釋能力，也就是說實用性很小。另兩項核心概念是「效用」或「邊際」，這對解說消費者行為很有理論性的幫助，但對總體動態的分析意義不大。

現代經濟學的特色是「小而強大」（small but powerful）：對具體局部性的事情可以做精確分析，數學化到讓人嘆為觀止。馬克思經濟學就像從飛機看地面，對整體結構與趨勢一目了然，但不夠腳踏實地掌握具體細節；但它會讓人激動、拋頭顱、灑熱血。

參考書目

Dobb, Maurice (1937): *Political Economy and Capitalism: Some Essays in Economic Tradition*, London: Routledge (1980) reprinted.

Dobb, Maurice (1955): *On Economic Theory and Socialism: Collected Papers*, London: Routledge (1965) reprinted.

Lange, Oskar (1935): "Marxian economics and modern economic theory", *Review of Economic Studies*, 2(3):189-201.

"Marxian economics", *Wikipedia*.

Maurice Dobb Memorial Issue, *Cambridge Journal of Economics*, June 1978, 2(2), 9 papers.

"Maurice Dobb", *Wikipedia*.

"Oskar Lange", *Wikipedia*.

Sen, Amartya (1987): "Maurice Herbert Dobb (1900-1976)", *New Palgrave Dictionary of Economics*, 1st edition, 1:910-2; reprinted in the 2nd edition (2008), 2:526-30.

Wood, John (1988) ed.: *Karl Marx's Economics: Critical Assessments*, London: Routledge, volumes 1-4 (1988), volumes 5-8 (1993).

34

馬克思經濟學的缺失

共產主義學說好像是一部聖經，既不能批評，也不該批評。但對我來說，這是一本老舊的教科書，不單是科學上的不正確，對現代的世界既無益處，也無法施行。我怎能接受這種學說？……如果我們需要一種宗教，怎麼可能在出售紅色（左翼）書籍的紊亂垃圾中找尋得到？在西歐受過適切教育的知識份子，很難在這裡（共產主義學說）找到他的理想，除非先前曾經遭受某些奇怪與恐怖的轉換過程，因而改變他的所有價值觀。

—— 凱因斯

其實馬克思主義是一種宗教，而且有其重要性。對信徒而言，第一，它是一套具有終極目標的體系，一方面涵蓋生命的意義，二方面也是用來判斷事件與行動的絕對標準。其次，它是一種引導至終極目的的標竿，是一套救贖的綱領，更是一套區分正邪的指標。透過馬克思主義，人類，或是某部分被挑選出來的人類，將會得救。我們還可以說得更明白些：馬克思的社會主義，對那些被挑選出來的人而言，是墳墓旁邊的美麗天堂。

—— 熊彼德

馬克思的經濟學，不是用來協助規劃社會主義的社會。
（而是用來批判資本主義社會的缺失。）

—— 懷爾斯（P. J. D. Wiles）

上一章介紹兩位推崇馬克思經濟學的人物，現在反過來介紹兩位批判者。其中熊彼德是 20 世紀上半葉經濟思想史學界最著名的人物，代表作是《經濟分析史》（*History of Economic Analysis*，1954，1260 頁）。

馬克·布勞格是 20 世紀下半葉經濟思想史學界最著名的人物，代表作是《經濟理論的回顧》。他有幾個特點：博學、銳利、嘲諷、機智、反骨、勤奮、睥睨。任何學說經過這兩位的法眼恐怕都難善終，但他們下筆還算節制，以下介紹的論點要放大兩、三倍，才能還原他們心中真正的強烈意見。

馬克思經濟學與馬克思

問：馬克思的經濟學導師是誰？

答：德國的經濟學在馬克思時期尚未發達，他的思想來源與批判對象是英法古典學派。他自稱是李嘉圖的學徒，當然不是真正的授業關係，而是學術脈絡的傳承。馬克思承襲李嘉圖的基本命題，注重所得分配講求社會正義。他承襲李嘉圖的抽象演繹推理，從基本的定理（勞動價值論），逐步建構整套理論與政策意涵。另一位影響馬克思的人，是法國重農學派的主將揆內。揆內的放任學說和亞當斯密《國富論》的自由主義互為表裡，馬克思從揆內的「經濟表」（分析三大部門相互交易流動的動態過程），學到一個重要概念：經濟流程（economic process）。這對馬克思建構經濟動態運作的內在邏輯，與推論資本制度必然崩潰的學說是重要啟發。

問：勞動價值說是馬派經濟學的基礎，這是古典學派中屢見不鮮的概念，馬克思增添了哪些重要意義？

答：最重要也最為眾所熟知的貢獻，就是從勞動價值說引申出剝削論（資本家剝削勞動所得），以及由此再引申出的階級對立、鬥爭、革命論。從馬克思的觀點來看，受僱工人雖然擁有人身權與財產權，但一進入資本主義的生產關係就和奴隸並無多大差別。勞動價值說的基本意思，是商品的價值取決於生產時的勞動投入量，這也是古典學派的共識。熊彼德對此有兩項批評：

1. 這種「勞動量決定商品價值」的觀點，只有在完全競爭與靜態的社會

才成立（例如在傳統的農村與初始的工商業）。在不完全競爭（寡占與獨占）的環境下，決定商品價值的就不是勞動投入數量（試想 iPhone 的價值是由哪些因素決定的，工人的勞動投入量關鍵嗎？）。馬克思更大的錯誤是用這種只適合靜態、完全競爭狀態下的勞動價值說，來建構一套經濟變動學說，還更野心地據以推論資本制度必亡論。

2. 每個工人的勞動品質不一，被剝削的程度因而不同，這種分析在學術上較缺乏科學性。這也說明為什麼邊際學派興起後，能用微積分來證明、能用幾何圖形來表達更細微的學理時，古典學派的勞動價值說（包括李嘉圖與馬克思的），很快就從教科書退位。邊際學派的訴求平實中性，用人人都可以明白的中性觀念（效用與價格），取代訴諸熱情與煽動的勞動價值說。熊彼德說勞動價值論不是錯誤，而是死掉埋葬了（dead and buried）。

問：馬克思預言很多事，有值得注意的地方嗎？

答：馬克思至少有兩項預言錯了：長期而言資本家的利潤會下跌、資本制度必然崩潰。19 世紀中葉做這兩項預言時，還沒有現代意義的統計資料，所以短期內不容易反駁。1980 年代各類統計已逐漸完備，經濟史學界也回溯建立不少跨世紀的數據。馬克思的兩項預言是實證問題，統計數據已可輕易駁倒。馬克思的時代科技創新尚未風起雲湧，預見不了日後的輪船、電報、飛機、電視、電腦、網路，所以不需要和他計較這兩項預言。同樣的道理，《資本論》裡的貨幣理論也相當脆弱，主因是馬克思在這個議題上沒有良好的師承，貨幣理論也不是李嘉圖的強項。19 世紀中葉的金融體系還不發達，他沒有多大機會發展出這方面的好理論。

馬克思還說勞動階級的生活會更貧困化，但美、日、德、英、法的工人生活得比祖先更好，這也是錯誤的預言。不過熊彼德贊同馬克思，認為資本體制必然崩潰。但熊彼德不同意馬克思崩潰說的理論，認為有 4 項缺失：勞動價值是錯的；根據錯誤的勞動價值說所建立的剝削論也是錯的；資本家的利潤下跌說沒有史實根據；勞動階級的生活也沒貧困化，資本家和勞動階級可以對話協商，不一定要鬥爭革命。

熊彼德不像馬克思要毀滅資本主義

問：熊彼德不同意馬克思的內在邏輯，但又同意他的結論，那麼熊彼德提出哪些新的理論來取代上述的 **4** 項缺失？

答：這問題不易回答，此處只提出困惑。

1. 熊彼德晚年在哈佛長期任教，親眼看到美國的資本主義愈來愈強壯，對打敗德國和日本有重要貢獻。不明白他是居於哪種心情、根據哪些史實，在 1940 年代還預言資本主義會崩潰。

2. 他也知道有些新馬派學者，例如魯道夫・希法廷（Rudolf Hilferding），認為愈來愈多的大企業集團出現，應該會讓資本制度更穩定。1929 年的大蕭條與高失業率並沒有打倒資本主義，反而更強壯。

3. 熊彼德認為馬克思的錯誤並不會妨害真相的探討，顯示他主觀上支持馬克思的結論。但一方面又必須批評馬克思的見解，二方面又反擊說，那些批評馬克思的人犯了更多更幼稚的錯誤。

4. 熊彼德有什麼高見呢？他就是為了要回答這個大問題才寫《資本主義、社會主義與民主》（1942）。但還是不明瞭他的真正論點，也不認為他的論點能取代馬克思。這本書寫得很好，知識淵博、雄辯滔滔，最有創意的概念是「創造性的毀滅」（creative destruction）。讀此書第 7 章得到的印象是：創造性的毀滅不但不會摧毀資本主義，反而還是強化資本制度的重要特色，所以熊彼德沒有成功論證資本主義必毀滅。更重要的是，和這兩位大師的預期相反：資本主義雖有許多弊病，但今天它活得還算好。此事只需觀察兩個陣營的相對移民數量就一目了然。

熊彼德屬於奧地利學派，但是奧地利學派並不像馬克思一樣認為社會主義會成功，會取代資本主義。熊彼德在《資本主義》初版（1942）序言說，「社會主義的社會不可避免地將會出現，正如資本主義的社會不可避免地將會崩解。」第 3 版（1949）修正這項「遠觀式」的預言，以較保留的態度說，這本書是在分析「可觀察的趨勢」。但他的基本態度還是一樣：「資本主義的秩序傾向於自我毀滅，中央集權的社會主義應該是明顯的繼承者。」

熊彼德認為資本主義會被自己的經濟成就害死，因為這種成功會造成社會與政治的對立性。他的目的是要診斷資本主義的病症，而不是要詛咒它滅

亡。這本書是對資本主義的診斷書，而不是死亡證書，目的是要提醒世人：如果明白這些病症也能改善，就可以避免快速死亡。熊彼德在頁 61 說：醫生診斷說這個病人會死亡，並不代表醫生希望病人死去。

《資本主義》多次重印，今日仍是社會學、政治學、思想史學界不敢輕忽的名著。這本書時常聚焦不明確，有時好幾章看不到重點有不少段落對 1940 年代的讀者也只是普通常識，如果全書濃縮一半，也不覺得會減損整體價值。

布勞格的批評

問：布勞格怎麼批評馬克思的經濟分析？

答：布勞格的見解較學理化，集中在《經濟理論的回顧》第 7 章，不易用淺白的語言轉述，我摘述一項論點為例。「勞動價值說其實只是一種靜態的一般均衡理論，適用於任何封閉性的交換經濟。應用這套學說時，可以不考慮財產權的特性，只要是在完全競爭的環境下，單從技術的角度來考量，同時也假設生產技術的投入係數都是固定的。勞動價值說其實只是更一般性的華爾拉斯式理論的特例。」

布勞格認為馬克思是 19 世紀最有影響力的人物，但從現代意義的分析來看，會有許多邏輯上的缺失與命題上的錯誤。若和李嘉圖對比，馬克思的優點是能把經濟活動的各個面向連結起來，從生產關係、到景氣循環、到階級鬥爭、到無產階級專政，也能把現狀與歷史、與制度、與上層結構串成整套的論述體系，這確實是了不起的成就。但一個人要同時處理這麼多、這麼複雜的議題，必然在許多地方很容易有漏洞。為了讓他的模型更漂亮，馬克思有時會有意無意地扭曲事實、曲為解說、過度推論、誇大解釋能力。

他在建構一個無法獨力完成的體系，經濟學只是其中的一環，他還觸及政治、社會、宗教諸多學科與面向。單就經濟學來說，他的核心概念是剩餘價值說（從勞動價值論推理出來的剝削理論），但前面說過這套說法不易成立。馬克思的貢獻在於提出動態性的觀點，解說資本制度的變動模式，以及長期的演化（資本主義必亡）。他也提醒古典學派疏忽的幾項重要議題，例如技術變動、景氣循環、失業的嚴重性。

馬克思預言資本主義必亡，這種論述在哲學上稱為 petitio principii，這個拉丁名詞的英文翻譯，就是哲學爭論上常見的「乞求問題」（begging the question）。但這是字面的直譯，哲學的專用術語是「丐題」，意思是說「在某個論證的前提裡，已經隱藏了結論」。丐題還有三個意思：(1)如果你不接受這個論證的結論，也就不會接受它的前提。(2)如果你接受這個論證的前提，但卻不相信結論，那麼你就犯了自我矛盾。(3)如果我提出一個丐題，其實我只是變相地要求對方質詢我的前提，而不是我的結論。

　　布勞格在《經濟理論的回顧》第 4 版（1985）第 7 章第 6 節提到，「整本《資本論》基本上就是一套丐題。因為剩餘價值率（rate of surplus value）在市場上是觀察不到的。在理論內有觀察不到的變數也不是什麼錯誤，例如心理學裡的「自我」（ego）和新古典經濟學裡的「效用」都是觀察不到的（知人知面不知心）。問題是剩餘價值不只是觀察不到，它也是個「非行為性的變數」。工人在追求實質工資極大化，資本家在追求利潤極大化，這些是可以作為的，而剩餘價值既無法觀察，又無法有所作為。」

　　這段話只是個例子，目的是要說明馬克思時常用未能證明的前提來當作論斷，還據以建構出一大套論述，預言資本主義必亡，會被社會主義取代。這也可以說是先有結論才建構前提，或是前提裡已經隱藏了結論。馬克思的這種預言，有人說是「啟示錄型的謬誤」（apocalyptic fallacy）：預言資本主義必亡，社會主義必勝，結果可能相反。

　　馬爾薩斯在 19 世紀上半葉也犯過這類的謬誤：預言人口會以幾何級數成長，糧食以算術級數成長，三百年後今日的社會卻非常浪費糧食。布勞格認為馬克思的預測缺乏理論基礎，臆測的成分居多。他甚至認為從 1900 年之後，馬克思經濟學就處於退化的狀態。意思是說，馬克思經濟學在 1900 年時，邏輯的謬誤已經很顯著，1900 年之後的研究都是多餘的。馬派專家對這個論點必定反感。

　　科學哲學裡有個常用的判準：如何判斷某個理論的優劣？很簡單，從它的預測能力來判斷，預測準的就是好理論，不準的就是壞理論。換句話說，不管是黑貓白貓能抓老鼠的就是好貓。馬克思論述資本主義必敗、社會主義必勝，但今日實況正好相反，就不是好貓。

這是工具論的論點，也是個難以辯駁的論點，基本的論調和米爾頓·傅利曼類似：不必管某個理論的假設條件是否合理，只要那個理論具有良好的預測能力（能抓到老鼠），那就是個好理論。馬派經濟學並非一無是處，因為那個陣營裡有許多非常可敬的對手，例如倫敦政經學院的森嶋通夫（Michio Morishima，1923~2004）、牛津的傑拉德·柯亨（G. A. Cohen，1941~2009）、約翰·羅莫（John Roemer，1966 年哈佛數學系優等畢業，1974 年柏克萊經濟博士，目前在耶魯大學政治系與經濟系），他們一定有強烈的意見要表達。

參考書目

Blaug, Mark (1980): *A Methodological Appraisal of Marxian Economics*, Amsterdam: North-Holland.

Blaug, Mark (1997): "Marxian economics", Chapter 7 of *Economic Theory in Retrospect*, 5th edition, Cambridge University Press.

Schumpeter, Joseph (1942): *Capitalism, Socialism and Democracy*, London: George Allen & Unwin, 5th edition (1976).

Schumpeter, Joseph (1954): *History of Economic Analysis*, Oxford University Press.

35
對華爾拉斯的理解與誤解

就純理論來說,我認為華爾拉斯是經濟學家中最偉大的。他的經濟均衡體系,一方面具有革命性的創造力,同時又有古典綜合的品質。這是單一經濟學者所能做的最好作品,可以和理論物理學的成就相比擬。……這是經濟學邁向嚴謹精確科學之路的傑出標竿,雖然現在已有點過時,但仍是今日許多傑出理論作品的背後支柱。

—— 熊彼德

整個世界其實可以視為一個巨大的綜合市場,由各種個別的市場所組成,買賣各種社會財富。我們的任務是找出其中的律則,了解這些買賣如何自動地調和。因此我們先假設市場是完全競爭,正如同研究純粹力學(理論)時,要假設機械之間的磨擦力為零。

—— 華爾拉斯

如果說經濟學的目的,是要提供豐盛的收益,給國家帶來充裕的收入,這就像是說,幾何學是要用來建造堅固的房屋,天文學是要能在大海安全地航行。簡言之,這是從應用的角度來定義科學。

—— 華爾拉斯

如果純經濟學理論(或交易理論、交易的價值、社會財富的理論)就像物理數學,也像力學和流體力學,那麼經濟學家就不必害怕運用數學方法和語言。

—— 華爾拉斯

先嚴謹地證明幾何和數學的基本定理，然後推導出微積分和力學的定理，目的是要應用到實驗性的資料上，我們就能達到現代產業的驚異成就。

—— 華爾拉斯

華爾拉斯生於法國逝於瑞士，生前諸多不順，身後的著作全集 14 巨冊（1984～2005 編輯出版），被尊為一般均衡理論的始祖。有人說現今大學部經濟學教的是馬歇爾的供給需求、彈性、部分均衡、短期分析，碩博士班教的是華爾拉斯的一般均衡架構。大學部的教科書已引入華爾拉斯的兩項基本見解：

1. 供需圖上有價格（縱軸）與數量（橫軸），在馬歇爾的架構下，是透過數量的調整來達到均衡；在華爾拉斯的架構下，是透過價格的調整來達到均衡。

2. 如果第 N-1 個市場能均衡，第 N 個市場會自動達到均衡，這是一般（全面）均衡的粗略概念。

教科書也說，他的分析可以寫成一組聯立方程式。這麼複雜的抽象數學，對 19 世紀下半葉文史哲出身的經濟學家不易了解。在沒有電腦運算的協助下，大概也沒有實用性。這是他生前最大的困擾，也是敗給馬歇爾的關鍵。馬歇爾注重部分均衡分析，因而有幾項優勢。(1)每次討論一個小問題，幾條方程式就夠了。(2)分析的議題既具體又有答案，簡明易懂。(3)複雜的圖形與數學都放在注腳或書末附錄，正文深入淺出，有趣味有深度。(4)能提出具體的政策分析與建議。這四項優點正好都是華爾拉斯所欠缺。（參見第 17 章）

問：可否簡介這位奇特人物的生平？

答：他父親奧古斯特·華爾拉斯不是專業經濟學家，但有一位以數理經濟學聞名的大學同學：古諾。奧古斯特對社會改革、土地問題、運用數學分析經濟現象很有興趣，這三大特質對他的兒子起了深刻影響。1844 年華爾

拉斯在康城（Caen）中學就讀，1851 年取得文學學士，1853 年科學學士。同年投考法國最優秀的綜合科技學校（École polytechnique），不幸失利，翌年特意加強數學與分析課程，再度落榜。1854 年被巴黎礦冶學校（École des Mines）錄取為預科生，但他對工程師的教育沒興趣。之後轉向哲學、歷史、文學與藝術批評、政治經濟學與社會科學。在經濟領域內，他受到古諾建構數學模型的啟發，著重理性主義的嚴謹分析。

瑞士的洛桑大學法學院在 1869 年籌設一個政治經濟學講座，1860 年時華爾拉斯在洛桑的國際租稅大會上發表過論文，從理論角度探討土地與國家地產的問題，獲得第 4 名。洛桑大學就邀他來遴聘，經過一些波折終於在 1870 年獲聘，任教到 1892 年，主要研究方向就是從 1860 年起就展現的數理分析。

1860 年之前他出版第一本著作，是反對皮耶・約瑟夫・普魯東（Pierre-Joseph Proudhon，1809~1865）的社會主義學說《論政治經濟學與正義》。有幾項因素讓他孤單：(1)位處偏遠的洛桑，無法和倫敦與劍橋的經濟學界競爭。(2)文體過度理論化、太多數學，讀者不易掌握精要。(3)用法文發表讀者群較小。(4)對社會改革相當熱心立場鮮明，不利在學界發展。

問：現在研究華爾拉斯較有名的學者都是英美人士，為什麼反而很少看到法國人與著作。

答：他的一般均衡概念到了 1950 年代發展成一個大領域，其中最重要的兩位是肯尼斯・阿羅與傑拉德・德布魯。1954 年 7 月他們在《計量經濟學》期刊第 22 卷 3 期首篇（頁 265~290），發表一篇奠基性的論文〈證明競爭經濟體內均衡的存在性〉。德布魯是法國精英學校畢業，對數學分析高度興趣，戰後赴美發展 1975 年入美籍。

現今研究華爾拉斯的知名學者以英美的數理學家居多。當今學界大都集中研究華爾拉斯的一般均衡體系，其實他對社會改革的著作比純數學的部分更豐富。法國學界在 1984 ～ 2005 年間整理出《華爾拉斯父子經濟學全集》14 巨冊（1 ～ 4 冊是父親奧古斯都的著作與書信，5 ～ 13 冊是兒子的著作，末冊是目次與索引），可惜尚無英譯本。

翻閱這套文集的感覺很明顯：完全同意熊彼德的論斷（見本章的首段引文）。暫不論書內的思想，光看數不盡的複雜方程式和優美的幾何圖形，就可知道 1874 年此書出版時，他是最好的數理經濟學家，讀者應該跟不上這些技術內容。英國的傑方士和劍橋的馬歇爾，在方程式和幾何圖形上都遠遠不如他，但這反而是傳播深刻見解的致命傷。從這 9 本厚重的全集，可以感受到他的孤單、不遇、激憤、堅持。

華爾拉斯一般均衡分析的特性

問：可否簡介他的主要學說與見解？

答：他的一般均衡分析有個特質。如果你是個消費者，在既定的預算下（例如每個月 2 萬元），如果能讓花在不同事物上（吃飯、買包包、慈善捐款）的每塊錢，都能達到相同的效用（每塊錢都花在刀口上），也就是讓每塊錢的邊際效用相同（稱為等邊際法則），在這種狀態下的消費效用最高；如果你是個生產者（賣雞排或製造電腦），如果花在採購各種原料的每塊錢，都能達到相同的邊際價值（利潤）時利潤會最高。這也是「等邊際法則」的運用。如果你是掌控家庭收支大權的人或是仲介公司的老闆，在什麼狀態下最滿意？全都可以以此類推。

綜合地說，華爾拉斯想要回答的問題是：社會裡有五花八門的市場和無限多的供給需求，隨時都有大量的交易，請問各個單獨市場是均衡的嗎？整體市場也是均衡的嗎？這是如何達成的？如果失衡的話，會再回復穩定嗎？用數學語言來說，各個單獨市場能達到均衡，猶如一條方程式能得出唯一解。整個社會有許多市場要同時達到均衡，猶如要從一大組聯立方程式得出唯一解，這在實務上多困難啊！

華爾拉斯不管實際問題，他要得到在「真空」狀態下，在「磨擦力為零」狀態下的「純粹解」。你覺得這套概念吸引人或有用嗎？或只是在滿足數學癖好？要得到這個唯美派的純粹解，還需要其他假設條件來配合，例如必須假設所有廠商的成本函數都相同、沒有規模報酬遞增或遞減（也就是生產技術不可以進步或退步）。

問：這樣的分析有什麼用處？

答：新古典學派馬歇爾的部分均衡分析，每次只談一件事（例如原子筆的供需），之外的事都假設為「其他條件不變」（ceteris paribus）。這是見樹不見林的顯微鏡手法。華爾拉斯的手法正好相反，他用見林不見樹的望遠鏡手法。雙方的共同點是：都必須做強烈且不真實的假設。

用數學語言來說，華爾拉斯最重要的分析，就是要證明一般均衡的「存在性」與「均衡解」，而且不可以有負值（否則無經濟意義，也就是必須在第一象限內）。華爾拉斯體系必須滿足三個強烈條件，才能得到有意義的唯一解：(1)規模報酬不變或遞減；(2)不可以有聯合產品（同時生產牛肉和牛皮），也不可以有外部性（種果樹順便收成蜂蜜）；(3)所有財貨之間都有「粗替代性」，例如小麥價格上漲時需求必然減少，大米的需求可能會增加。

如果不顧實際困難，數學真的能做出許多事情。為了讓五花八門的市場達到均衡他提出一種概念，法文字是 tâtonnement（就是「摸著石頭過河」，探向不明確的下一步），英文譯成 groping（也是摸索的意思）。以電腦產品為例（例如 iPad），廠商剛投入不確定性很高的產品時，消費者也不敢冒然訂購，透過相互探索修正好幾次，終於皆大歡喜。在「摸索」的概念下，每個市場都會透過價格機制的嘗試與錯誤而達到均衡點，加總起來就會得到整個社會諸多市場的均衡。聽起來很「真空滑順」吧！這就是數學的魔力，你認為這能解決什麼具體問題？

用數學證明均衡的存在性定理，這件事本身就具有致命的吸引力，多方高手在二次大戰後積極投入，1950 年代中期在肯尼斯·阿羅、德布魯與各國高手的合力下達到標竿點。接下來就發展出可計算的一般均衡，用電腦計算總體經濟的規劃和許多具體問題。正如愛因斯坦的理論，在 20 世紀初期看不出有何用處，但日後啟發許多大規模產業（如光電業）。同樣地，在現代電腦運作之前，華爾拉斯的均衡體系在 19 世紀末確實一無用處。今日的各種計畫都必須考慮部門間的交互影響，這些概念的源頭，就是 1870 年代的《純粹政治經濟學要義》。

一般均衡分析的缺點

19 世紀末的學界認為華爾拉斯體系有幾項缺點：

1. 形式多於實質（以形害義）。

2. 在長期動態調整下，自由競爭體系會讓利潤消失，這和現實的產業狀況（獨占、寡占）明顯不符。

3. 華爾拉斯強調「摸索性的交換」、「透過價格機能調整」，缺乏具體的供給與需求理論。

4. 如果有這些缺點，他當初的目的是什麼？他是在追求「科學之美」，不是在描述真實市場的競爭過程。如果馬克思的夢想是要建構一套「科學的社會主義」，那麼華爾拉斯的夢想就是要在「理性建構」之下，經濟體系有無可能達到最理想的社會福利狀態，以及能否因而建構出「公平公正公義」的理論世界。

華爾拉斯父子都有強烈的社會改革傾向，但在實際生活上無法展現，轉而追求美學式的理論體系（可以說，但無法做）。在他的體系內沒有技術變動，沒有勾結，沒有掠奪，沒有景氣循環。熊彼德說華爾拉斯的經濟學猶如 1215 年的英國大憲章（Magna Carta），宣示美好的願景與基本原則。這種高層次的宣言適合掛在國會大廳，不適合出現在產業界與金融界。

其實華爾拉斯在社會經濟研究上花費的心力，並不小於數理模型的建構。華爾拉斯和馬克思一樣，能寫純科學的抽象作品，對實際生活也很投入。他關懷的社會議題很廣：公平、正義、個人與政府（集體）的區別、租稅、土地。學界長期的刻板印象，華爾拉斯是冷酷計算最適均衡的科學人，如果你看他的全集，設身處地感受他的情境，對他的印象會大改觀。

對華爾拉斯經濟學的反思

問：是否有學者從不同的角度，反思華爾拉斯經濟學的意義？

答：一直都有，尤其是思想史學界和制度學派，例如山謬爾·鮑爾斯（Samuel Bowles）和赫伯特·金提斯（Herbert Gintis）2000 年發表的文章提到：(1)在華爾拉斯的模型裡，假設人的行為是自利的，人的偏好是外生的（既定的）。(2)假設交換行為都是「完全的」（說到做到，不會出差

錯）。⑶買賣雙方的契約不需成本（以心傳心，一拍即合，不需中間人介紹，也沒波折）。

　　這三項是不符實況的假設，因為：⑴不是人人都是以自利為中心的「經濟人」（捨身救人的事常可聽到）。⑵市場交換的結果不是平滑順暢的，也未必是「摸索」的，而是充滿心機策略，以及政治力介入的戰場。換言之，經濟學不能只追求優雅的數學解，應該更注重「行為面」與「制度面」，這也是古典學派的傳統。如果一定要用數學才較具科學的味道，那也要把行為與制度因素寫入模型。

參考書目

Auguste et Léon Walras, Œuvres économiques complètes, edited by Pierre Dockès, Pierre-Henri Goutte, Claude Hébert, et. al. (1984-2005), Paris: Economica, 14 volumes.

Bowles, Samuel and Herbert Gintis (2000): "Walrasian economics in retrospect", *Quarterly Journal of Economics*, 115(4):1411-39.

Bürgenmeier, B. (1994): "The misperception of Walras", *American Economic Review*, 84(1):342-52.

"Léon Walras", *Wikipedia* (英文版與法文版).

Schumpeter, Joseph (1954): *History of Economic Analysis*, Oxford University Press.

36

馬歇爾之前的供需曲線分析

> 鸚鵡也可以成為有學問的（政治）經濟學家，只要學會兩個詞就夠
> 了：供給與需求。
>
> —— 無名氏

> 在經濟學發展的初期，我們認為需求與供給是由兩股相互擠壓的粗
> 魯力道，引導到機械式的均衡。近期的想法則認為，平衡或均衡不
> 是由粗魯的機械力所達成，而是由起起伏伏的有機能量所調整。
>
> —— 馬歇爾

> 有趣的是，老練的經濟學者有時會誤以為，每件觀察到的交易，都
> 是供需曲線會合的結果（其實未必）；但對經濟學外行的人時常忘
> 記，大部分觀察到的交易，都是由供需曲線的會合所決定。
>
> —— 羅伯特‧梭羅（Robert Solow）

供需曲線是教科書的基本圖型：價格在縱軸，數量在橫軸；供給曲線從
東北走向原點（正斜率，表示價格愈高，供應愈多）：負斜率的需求曲線，
表示價格愈高，需求量愈少。就這麼簡單，有什麼好說的？現在看來自然不
過的東西，例如 $E = mc^2$ 或 iPad，其實都有不尋常的過程：「看似尋常最奇
崛，成如容易卻艱辛。」本章主題是供需曲線的「前史」。

什麼是供需曲線

問：供需曲線有哪些特徵？

答：1.需求增加但供給不變，就會產生價格上升、數量增加的新均衡。反之，需求減少但供給不變，就會產生價格下降、數量減少的新均衡點。同樣的道理，如果供給曲線向左移動，但需求量不變，就會產生價格上升但數量減少的新均衡。反之，如果向右移動供給曲線，就會產生價格下降但數量增加的新均衡。

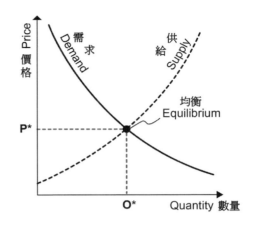

圖 36-1　現代的（馬歇爾式）供需曲線：價格在縱軸，數量在橫軸

2.這種分析是馬歇爾式的部分均衡，特點是：(a)假設其他條件不變（明天的石油價格不變、太陽從東邊升起）。(b)價格在縱軸，數量在橫軸。這不是天經地義嗎？No！馬歇爾之前通常把數量放在縱軸，這是本章的另一個主題：解說這兩種手法的差異與用意。

3.這種供需曲線的隱含假設是「市場是完全競爭的」：有許多相近似的供應者，在競爭出售相近似的產品；沒有獨占者，買賣雙方對價格都無影響力；供給曲線的形狀取決於邊際成本的高低，成本低於市價就會持續供應。

4.影響供給量的因素：(a)生產成本；(b)生產技術；(c)相關產品的價格（各廠牌間的競爭）；(d)對日後價格的預期（行情好就增產，反之減量）；(e)同行的廠商數量。反過來說，影響需求量的因素有：(a)所得的高低；(b)品味與偏好；(c)相關產品與服務的價格；(d)對日後價格的預期（等半年後降價才買）；(e)購買者的數量（鄰居都有，我怎能沒）。

5.供需曲線的交會點，就是市場的均衡點。對比今年 1 月、6 月、12 月的均衡點，就是在做「比較靜態分析」（對照 3 個時點的變化），目的是要了解，除了價格與數量的變動還受到哪些因素（新技術或國際油價或戰爭威脅）的影響？

6. 從相對價格的數量，可以計算出需求的價格彈性（需求量的變動比率，除以價格的變動比率，所得到的負值）。這是點彈性，還可以計算弧彈性、所得彈性、交叉彈性，這些內容與定義在教科書裡都有。如果供給曲線不是正常的正斜率，而是垂直的，它的彈性就是 0（完全無彈性）；如果是水平的，彈性就無窮大（∞）。

7. 分析產品（桌椅、電腦）的供需曲線，原本是用在個體經濟學的架構內。但供需曲線現在也用在總體的分析裡，例如描繪貨幣的供需曲線（縱軸是利率，橫軸是央行的發行數量）。在總體分析裡常見到「總合供給」與「總合需求」，這是從供需曲線借用過來，分析凱因斯式的總體經濟學。

供需曲線是 19 世紀中葉的產品，但供需概念早就內化在動物的行為裡，從傳統市場的買賣就可觀察到供需曲線的變動。戰國時期的《管子》就有「輕重篇」，解說國家如何透過中央調控支配策略性物資的供需，只是現在用幾何圖形與方程式來呈現。

古諾的縱軸與橫軸

問：馬歇爾式的供需曲線，為什麼會成為現今的標準？

答：那時大英帝國如日中天，劍橋大學的經濟學界在馬歇爾這個燈塔的引領下，透過國協與殖民地迅速征服世界。供需曲線成為學界的標準後，有人戲稱它為「馬歇爾的十字架」或「馬歇爾的剪刀」，他還有一段更優雅的說法（本章首引文第 2 段）。

供需曲線圖不是馬歇爾發明的，現今熟悉的幾項基本概念，例如價格彈性、均衡的穩定性、多重均衡解、比較靜態分析、消費者（與生產者）剩餘、成本遞增或不變或遞減、差別取價、社會福利損失（死三角）、資源配置不效率、市場的不完全性，這些概念在馬歇爾之前就已存在，也能用幾何圖形表達。從前有句名言：「如果你肯挖下去的話，一切概念都已在馬歇爾的著作裡了。」現在要傳達的訊息正好相反：一切都已在馬歇爾「之前」的著作裡了。

現今公認最早的數理經濟學家是法國的古諾，他的著作也有供需曲線，但不完全一樣。他在《財富理論的數學原理研究》書末的圖 1 就有個第一

象限圖，縱軸是數量，橫軸是價格。主要的差別是：只有一條負斜率的需求曲線，沒有供給曲線。現在供需曲線的縱軸是價格，為何古諾把它放在橫軸？因為數學的慣例是把應變數（dependent variable）放在縱軸，自變數（independent variable）放在橫軸，所以你可以猜到古諾的需求函數寫成 Q = f(P)，法國工程師杜比的圖（1844）也是價格在橫軸（圖 36-2）。

數學界和工程界都把應變數放在縱軸。你當然會說，如果供需是相互影響的，價格放在縱軸或橫軸，完全不會影響分析的原理與結論。數學家堅持把自變數（價格）放在橫軸，經濟學界偏偏喜歡把價格放在縱軸，古諾（1838）書末的第 6 個圖，是分析課稅對價格與數量的影響，就把價格改放在縱軸。

古諾有好幾項分析上的新見解。(1)寫出供給與需求的函數；(2)計算出供需曲線的斜率；(3)算出價格的需求彈性（大於 1 或小於 1）；(4)引入一條正斜率的供給曲線，分析當政府增稅時，會使價格上升，會導致需求量減少。這四項合起來告訴我們：古諾在 1838 年已能畫出供需曲線，也能寫出供需的函數關係，更能用幾何圖形分析增減稅對供需的影響。

卡爾·海里因希·勞（Karl Heinrich Rau，1792~1870) 在《國民經濟學原理》（1841）第 154 節的附錄，有個幾何圖值得一說。古諾運用第一象限做過一項重要的分析：假設市場有兩位主要的競爭者（偶占），例如可口可樂與百事可樂，雙方一定會注意對方的行銷與產品策略。古諾做個強烈的假設：假設對手的行為（產量與銷售手法）不變，自己如何追求利潤極大化。雙方相互競爭，各自調整自己的生產函數，最後會達到一個均衡，雙方就不再變動（因為也累了），現在稱為古諾的偶占反應函數模型。

奇怪的是，古諾能運用價格與數量做這麼先進的分析，卻未做「市場均衡的穩定性」分析，也就是「市場是否有超額供給或超額需求，如果有的話如何回復均衡」。或許他覺得這個問題意義不大，這個問題在 1841 年由德國的勞繪圖解決了（他不認識古諾及其著作）。勞畫了一條垂直的供給曲線，和一條負斜率的需求曲線，兩者的交會點顯示市價低於均衡價格（因為有超額需求）。生產者知道後就提高售價，超額需求因而消失，市場回復均衡。這種分析現在看來稀鬆平常，但勞在 1841 年就能用幾何圖形和三角函

數表達，比劍橋的馬歇爾早幾十年。

杜比與曼戈爾特的供需曲線分析

法國工程師杜比則只用一條需求曲線，就做出很了不起的分析。

他的圖形非常簡單，但應用性相當驚人。從圖 36-2 可看出，1844 年他用一條簡單的需求曲線表達好幾個現代觀念：(1)消費者剩餘，就是你支付的價格小於得到的好處。你試看能否在這個圖內，看出消費者剩餘在哪個區塊？(2)如果我是獨占者

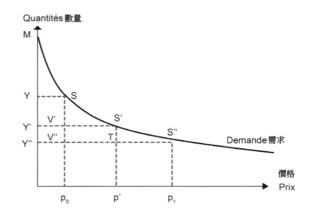

圖 36-2　杜比的需求與效用曲線（1844）：數量在縱軸，價格在橫軸

（例如高鐵），就可以透過差別取價（依離尖峰時段），獲取最大利潤。(3)由於邊際效用遞減，就可推導出兩個重要性質：正常的需求曲線是負斜率，而且凸向原點（convex to the origin）。這些見解比馬歇爾早了好幾十年，既能用幾何圖形，也能用數學方程式，法國工程師與數學家的貢獻被嚴重低估了。

漢斯‧馮‧曼戈爾特（Hans von Mangoldt，1824~1868）做過供需曲線分析，但貢獻比不上古諾和杜比。如圖 36-4 所示，(1)曼戈爾特把價格放在縱軸，他是數學家，知道應變數通常放在縱軸，所以他的需求方程式會寫成 $P = f(Q)$。(2)前面說過，勞的供需曲線有一條垂直的供給曲線，和一條負斜率的需求（直）線，也就是說勞已有供需曲線的觀念，但形狀很特別：都是直線。曼戈爾特的供需曲線有個特點：雖然

圖 36-3　曼戈爾特

形狀奇特，但供需曲線都不是直線。

　　這個 1863 年的圖有個均衡點，若有超額供給或需求，就會透過動態調整（例如漲價或降價或減少供給）回到均衡點，這個觀念在勞的圖已經具備了。換句話說，馬歇爾的十字架在曼戈爾特的手中已經完成了，只是形狀沒那麼優雅。

　　如果你上網查曼戈爾特，可以看到他畫的其他供需曲線，這些圖顯示他已經在做比較靜態分析，已經有多重均衡的概念，也知道如何對聯合產品（例如綿羊同時供應羊毛、羊肉和羊皮）做訂價分析。英國的埃奇沃斯在 1894 年時說曼戈爾特「是獨立發現需求與供給數學理論者之一」。曼戈爾特的供需圖形分析，看起來比同時期的法國和英國經濟學界先進。

問：為什麼從來沒聽說過曼戈爾特，也沒看過他的供需曲線圖？

　　答：因為有位弗里德里希·克萊因韋赫特（Friedrich Kleinwächer），在曼戈爾特逝後重印他的書，但把幾

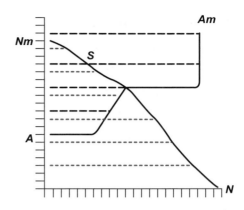

圖 36-4　漢斯·馮·曼戈爾特的供需曲線（1863）：價格在縱軸，數量在橫軸

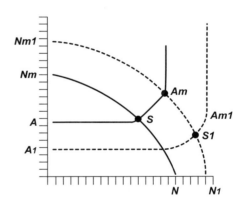

圖 36-5　漢斯·馮·曼戈爾特（1863）：供給與需求曲線的移動

何圖全刪了，理由是「我完全不認為這些圖或數學方程式有助於理解經濟法則」。另一個原因是：他是個數學家，當時的經濟學界掌握在歷史學派手中，認為數學方程式沒用處。

詹金的供需曲線分析

問：繪出供需曲線的德法兩國人，都是工程師和數學家，英國也是嗎？

答：是的，要感謝 19 世紀中葉德、法數學家和工程師的投入。除了上面提到的這幾位，還有上一章的主角華爾拉斯（法國人，但在瑞士洛桑大學任教），以及德國的高森（提出等邊際法）、德國的杜能（提出區位理論，說明「距離」的重要性，有人說他是空間經濟學的鼻祖）。

英國最早提出供需曲線分析的是弗萊明·詹金，也是工程師出身。他對政治經濟學、電磁學都有重要貢獻，但最出名的是協助鋪設海底電纜：第一條大西洋海底電纜，以及紅海、新加坡到雅加達、（地中海）馬爾他島到埃及亞力山大港這幾條重要纜線。他不是專業經濟學者，沒聽聞過古諾、勞、杜比、曼戈爾特這些人的供需曲線研究，完全是獨立的發現。英文版的維基百科有詹金的精采人生，他的經濟分析可參見布朗尼（A. D. Brownlie）和勞埃德·普里查德（M. F. Lloyd Prichard）1963 年發表的文章。

圖 36-6　詹金

詹金過人的才華，對這件小事竟然寫了 3 篇論文（1868，1870，1872），至少繪過 11 個圖解說供需曲線的運作原理，在湯瑪斯·韓福瑞（Thomas Humphrey）1992 年發表的論文中有複製這些圖。

價格在縱軸或橫軸只是習慣用法的問題，不會影響分析的本質與結論。馬歇爾把價格放在縱軸，原因之一是他在說明「消費者剩餘」這個概念時，對讀者的視覺比較方便辨別（如圖 36-7 所示）。如果把價格放在橫軸，意義也一樣，純粹是視覺與喜好的問題。同樣的道理，古諾平常把價格放在橫軸，但在分析偶占問題時，就把價格放在縱軸，也是為了解說和視覺方便。

價格放在縱軸還有個好處：和需求曲線位置較接近，而需求又和效用的

觀念相通。也就是說在視覺上，效用、需求線、價格可以結合成一組概念。

1896年4月6日馬歇爾寫信給一位同行賽利格曼（Seligman）說：「我（的供需曲線）要完全感謝古諾，而不是弗萊明·詹金或杜比。詹金在愛丁堡發表論文（1870）之前的一兩年，我在講義裡就（對供需曲線）有自

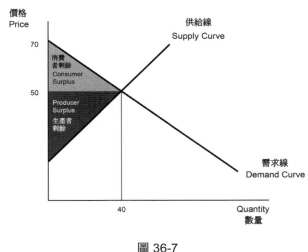

圖 36-7

己的見解了。」同樣地，和詹金同時代的邊際學派主將傑方士，說詹金那篇供需曲線的論文：「是一篇巧妙且有啟發性的文章，所有的論點大概都是正確的。但我想說，大概在1863年左右，我在歐文學院教課時，就經常使用交叉曲線，來解說市場價格如何決定。」

無人不知、無人不會的供需曲線，在簡潔的外表下竟然有過上述的傳奇過程，也能做出許多重要的分析，得到具體有用的結論，真是「簡單好用、以小博大、小兵立大功」。

以上的解說要傳達幾項訊息：

1. 供需圖並非馬歇爾首創，在他之前已有五位數學家和工程師（古諾、勞、杜比、曼戈爾特、詹金）做了很好的分析，也得到許多有用的結論。這些非經濟學界的研究成果，在馬歇爾發表《國內價值的純粹理論》（*Pure Theory of Domestic Value*，1879) 和《經濟學原理》（1890）之前，對供需分析已有深刻的理解。換言之，前四位非英國籍的研究者，在馬歇爾成為經濟學家之前，已對供需曲線做出奠基成果。

2. 這五位奠基者之間，除了曼戈爾特對勞的研究已經知悉，其餘四位都相互不知對方的研究。早期的供需分析都是獨立的發現與見解，集中在法國（古諾、杜比）和德國（勞與曼戈爾特），英國在時間上與見解上都落後。

3. 就個別的貢獻來說，每位先驅已掌握供需分析的基本原理，各自繪出形式相當不同的供需圖，各自著重在不同的經濟議題上：古諾先繪出線條的形式，表明正常財的價格與需求量為負相關（需求曲線為負斜率）；勞與曼戈爾特提出供需穩定的條件與比較靜態分析；詹金應用在市場長短期的分析上。他們早已運用供需圖來探討課稅的效益、提出消費者剩餘的概念、獨占的福利損失、獨占者差別取價的分析、聯合產品（牛肉與牛皮）與複合產品（咖啡與糖）的供需條件、供需的彈性分析。

把馬歇爾當作供需分析的代表人物，其實是後世的誤解，他是個傳播者（使徒）而非創造者。感謝馬歇爾把這些複雜的過程與見解，優雅簡化後沿用至今傳布全球。

參考書目

Brownlie, A.D. and M. F. Lloyd Prichard (1963): "Professor Fleeming Jenkin, 1833-1885. Pioneer in engineering and political economy", *Oxford Economic Papers*, 15(3):204-16.

Gordon, Scott (1982): "Why did Marshall transpose the axes?", *Eastern Economic Journal*, 8(1):31-45.

Groenewegen, Peter (1973): "A note on the origin of the phrase, supply and demand", *Economic Journal*, 83(2):505-9.

Groenewegen, Peter (1987, 2008): "Supply and demand", *The New Palgrave Dictionary of Economics*, 1st and 2nd editions.

Humphrey, Thomas (1992): "Marshallian cross diagrams and their uses before Alfred Marshall: the origins of supply and demand geometry", Federal Reserve Bank of Richmond *Economic Review*, March/April, pp. 3-23.

Humphrey, Thomas (2010): "Marshallian cross diagrams", in Mark Blaug and Peter Lloyd eds.: *Famous Figures and Diagrams in Economics*, pp. 29-37, UK: Edward Elgar.

Jenkin, Fleeming (1870): "The graphical representation of the laws of supply and demand, and their application to labour," in Alexander Grant ed., *Recess Studies*, Edinburgh. Chapter VI, pp. 151-85.

Mosselmans, Bert (2000): "The omitted mathematics of Hans von Mangoldt", *Journal of*

Economic Studies, 27(4/5):382-93.

"Supply and demand", *Wikipedia*.

Thweatt, W.O. (1983): "Origins of the terminology, supply and demand", *Scottish Journal of Political Economy*, 30(3):287-94.

37

卡列斯基比凱因斯更早提出《一般理論》

換句話說，大家熟悉的凱因斯有效需求理論，是卡列斯基在 1933
年獨立發現的，時間上也比凱因斯更早。

—— 賽門·查伯

卡列斯基先生和凱因斯各自發現一般理論，這是科學上「同時多重
性發現」的典型例子。

—— 喬安·羅賓遜

卡列斯基先出版一般理論的內容，這件事是無可爭辯的。出於學
術上的適切尊嚴（可惜這在學者之間很罕見），他從未提過這件
事。……有趣的是，這兩位思想家的政治與智識原點完全不同，竟
然得到相同的結論。對我們在劍橋（大學）的人來說，這是一大欣
慰。

—— 喬安·羅賓遜

有人把卡列斯基和凱因斯相提並論。卡列斯基的經濟分析技術遠比
凱因斯好，卡列斯基在英國居留期間的貢獻，對凱因斯學派革命理
論發展的影響力，或許比十多年之後，其他年輕凱因斯派學者的貢
獻更大。

—— 哈利·強生

卡列斯基提出比《一般理論》更連貫的版本，他引進不完全競爭的

概念，強調投資對利潤份額的影響。卡列斯基的版本在好幾個地方，都比凱因斯的理論更一般化。……卡列斯基的著作已經預示出凱因斯的《一般理論》，而且建構得更嚴謹，更前後一貫，更具一般性的體系。……卡列斯基和凱因斯不是敵對的發明者，他們是同時但獨立的發現者。

—— 喬治・費維爾（George Feiwel）

卡列斯基模型的精神是馬克思學派的，因而時常未能得到足夠的賞識，其實他早就提出凱因斯學派體系的所有主要內涵。……雖然不應該這樣說，但是現代計量經濟學體系的所有基本要素，都源自於卡列斯基的模型；但可以說卡列斯基模型裡的所有要素，都可以在現代的重要計量模型裡找到。

—— 勞倫斯・克萊因

卡列斯基（Michał Kalecki，1899~1970）是波蘭的馬克思派經濟學家，最主要的貢獻是運用數學模型，研究凱因斯式的總體經濟學。本章要說明卡列斯基比凱因斯更早提出《一般理論》的概念與分析。也就是說，凱因斯不是最早提出總體經濟模型的人。一方面由於政治思想與路線上的不和，二方面因為二次大戰期間波蘭被德國占領，1930～1940年代卡列斯基在瑞典、倫敦政經學院、劍橋大學、牛津大學流浪。戰後他回波蘭，對政策與學術都有重要參與，也對古巴、以色列、墨西哥、印度政府提供政策建議。

圖 37-1　卡列斯基

波蘭籍經濟學家奧斯卡・朗格和卡列斯基從馬克思派角度，二次大戰前後對經濟分析做出顯著貢獻（參見第 33 章）。另一位聞名的波蘭籍學者，是以機制設計理論（Mechanism design theory，用數學模型分析經濟設計）得到 2007 年諾貝爾獎的李奧尼德・赫維克茲。

凱因斯在劍橋大學的弟子，尤其是喬安・羅賓遜、皮耶羅・斯拉法、理查・卡恩（Richard Ferdinand Kahn），都承認卡列斯基的貢獻比凱因斯更早甚至更完整，因而有人稱卡列斯基為左派的凱因斯。還有一項特色是凱因斯比不上的：卡列斯基的數理能力明顯優越，擅長用數學模型和統計資料分析問題。1990 ～ 1997 年間刊行的 7 卷全集，從其中的問題意識、幾何圖形、數學方程式，足以證明卡列斯基比凱因斯更早提出《一般理論》。

卡列斯基的生平及成就

問：有這麼奇特的事！為什麼從來沒聽說過？可否簡介他的背景？

答：現今的總體經濟學還籠罩在凱因斯的架構下，多數學者的重點放在建構數理模型或做細部延伸，對這套理論背後的「人」和「精神」沒興趣，只願「向前看」。其實有些人從卡列斯基全集得過不少啟發，這 7 冊全集能提供概念上的靈感，不只是機械式地推導模型，或改變一些假設條件，或做不同的狀況模擬。

1917 年卡列斯基進入華沙大學讀土木工程，數學表現不錯，曾經把帕斯卡（Pascal）的定理（在二階曲線內畫出六角形）做出更一般化的結果：畫出 2n 邊的多邊型，展現相當的分析技巧。生活上他碰到許多困難：父親的紡織廠倒閉他只好去當會計員，為了生活換過好幾個工作，1918 ～ 1921 年間服兵役，1924 年 25 歲從格但斯克（Gdansk）的綜合技術學院畢業。

他最早接觸的經濟學是馬派著作，雖然都是文字性的分析但終身影響他對資本主義的見解。1924 年即將畢業時父親再度失業，他被迫四處打工期間發表一些文章。到 1929 年才因為統計工作的嫻熟，在「景氣循環與物價研究所」找到工作，奠定日後重視統計分析的傾向。

1933 年（34 歲）他寫一篇分析景氣循環的論文，其中有好幾項議題引導他日後持續鑽研的方向。1933 年 10 月他在國際計量學會（International

Econometrics Association）提出這篇論文，後來拆成 2 篇刊在當時的重要期刊：法國的《政治經濟評論》（*Revue d'économie politique*）和《計量經濟學》，得到朗納·福里詩（Ragnar Frisch，1895~1973）和楊·廷貝根（Jan Tinbergen，1903~1994）的讚許，這兩位是 1969 年首屆諾貝爾獎得主。

1936 年他得到獎學金赴瑞典參訪，同年凱因斯出版《一般理論》。卡列斯基轉往英國，先去倫敦之後去劍橋，結識凱因斯的重要弟子：皮耶羅·斯拉法、莫里斯·多布、喬安·羅賓遜、理查·卡恩。透過他們的介紹，1937 年卡列斯基和凱因斯見了面。或許是口音太濃，或是個性差異太大，或是其他原因，凱因斯對他態度冷淡。或許是出身、成就和聲望都無法和凱因斯相比，卡列斯基謙虛低調，從不提他比凱因斯更早提出類似的學理。

如同章首的幾項引文所示，學界幾乎共同承認卡列斯基在這場理論競賽中拔得頭籌。其中最公開支持卡列斯基領先的人就是喬安·羅賓遜，她是凱因斯圈內的重要份子，是劍橋經濟系的要角也是提出不完全競爭理論的先驅。

1939 年卡列斯基發表《景氣變動理論》（*Essays in the Theory of Economic Fluctuations*），奠定日後研究的主軸。二次大戰爆發前他與波蘭當局的政治見解不同滯留海外，否則必因猶太身分受害。牛津統計研究所（Oxford Institute of Statistics）在收容難民知識份子的考量下，1940 年僱用他分析英國戰時經濟，偶爾也在牛津兼課但都未受到重視。

戰爭期間他繼續研究景氣循環理論與充分就業問題，寄人籬下期間他的態度益發謙卑。也因不肯入籍而無法升遷，失意離開牛津轉往巴黎、加拿大。1946 年 7 月應波蘭政府之邀，任職經濟部中央計畫局長，幾個月後辭職。同年底赴紐約在聯合國祕書處經濟部門任職至 1954 年，再度因政治因素（抗議美國麥卡錫議員迫害共產黨員）而離職。

1955 年返回波蘭，1957 年任長期規劃局長，把自己的社會主義經濟成長理論應用來規劃 1961 ～ 1975 年的遠景。但長官認為這項規劃「不夠明亮」，而被視為失敗主義者。1958 年底卡列斯基失去影響力，轉而投入純學術研究再度鑽研數學，也隨著年齡而更悲觀，1970 年 70 歲過世。

唐‧派丁金的反駁

問：有人對卡列斯基的貢獻持相反意見？

答：知名的總體與貨幣理論學者唐‧派丁金認為，凱因斯的《一般理論》不是「同時多重的獨立發現」，而是獨特的創見。派丁金是美籍猶太人，1947 年取得芝加哥博士，同年在哈佛的《經濟學季刊》刊登論文；1948 年在《計量經濟學》和《美國經濟評論》各刊一篇；1949 年在《計量經濟學》和英國的《經濟期刊》各刊一篇；1950～1951 年在《經濟研究評論》、《計量經濟學》各登一篇。取得學位的 5 年內發表 8 篇頂尖期刊論文，前途不可限量。1949 年全家返回以色列，在希伯來大學直到 1995 年。

將近半世紀的盡心投入，讓他成為以色列經濟學之父。他在希伯來大學擔任經濟系主任、社會科學院長、校長，最有名的專著是 1956 年出版的《貨幣、利息與物價》（*Money, Interest and Prices*，1956），1965 年第 2 版，1988 年在 MIT 出第 2 版的刪節版，仍是厚厚一大冊。他的生平與傳記可在英文版維基百科查看，在《新帕爾格雷夫經濟學辭典》（2008 年第 2 版第 6 冊頁 332~336）也有詳細介紹。1988 年在多倫多大學的經濟思想史等會擔任會長。

他會跳進思想史領域，主因是他發展出另一個研究領域：探討凱因斯的《一般理論》，尤其注重「有效需求」和「非自願性失業」這兩個概念。這條路線累積出一本《有人預期過《一般理論》嗎？》，芝加哥大學 1982 年出版。此書的主軸之一是要駁斥戰後的一個論點：卡列斯基比凱因斯更早提出與《一般理論》相似的內容與見解。派丁金做了許多細部探討與文本詮釋，結論是：《一般理論》不是「多重性的同時發現」，不論是卡列斯基或是瑞典學者如歐林（Ohlin）、默達爾、倫德柏格（Lundberg），都不能宣稱他們的作品中已預期凱因斯經濟學的來到。

換言之，《一般理論》是凱因斯的原創獨特成果，其他學者不要對號入座往臉上貼金。派丁金在《新帕爾格雷夫經濟學辭典》（1987）的凱因斯條目（第 3 冊頁 19~41）寫 23 頁的長文（附 3 頁參考書目），再度強調《一般理論》的原創性與獨特性。20 年後這篇長文重刊在這套辭典的第 2 版（2008）第 4 冊頁 687~716，主編另邀兩位作者寫篇新作，補充不同的觀點（頁 716~725）。

賽門・查伯的考證

問：重量級人物出手兩次，應該會嚇走不少支持卡列斯基的人吧？

答：派丁金的證據十足，他對這個議題的廣度和深度都很有說服力，確實產生平反之功。但紐西蘭的賽門・查伯（Simon Chapple）以小蝦米大戰鯨魚的精神，寫 2 篇更有說服力的論文（1991；1995）提出重要論點：派丁金的分析忽略 1936 年之前卡列斯基發表的作品（有些只用波蘭文發表），重新檢視這些文章就可強力反駁派丁金的「平反」。查伯替卡列斯基平反的結果，又回到二次大戰後的論點：卡列斯基比凱因斯更早提出與《一般理論》相似的見解與內容。

派丁金的做法是先提出一個觀念，稱為核心訊息（central message）。以《一般理論》為例，此書 24 章 428 頁（《全集》第 7 冊）主題多元內容龐雜，有許多人急著對號入座，宣稱凱因斯的某些論點和自己的作品相同，而且還比凱因斯更早就提出。派丁金刪去龐雜的枝節後，認為《一般理論》的核心訊息（凱因斯真正原創的見解，也就是別人沒有的）是第 3 章的主題：有效需求理論。

這項理論的要點是：凱因斯認為 1929 年世界大蕭條的主因，不是廠商的生產能力出問題，而是民間的消費與廠商的投資不足，所以應該從刺激消費、擴張公共建設來救經濟。這是 18 世紀馬爾薩斯提出的概念，但被當時的同行忽視，沒想到竟然成為凱因斯《一般理論》的「核心訊息」。

凱因斯受到這個概念啟發做了理論性的延伸，用總體教科書的圖型來說：(1)總和需求曲線和 45 度角線的交會點，決定總產出（Y）的高低（水準）(2)如果總和需求曲線和 45 度角線失衡，會影響產出數量（而非價格）的變化。(3)最重要的特點是，產出的變化是維持均衡的穩定力量。

這三個特點用派丁金的話來說：「有效需求理論的作用，不只是在找尋 $F(Y) = Y$ 這條均衡方程的數學解，而是要顯示這個均衡的穩定性，是由 $dY/dt = G[F(Y) - Y]$ 這條動態調整方程式來決定的，其中的 G' > O。」（《新帕爾格雷夫經濟學辭典》1987 年版第 3 冊頁 25）

派丁金說這個條件才是核心訊息，任何人要宣稱比凱因斯更早提出《一般理論》，必須證明他們先提出這個條件。派丁金說，卡列斯基的著作裡看

不到這一點，沒資格宣稱更早提出《一般理論》。思想史要做的工作，就是把雜訊去除讓核心訊息清晰呈現。

　　派丁金認為 1936 年之前卡列斯基的著作，核心訊息是分析「造成投資循環力量的分析」（見圖 37-2），因為 1933 ～ 1935 年間他的好幾篇論文，都以投資循環為分析主題，甚至到了 1966 年他還說這是 1936 年之前最主要的部分。

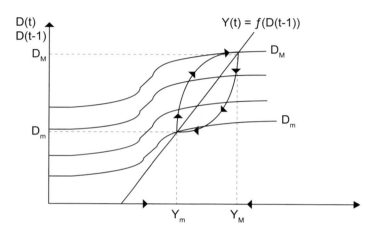

圖 37-2　卡列斯基的投資循環分析

　　看起來派丁金證據十足無可反駁：(1)卡列斯基的分析重點一直都是「投資循環」而非「產出」（這是凱因斯的重點）。(2)凱因斯的另一個核心概念是「有效需求」，而卡列斯基對此未置一詞。(3)雖然卡列斯基也分析過凱因斯式「均衡過程的機制」，但這篇文章發表在波蘭政府的週刊上，這個刊物的性質是評論與報告。雖然他也提到「失業的均衡」，但沒引起專業上的注意。派丁金認為這麼重要的概念，發表在這麼不重要的刊物上，未免對牛彈琴。

問：聽起來派丁金穩操勝券，查伯怎麼替卡列斯基平反？
答：1933 年卡列斯基有篇重要文章〈論外貿與內銷〉（On foreign trade

and "domestic exports"，《全集》首冊頁 165~173）。卡列斯基在《論文選輯》（*Selected Essays on the Dynamics of the Capitalist Economy*，1971）的導論說：「此書的第一部分是 1933、1934、1935 以波蘭文發表的三篇論文，都是在凱因斯發表《一般理論》前刊登的，我認為這三篇文章包含它（即《一般理論》）的基本論點。」

這是卡列斯基唯一宣稱他比凱因斯更早提出《一般理論》的文字。派丁金分析過這三篇論文中的第 1 與第 3 篇，但對最重要的第 2 篇（即上述的 On foreign trade……），只在注腳用 1 行打發掉了，因為他一直認定卡列斯基的主要關懷是「投資循環」，而非「總合產出」。

查伯則製作兩個表格，強力反駁這個誤解：

1. 1933b 的論文〈經濟週期理論概述〉（Outline of a theory of the business cycle），卡列斯基在 13 頁的文章中提到 12 次「總合產出」，平均每頁提到 0.9 次。

2. 在 1933c 論文〈關於貿易，以及……〉（On foreign trade and...）中，9.5 頁的文章提到 36 次總合產出，平均每頁 3.8 次。

3. 在 1935b 的論文〈景氣轉好的機制〉（The mechanism of the business upswing），7.5 頁的文章提到 12 次，平均每頁 1.6 次。

換個角度來看，1933b 那篇文章的第 10 頁有 8 次提到總合產出，第 11 頁有 3 次。1933c 那篇 9.5 頁的文章中，總合產出在各頁提到的次數依序為 4，5，6，2，1，7，4，4，3，0。

這兩個統計表明確反駁派丁金的說法：卡列斯基怎麼會不注意產出而只注重投資？怎麼能說產出這個概念在卡列斯基的論文中不是核心訊息？雖然這三篇都以波蘭文發表但已譯成英文，派丁金應該看到這三篇論文的英譯本，但漏掉了「總合產出」這項重要證據。查伯的兩個表格強調一個重點：卡列斯基的核心訊息是「經濟活動的水準」（level of activity，即產出水準），而不是「循環性」（cyclicity，也就是派丁金強調的投資循環理論）。

此外，派丁金認為另一項核心訊息是「有效需求」，這是 18 世紀馬爾薩斯提出的老概念，凱因斯認為這是醫治 1930 年代初期大蕭條的良方，是借來的，而非原創的。有效需求這個概念，在《一般理論》第 3 章只有短短

幾頁，這只是初級性的概念，不易寫成總體模型。如果硬要找出卡列斯基也說過有效需求的語言，有一段話很接近：「換句話說，資本家必須立即把他們多餘的利潤花用在消費或投資上。」

卡列斯基的核心訊息

問：那麼卡列斯基的核心訊息是什麼？

答：如前所述，他關懷的不是「投資循環」，而是分析利潤、生產、出口、貿易收支、政府赤字、投資這些因素對經濟均衡的影響，這幾項因素也都是凱因斯的重點。回想一下基礎教科書的方程式 Y（總產出）＝ C（消費）＋ I（投資）＋ D（政府赤字支出）＋ X（出口）－ M（進口），就可看出雙方的主要關懷很相近。引一段薩穆爾森的說法佐證：「在卡列斯基的模型裡，投資水準是由利潤決定的，而利潤的決定方程式又和凱因斯的非常接近，……我們可以代表他（卡列斯基）宣稱說，卡列斯基所發現的模型，和凱因斯的非常接近。」

問：介紹卡列斯基生平時，說他和奧斯卡・朗格都是在馬克思派的架構下思考，而凱因斯的總體經濟學顯然和馬克思學說毫不相關。在這麼不同的理念背景下，卡列斯基怎麼會提出《一般理論》的內容？那不是資本主義的思維嗎？

答：好問題。就和所有學派一樣，馬克思陣營裡還有五花八門的學說，正如基督教和佛教裡也有許多派別和法門，堅持獨特的路線和方法。在馬派陣營裡，卡列斯基對羅莎・盧森堡（Rosa Luxemburg，1871~1919）的學說較認同，尤其是她在《資本的累積》（1913）中主張，出口（外銷）和政府支出可以帶來利潤並擴張生產。

請注意卡列斯基對這套學說的評論：「她認為國內的投資可以彌補儲蓄的不足，這個觀點在凱因斯出版《一般理論》之前，沒有人講得比她更清晰。」卡列斯基又說：「值得注意的是，我和她的理論之間有相當的共通性。」換句話說，盧森堡的投資與出口→利潤→總合生產的想法，引導卡列斯基；這與凱因斯的《一般理論》不謀而合，但早了 23 年。

雙方還有個共同點：都是在短期的架構下做分析。凱因斯的名言是：長期下來我們都死了。意思是說：政策的效果必然是短期性的（1～3年），尤其是在1930年代初期大蕭條的情境裡，政策的長期意義不重要。

從卡列斯基的生平可以看出，他是學工程出身，數學與統計的能力不錯，但家境困苦，因緣際會進了經濟學界，正好又碰到1930年代大蕭條。在這樣的國際情境下，他受到盧森堡著作的影響，把這些理念寫成數學模型。完全沒想到在英國，會有一個出身經濟學家庭的凱因斯，也寫出和他思維相近的《一般理論》。這是同時獨立的發現，這種英雄所見略同的事科學史上屢見不鮮。凱因斯的環境優勢（劍橋大學與大英帝國）無人可及，卡列斯基的學說被忽略也非意外。

問：如果卡列斯基在1933～1935年間就有《一般理論》式的著作，1936年看到《一般理論》出版時心中必然洶湧澎湃。他當下的心情與反應如何？

答：他激動不平。《一般理論》出版時他在瑞典訪問研究，但沒受到重視（他的一生幾乎都是如此，在國內也是），部分原因是他對瑞典經濟學界的「資產階級態度感到憤怒」。這是1981年諾貝爾獎委員倫德柏格的看法，他見過卡列斯基，但「我感到遺憾，因為我是後來才了解卡列斯基的重要貢獻，而非事前」。

《一般理論》出版時，朋友從倫敦寄一本給卡列斯基，他當然很震驚。後來他告訴英國的同行「我難過了三天」。既然已被捷足先登他就不必寫了。怎麼辦？只好寫書評表達自己的見解，同時批評凱因斯的內容，刊在波蘭的專業刊物《經濟學家》（*Ekonomista*）上，這篇文章後來譯成英文。他的書評首段說：「凱因斯先生的《一般理論》，毫無疑問是經濟學史上的轉捩點。這本書大約可分成兩大部分：(1)在生產設備既定，以及投資水準既定的情況下，短期的均衡是如何決定的。(2)投資的數量是如何決定的。」

以不完全競爭理論聞名於世的喬安·羅賓遜，1936年6月在皇家經濟學會的《經濟期刊》（由凱因斯主編）登了一篇〈隱藏性失業〉。1976年她在劍橋舉辦的「卡列斯基紀念講座」回憶說：「（論文刊出後）我收到一

封信，顯然是在英國訪問的外國人。他說對我的文章有興趣，因為跟他的作品很相似。我認為這件事很奇怪。……當卡列斯基出現時，我更感到震驚。……他對我們（凱因斯派）的新觀點完全熟悉，……我甚至無法分辨到底是我還是他在講話。但他能挑出凱因斯論述的弱點，我虛弱地想辯解，但馬上就被他鎮住了。」

　　記載這類的親身經歷還有許多，有興趣的人可讀阿西馬科普洛斯（Asimakopulos）1988～1989年發表的論文，以及費維爾34頁的長文〈卡列斯基與凱因斯〉。綜合本章首的6段引文，以及查伯的兩篇論文（1991、1995），幾乎可以確定派丁金的判斷恐怕不對，卡列斯基應該比凱因斯更早提出《一般理論》式的見解。

參考書目

Asimakopulos, A. (1988-9): "Kalecki and Robinson: an 'outsider's' influence", *Journal of Post Keynesian Economics*, 11(2):261-78.

Chapple, Simon (1991): "Did Kalecki get there first? The race for the *General Theory*", *History of Political Economy*, 23(2):243-61.

Chapple, Simon (1995): "The Kaleckian origins of the Keynesian model", *Oxford Economic Papers*, 47(3):525-37.

Feiwel, George (1975): "Kalecki and Keynes", *De Economist*, 123(2):164-97.

Feiwel, George (1975a): *The Intellectual Capital of Michał Kalecki*, University of Tennessee Press.

"Kalecki, Michał", *New Palgrave Dictionary of Economics*, 1st edition (1987), III:8-14 (by K. Laski); 2nd edition (2008), IV:675-8 (by Malcolm Sawyer).

Kalecki, Michał (1990-7): *Collected Works of Michał Kalecki*, Oxford University Press, 7 volumes.

López, Julio and Michaël Assous (2011): Michał Kalecki, New York: Palgrave Macmillan.

"Michał Kalecki", *Wikipedia*.

Patinkin, Donald (1982): *Anticipations of the General Theory? And Other Essays on Keynes*, University of Chicago Press.

Patinkin, Don (1983): "Multiple discoveries and the central message", *American Journal of*

Sociology, 89(2):306-23. Comment by Robert Graber (1985): "A foolproof method for disposing of multiple discoveries: comment on Patinkin", 90(4):902-3; and a reply by Don Patinkin, 90(4):904.

Sawyer, Malcolm (1999) ed.: *The Legacy of Michał Kalecki*, UK: Edward Elgar, 2 volumes.

Targetti, Ferdinando and Bongulslawa Kinda-Hass (1982): "Kalecki's review of Keynes' *General Theory*", *Australian Economic Papers*, 21(39):244-60.

38

海耶克與凱因斯的爭辯

如果你想了解我的內心現狀，我想告訴你說，我認為自己正在寫一本經濟理論的著作（指《一般理論》）。這書不會立即大幅改變整個世界理解經濟問題的方式，但在十多年間應該會。

—— 凱因斯寫信給蕭伯納（George Bernard Shaw）

這就是《一般理論》的祕訣。這本書寫得很糟，組織不良。……也不適合在課堂使用。它有點傲慢，脾氣不好，好爭論，……偶爾閃過一些洞察與直覺，點綴著乏味的方程式。在不靈巧的定義之後，突然出現讓人難忘的樂曲裝飾奏。然而當我們把這些東西搞懂，就會感覺到它的分析既明白又有新意。簡言之，這是天才之作。

—— 保羅·薩穆爾森

（凱因斯）的《貨幣論》造成我的困擾與些許失望。（1932 年 2 月我在《經濟學刊》）發表書評的第 2 部分後不久，大家都知道，凱因斯對自己的理論架構做了根本的改變，同時也開始準備一個全新而且非常不同的版本。凱因斯的《一般理論》出版後，有部分原因是基於之前的經驗，我就不願寫書評，因為可能在還沒做好系統的檢視之前，凱因斯就又改變他的看法了。

—— 海耶克

是的，我的理論（《貨幣論》）是有問題，但這些問題和海耶克著作裡的問題相較，顯得微不足道。

—— 凱因斯批評海耶克

我認為這是一本了不起的著作。⋯⋯心智與哲學上我幾乎完全同意。不只是同意,而是深刻感動地同意(海耶克《到奴役之路》的見解)。

—— 凱因斯評海耶克

如果要寫最終版的 1930 年代經濟分析史,這場戲(這確實是一場大戲)的主角會是海耶克教授。⋯⋯很多人不記得,海耶克的新理論曾經是凱因斯新理論的主要對手。

—— 約翰・希克斯

　　1930 年代初期的世界大蕭條引發諸多學派的大爭辯,試圖對這前所未見的景氣谷底提出診斷開出藥方。英國是當時學界的燈塔,在雜亂的爭論中出現兩個顯眼的尖峰:代表劍橋大學的凱因斯與代表奧地利學派的海耶克(任教於倫敦政經學院)。

　　凱因斯的主張大家已很熟悉:古典學派主張的自由放任與最小政府已不適用,取而代之的是大有為的政府,採取積極干預透過財政赤字創造就業、刺激消費、擴張投資。

　　有人擔憂政府職權擴大,會把國家帶到當時勢力逐漸擴張的社會主義或共產主義,走向「奴役之路」。凱因斯認為正好相反,政府的職權太小或太晚介入更會走向奴役之路;積極大有為政府的出現是自由放任的終點,但並不是社會主義的始點。相對地,海耶克從奧地利學派的立場,護衛自由主義、市場機能、最小政府、企業家精神。

　　回頭看 1930 年代初期雙方的爭辯,從政策的影響力來說,凱因斯明顯居上風,對學術界的影響力也最大:凱因斯經濟學在 1940 ～ 1960 年代風起雲湧,透過哈佛、MIT、耶魯強力傳播全球至今不墜。奧地利學派在熊彼德與海耶克之後,雖然也有影響力與地盤,仍無法和凱因斯學派比擬。本章回顧這兩位的爭論點與思維差異,說不定哪天奧地利學派再度興起,重振古典學派的自由市場機能說。

刺蝟與狐狸的爭辯

問：凱因斯和海耶克爭辯什麼問題？

答：雙方的學術思維差異甚大，幾乎是沒有交集的平行線。他們見面時都相當客氣，二次大戰期間為了躲避德國轟炸，凱因斯還協助倫敦政經學院師生疏散到劍橋大學。1944 年海耶克的《到奴役之路》出版時，凱因斯寫過相當讚許的書評（見章首引文第 5 段）。凱因斯出版《貨幣論》時，海耶克寫書評批判，凱因斯不服（見章首引文第 3、4 段）。

除了 1931～1932 年間稍微火爆但無結論的小爭執，年長高傲的凱因斯對海耶克相當謙和。海耶克是歐陸派的知識貴族，他用在經濟學的時間，比不上他對社會與政治學理的投入（例如《自由的憲章》、《到奴役之路》）。凱因斯也一樣，投入政治活動、股票市場、蒐集藝術作品、參與決策的時間，遠多於對經濟學的鑽研。

這兩條平行線不易相交，凱因斯又較早逝（1946 年，63 歲），對海耶克（1992 年逝，93 歲）晚期的著作沒有機會評論。除了因《貨幣論》而引起的短暫對話（1931～1932），雙方較明確的駁火點是凱因斯寫《到奴役之路》的書評時（1944），說海耶克缺乏政治人物所需的「短期理論」（可以立竿見影的政策）。海耶克的回答是：凱因斯熱衷短暫具體藥效的政策，其實是對這些危險作為的長期後果有意視而不見。

就算他們對大蕭條期間政府職能與政策的見解相反，但 1930～1940 年代真正的國際大問題是社會主義與計畫經濟，以及讓海耶克（奧地利籍）最有切膚之痛的納粹。他們對社會主義與中央計畫的觀點大同小異。共同點是：

1. 雙方都護衛自由的價值，爭論點是應該採自由放任，或是由大有為政府來維護。

2. 雙方都駁斥蘇聯式的中央計畫，都反對德國的國家社會主義（納粹）。凱因斯對希特勒的態度是：「在這場瘋狂但無可避免的鬥爭裡，我們的目標不是征服德國，而是要把德國帶回西方文明的歷史懷抱裡。它的制度基礎是基督教倫理、科學精神與法治，只有在這些基礎之上，個人的生活才能存在。」

3. 1940 年凱因斯出版《如何為戰爭買單》（*How to Pay for the War*），海耶克讀後寫信給凱因斯說：「很高興我們對（因戰爭而引起的物資缺乏）經濟學見解完全一致，不同之處在於應該在何時應用匱乏經濟學。」

差異點則是：

1. 雙方都是自由主義者，但凱因斯急躁沒耐性，海耶克理性溫和緩慢。

2. 海耶克是深知某事的刺蝟，凱因斯是知曉多事的狐狸：海耶克深知的那件大事，是國家對市場體制的干預都是邪惡的；狐狸當然也明白這個道理，但自以為夠聰明能避掉這個陷阱，隨時能創造出新理論、新論點、新政策，來為政府的干預辯解。

3. 凱因斯博學多變善道，常在短時間內自辯自駁，海耶克對這種不穩定深不以為然，認為凱因斯見風轉舵，缺乏穩定的科學原理。

4. 海耶克認為沒有原則的政治人物，容易陷入集體主義的陷阱；凱因斯認為不夠警覺的政治人物，必然會陷入災難。

《貨幣論》引發的爭論

問：前面說海耶克對凱因斯的《貨幣論》有很長的書評，也表達對凱因斯的困惑。這篇長書評讓凱因斯相當不舒服，還用了情緒性的話語，能否說說之間的經過？

答：先從雙方的因緣交會說起。海耶克在維也納大學取得博士學位（1923），在美國住 16 個月研究聯邦準備銀行的運作體系。1927 年奧地利成立景氣循環研究所，聘他為首任所長。1928 年赴倫敦參加學術會議，主題是運用統計方法研究景氣循環，就是在這個會議初識凱因斯。1966 年他寫文章回顧此事：「雖然我們馬上就對利率理論的某些論點有強烈異見，但之後一直都是好朋友，因為我們有許多共同的興趣，但對經濟學的見解很少相互同意。……如果有人站起來直接面對他，即使他完全不同意，也會長久地尊敬那個人。」

一次大戰結束後，凱因斯參加英國代表團談判凡爾賽條約（巴黎和會），他因反對向德國索取過重的賠款而退出，回國後寫了《和平的經濟後果》。這本書立刻暢銷國內外，給他帶來國際性的聲譽。1920 年代凱因斯

投入學術界，出版兩本重要的著作：《機率論》與《貨幣論》。

　　海耶克比凱因斯年輕 16 歲，同時期開始寫一本貨幣理論的歷史與政策，其中的 4 章（論 1650 ～ 1850 年間的貨幣思想）已完成。1929 年他用德文發表《貨幣理論與景氣循環理論》（英譯本 1933），同年他在德文期刊上發表論文，批評兩位美國學者沃迪爾・辛卡斯（Waddill Catchings）與威廉・特魯凡特（William Trufant）的消費不足說（源自 18 世紀的馬爾薩斯，1930 年代凱因斯發揚光大）。

　　海耶克的著作引起萊昂內爾・羅賓斯（Lionel Robbins，1898~1984）的注意，他剛當上倫敦政經學院經濟系主任，30 歲成為英國經濟學界最年輕的教授。1931 年春羅賓斯邀海耶克來倫敦政經學院演講 4 場，引起相當反響，講稿同年出版為《價格與生產》，翌年海耶克被聘為客座教授。

　　1931 年 8 月海耶克在《經濟學刊》發表《貨幣論》的書評（上半篇），凱因斯顯然不高興（參見章

圖 38-1　萊昂內爾・羅賓斯（1978）

首引文的第 4 段），凱因斯逝後的遺物中有這份期刊，他對這 26 頁的書評寫滿註記，劃了 34 處以上的標記。凱因斯的答覆刊在同年的 11 號（下一期）。書評的下半篇刊在 1932 年 2 月號。凱因斯的回答用相同的篇幅，一方面替自己辯護，二方面批評海耶克的《價格與生產》。

　　一小段引文就可顯示凱因斯的惱怒：「這是我讀過混亂得最嚴重的著作，在開頭的 45 頁內幾乎沒有完善的命題。這仍是一本有意思的書，可能會在讀者心中留下印記。這是相當獨特的例子，讓我們看到如何從錯誤出發，會讓一個無惻隱之心的邏輯學家進入精神病院。」意思是說：這本書一開頭就是個錯誤，中間的邏輯亂七八糟，嚴重到會把有強烈邏輯觀念的人，逼死在精神病院。

期刊上的筆戰後，1931 年 12 月 10 日到 1932 年 3 月 29 日之間，雙方相互寫了 12 封信。凱因斯那時是皇家經濟學會《經濟期刊》的主編，他的子弟皮耶羅・斯拉法對海耶克的《價格與生產》寫一篇刺眼的書評，海耶克不甘示弱為文答覆，結束這場筆戰。

在這場筆戰中，海耶克從奧地利學派的觀點認為就算銀行體系不創造信用（印鈔票），市場還是可以平順地運作。凱因斯認為透過中央銀行的貨幣管理（包括創造信用），是維持市場穩定的唯一方式。凱因斯的論點有明顯優勢，因為這是較切合實務的論述。奧地利學派主張的自由市場說，認為只要不干預市場，隨它自由調整供給與需求，就能讓各種資源充分就業（有效率地發揮功能）。這種對市場機能過度信任的態度，在 1929 年底大蕭條之後失去說服力：難道政府放任坐視就能自動復甦？25% 的失業率會自動消失？倒閉的金融體系會神奇地死而復生？

這些事都需要政府積極作為：控制貨幣供給、調整利率、管制物價、擴大公共建設、放棄運作半世紀的國際金本位制。換言之，奧地利學派的市場機能說在 1930 年代初期失去說服力，凱因斯的積極政府論取而代之。以今日眼光評判雙方的優缺點：凱因斯的數學和統計（機率論）能力不錯，但在《一般理論》裡主要用文字解說，搭配零星的方程式，很少用幾何圖型（參見章首引文第 2 段）。海耶克的數學比凱因斯差多了，只用純文字描述。基本上雙方都是用文字，不用或只用少數方程式，沒有現代意義的模型，反而比較像古典學派的手法。凱因斯論點的優勢在於富有政治吸引力，提出具體的預防措施或解決方案；海耶克沉醉在書房的嚴謹論述，沒有特效藥只描述病情與病因，怎麼會吸引大蕭條期間的失業大眾與憂心忡忡的決策者？

問：他們對大蕭條起因的看法有什麼不同？

答：海耶克認為大蕭條在 1929 年春季已有明顯訊息，因為工商業與貿易已經開始萎縮。他認為 1927 年 7 月景氣就已疲乏，美國聯邦體系透過寬鬆的貨幣，把景氣拖延兩年但終究撐不住了。為什麼會崩潰？美國的證券與房地產，因為貨幣供給寬鬆而過度投資。凱因斯的觀點不同，他認為儲蓄相當充足也沒有通膨的危險，大蕭條的原因不是海耶克說的貨幣政策失當，而

是投資不足（有效需求不足）。

換句話說，海耶克認為大蕭條的起因是投資超過儲蓄；凱因斯認為相反，是儲蓄超過投資（投資不足）。海耶克的理論有個缺點：他一直沒能說清楚，為什麼貨幣政策的改變會造成生產結構的變化。也就是說，他一直沒提出好的景氣循環理論，來解釋大蕭條的起因以及如何解決這個棘手問題。

還有一項較抽象的差異：奧地利學派注重均衡，就算碰到大蕭條，在市場機制的運作下，經濟體會逐漸回復到動態的均衡點。凱因斯的創見在於，他認為大蕭條就是一種失衡狀態，為什麼一定要讓它回復均衡？一定要追求這種理論上與數學上的美感？這就是總體經濟學常見到的概念：工資與價格的向下僵固性（只會上升不會下跌）、不充分就業狀態下的均衡、流動性陷阱、不確定性與風險。

海耶克難以釋懷的事

問：為什麼《一般理論》出版後，海耶克對這本革命性的著作反而未置一語？

答：《貨幣論》被修理後，凱因斯開始修正自己的理論，大約從 1932 年中起，開始提出《一般理論》的見解與架構。凱因斯的筆跡很亂，那時又無影印機，他把手稿交給印刷廠排版（很貴），印 100 份交給劍橋的同事和弟子評論。這些初稿已重印在《凱因斯全集》第 13～14 冊，篇幅是《一般理論》的 2 倍，可想見他的動力有多強烈。

海耶克有好幾個理由該寫書評。「在維也納剛開始擔任教職時，我挑選的題材就是那時在英國很盛行的消費不足說。……我們那時想做的，就是和凱因斯對抗。」羅賓斯能讀德文，認同海耶克的論點也受到奧地利學派的影響，「我們立刻能相互理解」。如果海耶克還沒去英國時，就要「對凱因斯提出反引力」，為什麼《一般理論》出版後反而沉默？有好幾項外在因素：

1. 1930 年代凱因斯的學術聲望、國際活動、社會地位如日中天。凱因斯的子弟兵（例如皮耶羅・斯拉法）對海耶克強勁反擊，劍橋的氣勢如虹，倫敦政經學院無法望其項背。

2. 芝加哥大學的主將法蘭克・奈特從 1933 年開始批評奧地利學派的資

本理論，海耶克拖到 1936 年才回覆。主因是他在 1933 ～ 1936 年間，積極介入中央計畫是否可行的大辯論漩渦，寫了兩篇論文打筆仗。他腹背受敵，無餘力攻擊凱因斯的新理論。

3. 海耶克尚未歸化英籍，朋友圈小，倫敦政經學院的同事未必認同他的見解。隻身海外，又要雙拳迎戰數敵，主軸分散後必然失去力道，面對聲勢洶湧的《一般理論》，實在無心無力對抗。1963 年他回顧此事：「我到今天還是無法釋懷，為什麼那時會閃避這項不應迴避的職責。」

海耶克生前對這件事發表過 5 次看法：分別在 1963 年 10 月、1966 年、1970 年代、1980 年代，還有與幫他寫傳記的巴特利（W. W. Bartley）訪談的時候。一方面這是幾十年前的舊事，二方面經過第二次大戰與世事變化多端，三方面他逐漸老化，這五次的說法必然會有出入。綜合比對後有幾項論點持續出現，列舉 7 點如下：

1. 基於批評《貨幣論》的經驗，他認為凱因斯善變（參見章首引文第 3 段），所以不急著寫文章評論《一般理論》（這個論點出現 5 次）

2. 他認《一般理論》只是「暫時性的作品」，凱因斯還會再更動論點（出現 1 次）。

3. 如果要批評《一般理論》，就必須挑戰凱因斯的整套經濟學，工程太浩大（4 次）。

4. 他對這種爭辯已感到厭倦（1 次）。

5. 他那時正在寫個模型，修正自己的資本理論基礎，希望不久後可以取代凱因斯的模型（最後兩次訪問時強調此事）。

6. 但這個取代性的模型並未能提出。海耶克的《資本的純粹理論》（1941）出版時，他和凱因斯並肩對抗戰時的通膨問題，不想因寫書評而減弱凱因斯的影響力（最後兩次訪問強調此事）。

7. 二次大戰結束時，海耶克不想批評凱因斯，因為希望他能批評當時的政策，但翌年凱因斯過世了（1952 年提過這個理由，1980 年重複一次）。

凱因斯與海耶克的異同

問：海耶克在 1974 年得諾貝爾獎，凱因斯若健在有可能第一屆就得

獎。你如何評價這兩位大師？

答：大家習於把他們視為經濟學家，但這兩位是君子不器（不能用固定的框架來理解），貢獻遠遠超過經濟學的範圍，主要差異有幾點：

1. 凱因斯從伊頓中學到劍橋大學、到東印度公司、到財政部、到參加巴黎和會，處處顯示他是個活躍份子。劍橋與牛津出身的首相不知凡幾，他們自視為菁英領導者和創造性的少數，不甘於只在學界與著述。

2. 海耶克是奧地利的移民，雖然已歸化英籍但總是他鄉。他的出身是維也納式的（想想佛洛伊德或其他奧地利學派的學者），基本上是知識份子：關懷世事但保持學術中立，避開政治漩渦是更高的原則。海耶克是中產階級出身，一次大戰後的惡性通膨毀了家庭生計，這個印象終身難脫。

3. 海耶克的經濟學基本上是詮釋性的解說，例如 1931 年的《價格與生產》、1984 年的《個人主義與經濟秩序》。凱因斯是破壞性的創新者，要推翻古典學派、駁斥賽依法則，他對《一般理論》的自我期許就是個顯例（見章首引文首段）。相對於凱因斯的大膽、靈活、創新（孫悟空型），海耶克顯得保守、規矩、淵博、冷靜、單調、無趣、沒有政治性、沒緋聞、沒有香檳酒會、不會上國際頭條新聞（唐三藏型）。

4. 劍橋的經濟學圈子，從 19 世紀末的馬歇爾起就是世界燈塔，到了 1930 年代更是獨領風騷。第一次世界大戰與大蕭條之後，凱因斯急著要推翻舊思維，要提出革命性的《一般理論》。在環境危急的狀態下，特別注重政策的短期效果，態度斷然，採取必要手段以防止（大蕭條的）災難。

5. 海耶克的冷靜與淵博，在激動的 1930 ～ 1940 年代也吸引無數的仰慕者（如蔣碩傑）。奧地利學派不追求急功，認為科學見解的最終勝利，必須先讓反對意見自由奔騰；錯誤的見解終必自我毀滅，人類智慧就是這樣累積起來的。凱因斯是精力充沛的改造者，海耶克是個冷靜沉潛的萬代老靈。

雖然雙方的個性、脾氣、見解大不相同，但都是少見的高明知識貴族。才氣過人的哲學家羅素說，每次和凱因斯辯論都想去撞牆，可想見他的反應和口才。海耶克和凱因斯的諸多見解相左，是當時大家共知的事，但雙方關係良好相互推許也是事實。為什麼？

1. 雙方都有很好的哲學背景，才深入經濟學領域。

2. 都不認為經濟學是自然科學的一支，不能只用嚴謹的數學來推論。

3. 主觀性對經濟思維有其重要性。

4. 對統計計量方法都有批評。

5. 注重程序性的公正。

6. 不主張齊頭式的公平，認同劫富濟貧的效果。

7. 強調思想的重要性，推崇休謨、柏克（Burke）、曼德維爾（Mandeville）的著作。

8. 表面上看來是不相交的平行線，其實是根底相通的自由主義者，共同主張社會應該自由，但採取的手段與政策互異。

9. 凱因斯是個成功的經濟學家，他的理論與政策影響力至今不減；海耶克中年後放棄經濟學，走入政治哲學的象牙塔裡（《自由的憲章》，1960）。

參考書目

Caldwell, Bruce (1998): "Why didn't Hayek review Keynes's *General Theory*?", *History of Political Economy*, 30(4):545-69.

Cochran, John and Fred Glahe (1993): "The Keynes-Hayek debate: lessons for contemporary business cycle theorists", *History of Political Economy*, 26(1):69-94.

Howson, Susan (2001): "Why didn't Hayek review Keynes's *General Theory*? A partial answer", *History of Political Economy*, 33(2):369-74.

Skidelsky, Robert (2006): "Hayek versus Keynes: the road to reconciliation", in Edward Feser ed.: *The Cambridge Companion to Hayek*, Cambridge University Press, pp. 82-110.

Wapshott, Nicholas (2011): *Keynes Hayek: The Clash that Defined Modern Economics*, New York: W. W. Norton.《凱因斯對戰海耶克：決定現代經濟學樣貌的世紀衝突》，葉品岑譯，台北：麥田，2016。

附錄 1
重商主義如何啟發血液循環論

1628 年哈維（William Harvey，1578~1657）出版《血液循環論》之前，醫學界對人體血液迴圈的認知屬於蓋倫式（Galenic）的。蓋倫（Aelius Galenus，或名為 Claudius Galenus，西元 129 ～ 200 年或 216 年）是羅馬帝國時期的醫師、外科醫生和哲學家。直到 16 世紀蓋倫的觀點在歐洲還具權威性，例如他主張放血療法。以今日科學知識來看，他對人體運作的理解有些正確，有些明顯錯誤。例如他正確說明動脈是運送血液，不是送空氣的；但他誤認靜脈系統與動脈系統無關，此事要到 1628 年才被哈維推翻。

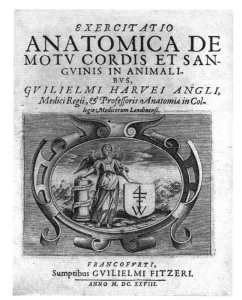

附 1-1　哈維《血液循環論》（1628）

哈維是英國醫生，實驗生理學的創始者之一。他的實驗顯示動物體內的血液是個循環系統，心臟推動後從動脈流向全身，再沿靜脈返回心臟，他試著測量心臟跳動時的血液輸出量，這些觀點稱為血液循環論。哈維闡明心臟、動脈、靜脈、微血管所構成的迴圈運作機制，更重要是解釋人體內的少量血液如何不斷運轉，把養分輸送到各器官與組織。以健康成年人為例，全身血量約是體重的 1/13（8% 左右）：65 公斤者約有 5 公升（5,000 毫升），75 公斤者約有 6 公升，若失血 1 公升就會影響健康，流失 2 公升就會讓腦部供血不足休克。

本文的重點是解說，哈維的父兄是當時的商界人物，他對重商主義時期的會計賬簿、貨幣稀缺性、貿易順逆差、英國經濟狀況，自幼就耳熟能詳。這些商界常用的計算方法與論說技巧，很具體地啟發他日後的血液循環論。《血液循環論》譯成英文時，把原文中常出現的經濟觀念（如借／貸、進／出、貨／幣）模糊掉，後世讀者因而忽略重商主義對循環論的啟發性。

循環論有兩個重點，一是解說心臟、動脈、靜脈、微血管之間的關係，二是論說只占人體約 8% 的血液何以足夠支撐全身需求。這兩個重要觀點轉成經濟語言就是：英國的金銀幣數量明顯低於人口數與經濟量體，為何少量貨幣就足以讓經濟成長不衰？目的在證明只要開放自由貿易、容許英鎊隨著狀況浮動調整匯率、讓供給需求的交換體系通暢，貨幣的稀缺性與貿易逆差就不會妨害經濟成長。這是重商主義與血液論的共同譬喻，過去一直被學界忽視。

麥可・諾伊斯（Michael Neuss）在美國范德堡（Vanderbilt）大學醫學中心的內科部門任教，2018 年在《英國科學史》（*British Journal for the History of Science*，51 卷 2 期 181~203 頁）發表論文〈血錢：哈維的《循環論》是會計賬法的應用〉，以 23 頁 98 個注腳論說這項被忽略的觀點。醫學界能看出這層晦澀的內在關係，還能解說得很具說服力實屬難得。

從經濟史與思想史的角度來看，這個好議題還有兩個面向可以補充。一是諾伊斯對 17 ～ 18 世紀的貨幣與貿易文獻掌握尚有不足，例如安東・墨菲 1997 年編輯的六冊貨幣理論（Monetary Theory，1601~1758）就不在諾伊斯的參考文獻內，此事當然不能苛求醫學界的作者。二是《循環論》對日後經濟分析的啟發，例如法國重農學派代表者揆內，他和哈維一樣都擔任宮廷醫生，對經濟議題也很熟稔。揆內的〈經濟表〉明顯得到《循環論》的啟發，這是第 5 節的議題。

循環論的原理

西元二世紀羅馬時期的醫生蓋倫，他的學說在歐洲長期被視為醫學聖經：內臟是血液系統的中心，消化的食物在肝臟轉換成血液，然後消失於全身，只做有起點和終點的直線式運動；肝臟產生自然靈氣，肺產生活力靈

氣，腦部產生動物靈氣。

　　但亞里斯多德早已明白，迴圈是最完美的運動，布魯諾（Giordano Bruno，1550~1600）也把迴圈運動視為「宇宙間一切生命和活動，最基本的象徵和模式」。這些觀點對哈維的血液循環論有很大啟示和影響。哈維的另一重要貢獻是創立醫學試驗法，之前靠觀察診斷疾病精確性有限，哈維對羊、狗、豬、青蛙的試驗累積出各種解剖技巧。他的學說標誌著與舊傳統的決裂，不再滿足於觀察和精確地描述，轉而以科學意識、用實驗方法研究生理問題，72 頁的《循環論》引發實驗醫學的新時代。

　　本文重點是哈維循環論的思想根源。諾伊斯闡明一個較晦澀、前所未明、不能忽略的影響來源：重商主義的貨幣與貿易爭議，以及哈維家族傳統的會計手法。這本 17 章 72 頁談循環論的小冊子，1628 年在（德國）法蘭克福出版，因為這是傳統的國際年度書展中心較能得到各界注意。哈維把此書獻給英王查理一世，清晰陳述心臟的運作以及血液如何在全身周轉。1620 年代的醫學工具不夠發達，尚無顯微鏡可用，細微處無法具體呈現，他就用理論解說來彌補。以上是血液循環論的概念與簡要發展史，現代的醫學常識已清晰了解雙迴圈原理*。

　　《循環論》的核心問題之一，是人體重量約 8% 的血液何以能提供長期養分？蓋倫式醫學無法精確回答這個重要問題。哈維的答案很簡明：因為血液日夜不停地流轉，把養分輸送到各器官與組織維持生命運作與健康。循環論必須成立的原理很簡明：如果有限的血液（假設 5 公升）不是日夜迴圈，心臟不可能輸夠 24 小時所需的血液。如果循環論正確 5 公升就夠了，大道至簡真理必然簡潔。

---

* 人體中血液會進行雙循環：(1)肺循環是把含氧量低的血液，從右心室經肺動脈，運送到肺氣泡進行氣體交換；然後把含氧量高的血液，經肺靜脈帶回左心房（心臟→肺動脈→肺→肺靜脈→心臟→體循環）。(2)體循環是把含氧量高的血液，從左心室流經身體各部分（肺部除外）進行氣體交換，把含氧量低的血液帶回右心房（心臟→主動脈→動脈→小動脈→微血管→小靜脈→靜脈→腔靜脈→心臟→肺循環）。來源：http://www.hkpe.net/hkdsepe/human_body/blood_circulation.htm

這個簡明道理也可用費雪方程式表達：$MV = PT$。M 表示某國的貨幣總量。V 表示貨幣的流通速度，也就是每 1 塊錢在 1 年內轉手多少次：景氣高熱時交易活絡，少量金錢就能有巨額交易額；瘟疫期間百業歇止，再多的錢不流通也會造成蕭條。P 是一般物價水準；T 是經濟體系內的總交易量。

這個方程式說明，影響經濟成長的重點不在 M（貨幣數量）而在 V（流通速率）。同樣的道理，血液總量不是重點，不舍晝夜的迴圈才是關鍵，哈維的循環論和費雪方程式有異曲同工之妙。這也間接支持循環論明顯受到重商主義的貨幣觀與貿易論啟發：英國的貨幣（金銀）雖然有限（稀缺），若能搭配活絡的國內外貿易，經濟成長效果必然優於金銀充足，但交易冷清的國家。

經濟分析上，V（流通速率，或換手次數）因各行業冷熱不一不易估算，大都只能給個預估值。健康人體的心跳次數基本穩定，假設每分鐘 70 下，60 分鐘 4,200 下，24 小時共約 10 萬下。70 公斤的人體只要有 5 到 5.5 公升血液，不舍晝夜迴圈已足夠健康活動所需。這是粗略地概述，不足以滿足哈維的醫學標準，但他無法精確測知每次心跳的血液輸出量，只能各種估算值來推算。

他估算半盎司的血液，迴圈 24 小時的總量約是 41.5 磅重，1 盎司的血液迴圈 24 小時，就有 83 磅左右血液的效果。哈維據此得到三項重要推論：(1)血液從身體中央（心臟）流向四肢末梢，再從末梢流回中心。(2)心臟的內部結構和肺臟一樣左右對稱，而且保持（流出與流入的）均衡關係。(3)血液是封閉式的迴圈，但營養是有進（食物）有出（排泄）的開放系統。

醫學史學界推論哈維在 1620 年代悟出這個道理，可能是 1616 年擔任宮廷醫生之後。但醫學史學界一直沒能充分解說這項體系性的迴圈，以及對稱性的均衡觀念是從何處得到學理的啟發。17 世紀初期英國的醫學見解，還在蓋倫式的典範籠罩下，哈維不易獨自做出石破天驚的新推論，此事必然有具體因素引導他往這個方向思考。直到諾伊斯才提出有根據的說明：哈維家族的重商主義傳統，以及自幼就熟悉的會計（借貸平衡）觀念、貨幣稀缺的影響、海內外貿易興盛與否的重要性，這些概念都會落實在商業賬簿上：盈虧、盛衰、淡旺。

今日各國政府皆有經濟顧問團，例如美國總統有經濟顧問委員會（The Council of Economic Advisers，CEA，1946 年設立），17 世紀的英國王室也有類似的組織，稱為重商主義顧問（mercantile advisers）。顧問大都是王室授權在地中海東岸和東印度公司（海外殖民）的通商業者，做殖民地開發與貿易業務（包括鴉片和奴隸）。哈維的家族（尤其是兄弟）就是這個行業的第一線海外經商者，能向朝廷解說各種經濟難題的根源與解方。其中最引發爭議的兩項：(1)英國的金銀稀缺（就像人體的貧血）是影響成長的主因？(2)貿易的順差（盈）或逆差（虧）是重要因素？如何才能維持均衡成長？

《循環論》與商業觀念

哈維家族的經商賬簿（1623 ～ 1646 年）存放在倫敦大都會檔案館（London Metropolitan Archives），名為《丹尼爾·哈維家族的分類賬》（Daniel Harvey's Ledger），已有好幾篇論文研究這些厚重的複式簿記賬。這些大賬本的尺寸是 35.5×50.5 公分，內含 574 張紙，重達 20 公斤。研究者細查計賬手法顯示已相當純熟精確，這對英國的特殊幣制（1 鎊＝ 20 先令＝ 240 便士）不是易事，因為其他國家的幣制多是十進位，會計員必須在英制與十進位間迅速轉換，才能表達價格與盈虧。這需要長期的培訓與操作練習，這也是海外商家的本領，家族皆需具備的重要技能。

哈維出身這類商家，自幼熟習這些概念，也能體會匯率升貶、貿易流通、進出口順逆差的原理，寫作《循環論》時自然把這些會計、貿易、平衡、進出概念當作譬喻。這種手法很受醫界批評，一方面認為這是胡亂套用商業原理，二方面也輕視商家出身的哈維，認為他的理論科學可靠性不高。試舉一例顯示醫界的基本態度。

1628 年完成《循環論》後，哈維很希望能與醫界討論這套新學說。1636 年他有機會陪同阿倫德爾（Arundel）伯爵赴歐陸，就先和卡斯帕爾·霍夫曼（Caspar Hofmann，1572~1648，德國紐倫堡大學的醫學教授）聯繫，希望能公開報告他的新觀點。霍夫曼完全不能接受循環論，在與哈維的通信中指斥這是會計師的妄想。哈維堅持己見，1636 年 5 月左右寫信要求霍夫曼，安排他在紐倫堡公開展示新學說。在伯爵與幾位貴賓的陪同下，哈維盡

力維護循環論，霍夫曼不為所動極力惡語批評，認為這是江湖術士的玩意，把佩劍擲在地上憤而離去。

霍夫曼認為哈維不是解剖學家，醫學知識不足，只是個記賬士，從會計的借貸平衡觀念拾取現成術語，胡亂套在人體運作原理上。這是以醫學為幌子，玩弄會計觀念來唬弄學界，還說這是創新見解，禁不起解剖的考驗。這種手法只是在數量上做推論，既無治療之功效，也無知識上的幫助。最讓霍夫曼反感的是，哈維的內容屢屢出現會計用語：computatio（計算）和 ratio（估算），這些都是醫學界不屑使用、完全排斥的賬簿詞彙。最重要的是：如何在解剖學上證明血液循環論？

兩個世紀後醫學界已能接受哈維觀點，為了推廣這個新學說，就把《循環論》的拉丁原文譯成當代英文。但醫學界對書內的會計觀念一方面不熟悉，二方面覺得不妥，時常用另一種較醫學性的詞彙取代哈維的簿記用語。這導致讀英文譯本的人，長期忽視 17 世紀初期重商主義的經濟概念對哈維學說的啟發性。1957 年肯尼斯・富蘭克林（Kenneth Franklin）的英譯本，已轉而尊重哈維常用的會計詞彙。

《循環論》最早的英譯本在 1653 年出版，反倒沒避諱這些會計觀念，但這個初譯本不可靠，因為腳本是 1648 年在荷蘭鹿特丹出版的，而非 1628 年的哈維原版。譯此書時哈維尚在世，譯者依字面譯成英文，保留原文內的會計觀念。具體地說，哈維把血液迴圈觀和會計貨幣原理連接起來的關鍵字有：commensurability（可比性）、fungibility（可替代性）、symmetry（對稱性）、balance（借貸帳目平衡）。

接下來的問題是：商界家族出身的哈維為何會關注血液循環論？哈維成年後的初步工作是當商業經紀人，正逢英國商業發展的重要時代。1618 年 2 月（40 歲）哈維被任命為詹姆士國王的特聘御醫，有機會在朝廷見證重商主義者對政策（例如幣值與貿易逆順差）的爭辯。為何會從商界家庭轉入醫界？他的求學經歷是：1593 年入劍橋大學，1597 年取得文學學士，前往法國與德國，1599 年進義大利的巴都亞（Padua）大學。1602 年 4 月從巴都亞大學取得醫學學位（24 歲），醫學成績優越技巧純熟甚得師長高度評價。學成後回英國，1604 年 5 月赴倫敦加入皇家醫師學院，1607 年 6 月成為學

院會員，1609 年 10 月成為聖巴爾多祿茂（St. Bartholomew）醫院主治醫師，擔任醫學講師。

重商主義顧問的爭論

　　諸多的朝廷經濟顧問中，最重要的兩位是愛德華·米賽爾登（Edward Misselden，1608~1654）與托馬斯·孟。這兩位的經濟見解，與另一派顧問傑瑞德·馬林斯（Gerard Malynes，1585~1641）互爭不下，朝廷左右為難無法斷定。馬林斯認為英鎊幣值低落（貶值），會造成貿易衰退（「因」），但米賽爾登和托馬斯·孟的觀點相反：貶值是進出口失衡的果。因果的見解不同會影響朝廷的決策，馬林斯提議的對策是：應讓英鎊幣值（匯率）穩定，固定匯率制有助於貿易平衡，可解決貿易順逆差。

　　米賽爾登則認為，若採固定匯率必然導致災難性結果，無法活絡商品與金銀流通。今日的經濟學界大都同意這項觀點：貿易失衡造成逆差與外匯流失，需用浮動匯率採貶值策略，讓交易夥伴感覺本國物價低廉，才能促進出口，讓貿易逆差平衡過來。對匯率的見解相左表面上是公務議題，實際上也影響這些海外經商者的利益：從殖民地進口原料與貨品者，希望英鎊匯率穩定強大，就可用較低成本進口貨品。相反地，出口業務較重者希望浮動匯率或貶值策略以增進出口數量，把英國產品賣到更多國家與更遠的殖民地。

　　在對立的局面下，托馬斯·孟和米賽爾登這派主張，朝廷要更開放特許權，讓海外商人經營更多貿易公司（類似東印度公司），優點是海外商人能運用先前已在外國流通的錢幣活絡英國屬地的經濟。馬林斯本身沒有海外貿易公司，這不是他的利益所在，他是站在總體的考慮：英國的錢幣原已稀缺，若再因貿易逆差而更流失，必然引發國內通貨不足，物價下跌百業蕭條，這也是朝廷長久的深度擔憂，固定匯率說深得王室之心。

　　我們可以把金銀稀缺比喻成血液不足：健康受損，成長不易，器官萎縮，活力衰退。哈維家族的立場與托馬斯·孟這派相通，主張浮動匯率，方便海外殖民與貿易活絡本國經濟。但貨幣稀缺是眼睜睜的事，如何說服對手與朝廷說此事不足以擔憂？循環論此時就派上用場：血液只占體重 8%，但量少非重點，只要能提高流通周轉（即前述費雪方程式中的 V 值）即可彌

補量缺的弱點。如何增加 V 值？就是開放海外貿易特許，活絡與殖民地和外國的貿易，讓每英鎊在一年內進出流轉幾次。這樣的效果遠勝於把幣值固定，導致進出口量萎縮的長期後果。用現代語言來說，就是錢出去、貨進來、英國發大財。

主張固定匯率制者並不輕易動搖立場。他們明確表示，主張浮動匯率（貶值派）者私心重，想利用貶值獲得更大貿易量，犧牲國家利益圖謀私利。固定匯率派還引述 1586 年的王室詔告，說必須穩定匯率才能平衡貿易，對國家長期有利。為什麼馬林斯會站在朝廷立場？因為他在生意上長期與王室交往，深知王室的關懷。他事業上的成功得力於王室的權勢，希望透過匯率升貶議題，舒緩王室長久擔憂的金銀幣短缺問題：重拾 1585 年的祖宗之法，採固定匯率制平衡貿易收支，減緩王室被迫增鑄錢幣的壓力。1585 年的法令已有先例，固定匯率解決過 1580 年代的混亂與危機。

面對貶值派與固定派的爭辯，雙方言之鑿鑿立論精闢朝廷左右為難。貶值派眼見大勢不妙就成立一個委員會，1622 年 5 月 31 日呈交報告給樞密院（Privy Council），力辯貶值並不等同於低估英鎊價值。相反地，若堅持英鎊的金銀含量而採固定匯率制，必然給經濟帶來傷害。委員會的成員都有長年的海外實務經驗，深知浮動匯率方便進出口貿易，可依殖民地或各國的狀況做出對國家有利的買賣。

這份報告的主筆者是托馬斯・孟，他認為都鐸王朝結束（1603 年）後，英國當今（1622 年）的國際化程度，已非 1588 年打敗無敵艦隊之前的環境，不能再固守祖宗之法必須主動求變才能求發展。17 世紀初期的國際貿易已很少用實體金銀幣買賣，主流的支付工具是可背書轉讓、可在異年異地兌現的匯票。匯票的匯率是以交易國的幣值為基礎，各國的交易所都有明確的匯率行情表。

影響匯率的因素有：是否在戰爭狀態？有天災瘟疫？海盜出沒風險？以及貿易逆順差程度。此處的重點在於：匯率未必與金銀幣的金屬價值掛鉤。用實體金銀幣交易時，錢幣的金屬價值是主要判準，但在國際匯票時代，金屬價值反而次要，政經風險與貿易失衡度才重要。理解這項本質性的變化，就能體會托馬斯・孟這派人為何反對固定匯率。況且金銀價格在各國市場浮

動不一，硬要人為地把英鎊匯率釘在某個價位，既不真實又礙事。

王室最關懷的錢荒（通貨不足），能靠浮動匯率解決嗎？托馬斯·孟這派人認為：增鑄錢幣來解決錢荒是閉關自守時代的老做法，因為除了新鑄並無其他來源。在國貿重商時代已有新方法：利用英鎊貶值，大力推廣英貨出口賺外匯，賺入外國金銀既可促進產業又能緩解錢荒，才是一舉兩得的上策。若硬把英鎊匯率固定，貿易商界就無法靈活操作：貨出不去、錢進不來、經濟衰退。

若改採浮動路線，貨出去、錢進來、貿易活絡，就會產生乘數效果。各種說法雖然詞語不同，但基本原理就是循環論：費雪方程式內的 V 值愈高（周轉迴圈次數愈多），擴大交易量物價上揚。解決困境的策略，錢荒並不是重點，加速國內外財貨迴圈才是。哈維的《循環論》很有可能受到這種觀點啟發。

對經濟分析的長遠影響

《循環論》還有後續延伸的啟發：和哈維同樣是宮廷醫生的揆內，深受法國國王路易十五寵信，他和哈維同樣也對經濟問題深感興趣。揆內是法國重農學派的領頭人，對亞當斯密的《國富論》甚有啟發之功。1758 年揆內發表著名的〈經濟表〉，闡明農工商部門如何迴圈共生，這個概念明顯受到哈維啟發。諾伊斯解說了一個重要節點：重商主義對血液循環論的啟發，但他沒闡明哈維和揆內的關聯性。

1758 年揆內呈獻〈經濟表〉給國王，1766 年修正。初見之下內容相當複雜，其實可簡化成三個主要階級與部門：(1)生產階級（農業部門）供應全國糧食與勞力。(2)有產階級（地主）提供土地與資金。(3)手工業與商人階級提供商品與服務，揆內認為這是個無生產性的階層。

〈經濟表〉的主要功能是說明這三個階級，各自提供的糧食、資金、商品，如何在體系內交換、流通、累積、迴圈。重要性不在於表內的具體數字，而是第一次有人以圖解的形式描繪經濟的流通與迴圈原理，也是第一次出現總體的系統分析。

上述的理解，幫助我們建立更完整的知識族譜：16 ～ 17 世紀英國的重

商主義啟發《血液循環論》。一個多世紀後，循環論啟發重農學派〈經濟表〉的部門交互流通說。到了 20 世紀初期，這個概念改寫為經濟溪流圖（解說部門間的交換依存關係）。二戰前又影響李昂提夫的投入產出分析，這種分析技術已成為經濟計畫不可或缺的基礎，也讓他獲得 1973 年諾貝爾獎（參見第 5 章圖 5-3 的解說）。

參考書目

Harvey, William (1628): *Exercitatio Anatomica de Motu Cordis et Sanguinis in Animalibus.* 英譯：*An Anatomical Exercise on the Motion of the Heart and Blood in Living Beings*。中譯：《關於動物心臟與血液運動的解剖研究》。簡稱：*De Motu Cordis*、《心血運動論》、《血液循環論》。

Keynes, Geoffrey (1978): *The Life of William Harvey*, Oxford University Press. 作者是經濟學家凱因斯之弟（1887 ～ 1982），長期在哈維任職過的 St. Bartholomew's 醫院擔任外科醫師。1955 年以對醫學界的貢獻獲頒爵位。1966 年這本哈維傳記初版時，獲頒 James Tait 紀念獎。

Neuss, Michael (2018): "Blood money: Harney's *De Motu Cordis* (1628) as an exercise in accounting", *British Journal for the History of Science*, 51(2):181-203.

"William Harvey", *Wikipedia*.

附錄 2
薩穆爾森與輝格思想史觀

從某個角度來看，我選讀經濟學是個盲目意外的結果。高中畢業前，也就是 1932 年元月 2 日上午 8 時，我重生了。我走進芝加哥大學的講堂，那天的講題是馬爾薩斯的理論：人口會像兔子一樣繁衍，直到每畝地的人口密度太高，（勞動供給過剩）導致工資壓低到勉強維持存活的水準。在此狀態下，死亡率會增高到與出生率相等。這些是很容易用基本微分方程就能理解的事，以致我（錯誤地）認為，是否有哪些神祕複雜的事被我疏漏了。

—— 薩穆爾森〈我如何成為經濟學家〉2003 年 9 月 5 日（88 歲）刊載於諾貝爾獎網站（Nobelprize website）*

1946 ～ 2007 年間薩穆爾森發表近百篇經濟思想史的研究論文。就數量而言，比絕大多數思想史研究者一生發表的數量還多。就品質而言，大多發表在重要期刊，不是大多數學者所能比擬。他坦承：在天堂遇見聖彼得時，我最嚴重的罪行就是採用輝格史觀研究科學史。本文解說這種史觀的意義與限度，綜述學者

附 2-1　薩穆爾森（1970 年代）

---

* 這段引文的末句有個訊息：他錯誤地認為方程式背後有神祕的複雜性。

的各種見解，論證輝格史觀的優缺點。

《全集》七冊，1966 ～ 2011 年

　　這 7 大冊經濟論文集中，論思想史面向的比例並不低。數理經濟學界與思想史學界都很看重薩穆爾森的這項貢獻，但這也是爭議性相當高、難以具體掌握的題材。1946 ～ 2007 年間，他發表近百篇思想史的研究論文，雖然長短不一，但都是專業期刊的學術文章：以數學形式表達的論文，有綜合性論述，也有評論性文章。

　　同樣令人印象深刻的是，1946 ～ 2015 年間他大約寫了 60 多篇文章，論師友輩中的知名經濟學者，主要收錄在《全集》第 7 冊頁 585~586。這些發表在期刊、專書中的傳記評論，有凱因斯、熊彼德、李嘉圖、漢森、維納等，古今歐美都有。各篇長短不一，有短論、有評介諾貝爾獎得主，也有長達 23 頁的〈紀念喬安（羅賓遜）〉（Remembering Joan (Robinson)，1989，《全集》第 7 冊論文 # 540）。這近百篇學術論文與 60 篇左右的「論知名經濟學者」，是分析薩穆爾森對思想史的觀點、方法論、洞見的絕佳材料。如文末參考書目所示，學界對薩穆爾森的思想史研究探討還有限，大都是單篇論文，較重要的也不到十篇。

　　以下說明 7 冊《全集》的編輯過程。前兩冊由約瑟夫‧史迪格里茲（Joseph Stiglitz，1943 年生，2001 年諾貝爾獎）主編，1966 年出版，收錄 129 篇學術論文，1985 年六刷現已絕版。1965 年 9 月薩穆爾森為這兩冊寫序，最後一句說：「我太太是個公正的評論者，她說這是我人生的高峰。」

　　第 3 冊（1972 年，78 篇論文）由羅伯特‧莫頓主編（1944 年生，1997 年諾貝爾獎）。在編者序的末段說：「我從 1968 年開始蒐集這些論文，每次我準備出版此書，薩穆爾森又寫一篇我想收錄的論文。到了 1971 年，雖然已超出原初的規劃，但似乎還看不到盡頭。我接受太太的建議，忍痛結束第 3 冊。」

　　第 4 冊（1977 年，86 篇）由永谷裕昭（Hiroaki Nagatani）與凱特‧克勞利（Kate Crowley）主編。編序末段說：「我們編輯此冊的幾年當中，薩穆爾森教授如同過去一樣寫了相當多論文，我們必須承認很難跟上他的生產

速率。」

第 5 冊（1986，96 篇）由凱特·克勞利主編。她在 1985 年 12 月的編者序首段說：「1966 年出版《全集》前兩冊時，西摩·哈里斯（Seymour Harris）寫信給薩穆爾森教授，預言說 1985 年還會有厚厚的兩冊。哈里斯原本以為這樣的預期已很寬厚，但他漏猜了一大冊：1972 年出版的第 3 冊。1977 年出了第 4 冊，現在是 1985 年底，第 5 冊即將付印。」

第 6、7 冊（2011 年，209 篇）由珍妮斯·莫瑞（Janice Murray）主編。編者序末段說：「最重要的是與薩穆爾森工作將近 20 年，我認為這是一件幸運、豐富、無可比擬的事。我很榮幸能和這位特殊的經濟學家共事，他有一枝泉湧且無法壓抑的健筆，還有眼中閃亮的光芒。」

在辛勤寫作的 70 年間，他平均每月寫一篇學術論文，還有好幾本書和幾百篇報章雜誌文章。1970 年得諾貝爾獎時他「很高興能肯定我的辛勤努力」。他列舉在經濟學界成功的五項必要條件，其中第四項是「你必須研讀大師的著作」。很少人能像他一樣讀得這麼廣，又這麼能看透分析的核心。

整體而言，第 1 到 4 冊中收錄的絕大多數是科學論文，少數是刊在非學術期刊。論知名經濟學者的文字，收錄在第 5 冊「第 7 篇：傳記與自傳」（論文 #355~368）。第 6、7 冊內容較紛雜，包括論師友輩的知名經濟學者（論文 #530~573，頁 585~886），以及「第 7 篇：自述」（論文 #574~597，頁 887~1137）。

以下引用 7 冊《全集》時有個簡要的方式，例如（1987，6:389），表示可以從《全集》內找到：1987: "Out of the closet: a program for the Whig history of economic science" (Keynote address at the History of Economics Society Boston Meeting)，*History of Economics Society Bulletin*，9(1):51-60。6:389 表示收錄在《全集》第 6 冊，論文 #389。若同一年中有好幾篇，就在年份後加上 a、b、c 來區隔，例如（1969a，3:186）、（1969b，3:177）。

以下簡介幾項背景文獻。前述 7 冊《全集》顯現的，是他的專業與科學面向。羅傑·巴克侯斯（Roger Backhouse）2017 年出版他的思想傳記，提供許多生平與師友關係，這是目前最完整的傳記。

薩穆爾森的經濟思想史研究已有一本選集，是由史蒂芬·梅德瑪

（Steven Medema）和安東尼‧華特曼（Anthony Waterman）2015 年合編的《薩穆爾森論經濟分析史》（*Paul Samuelson on the History of Economic Analysis: Selected Essays*），收錄 17 篇代表性論文，分 9 個主題：史觀、亞當斯密之前、《國富論》與古典模型、李嘉圖、杜能、馬克思、後古典學派政治經濟學、對近代兩位經濟學家（熊彼德、丹尼斯‧羅勃遜〔D. H. Robertson〕）的反思、20 世紀經濟學革命（凱因斯與《一般理論》、獨占性競爭）。

這 17 篇當然不足以代表百篇，但出版社已認為太厚（478 頁）。史蒂芬‧梅德瑪和安東尼‧華特曼寫一篇 21 頁導論，但撰稿時《全集》第 6、7 冊（2011）尚未出版。這本 17 篇選輯並未把《全集》第 6、7 冊的新資料收入，所以此書的附錄「薩穆爾森的思想史著作」不夠完整。

7 冊《全集》中，或他的所有經濟學著作中，哪項概念的影響最廣泛最長久？答案是「顯現性偏好理論」（Revealed preference theory），幾乎任何學生都知道或聽說過這項理論，將近 70 年之後經濟學家還持續探討這個議題。過去幾年來，有好幾篇回顧性的論文發表在專業期刊上，描述這項理論的發展。這方面的文獻迅速成長，已龐大到需要一本專書做較全面性的探討。

7 冊《全集》有項明顯特色：只要是專業期刊上的學術論文，每篇幾乎都有大量方程式，思想史的文章也如此，尤其在分析李嘉圖、馬克思、斯拉法時最明顯。他有些不用數學表達的文章，例如 1962 年美國經濟學會會長的演講，以及 1987 年在經濟思想史學會發表的主題演講，現在讀來還是生動活潑。這兩篇文章是本文分析的起點，筆法簡潔有力生動，比方程式更有吸引力甚至更高明。

這就引發一項矛盾：評價一位具有高度創意的科學家時，當初他的重要技術突破，若以「半衰期」的方式來表達，反而沒有當初較不受重視的「純文章」，現在看起反而更有力量。這類的史例很多，重讀牛頓的文章，或以量子理論聞名的薛丁格（1887~1961，1933 年諾貝爾獎），他對生命科學的名著《生命是什麼？》幾乎沒有方程式，今日重讀仍然感受力道深刻。

重看薩穆爾森的思想史論文有兩項基本感受，這也是本文的基礎性認

知。他的寫作題材，從範圍（scope）到規模（scale）都相當可觀。他的分析工具相當一致：從各種題材中，挑選適合數學工具解析的議題。也就是說，基本上他不是對某項議題有高度興趣，才去探索背後的深意。大部分的情況是「題材適合分析工具」，他很快就能發揮巧匠的高明，也因而能產生大量論文。思想史學者通常是以議題為主工具為輔，薩穆爾森反其道而行，甚至有「削足適履」的通病：不合我腳的鞋就不穿，合我意的鞋子就要穿成我喜歡的形式，至於旁人說那已不像是鞋子我也不在意，因為都是很科學的數學證明，你們還想怎樣？

　　另一個感受是思想史學家使用的工具確實沒他好，若與他爭論數學過程或結論，基本上是以卵擊石。然而思想史注重的不是邏輯嚴謹，而是背後的概念與思維甚至社會性的理想。所以本文的寫作策略不在進入技術細節，而是要檢討：用方程式分析思想史能得到哪些有用的深刻見解。換言之，要對比薩穆爾森所得到的結論，和思想學界的非技術分析有哪些差異與優劣。目的是要呈現：數理分析方法真的會比傳統方式，更能產生有用的科學知識或訊息？

輝格史觀宣言

> 當我（在天堂）遇見聖彼得時，我最嚴重的罪行，就是採用輝格史觀研究科學史。
>
> 　　　　　　　　　　　　　　　　　　── 薩穆爾森

　　他有兩篇文章最能顯現對思想史的基本觀點與分析手法。以下分兩小節簡介這兩篇的背景、主旨、內容，說明他長久堅持的史觀：必須用輝格派的觀點研究思想史，才能產生對今日有意義的見解。「輝格史觀」是個既複雜又簡明的概念，需用較長篇幅在內文解說。重讀這兩篇不長的宣言，更能感受到他的文字魅力與說服的技巧。

（一）1961 年美國經學會主席的 18 頁講辭

〈經濟學家與思想史〉是 1961 年 12 月美國經濟學會在紐約召開 74 屆

會議，他擔任主席時的講稿。當年 46 歲，從所附的照片看來確實才華洋溢。為什麼會寫這篇文章，又刊在 1962 年《美國經濟評論》卷 52 的首篇？因為他從 1946 年開始寫凱因斯與《一般理論》的文章，刊在《計量經濟學》14 卷 3 期。1951 年寫評述熊彼德的理論，1957 年開始用數學模型分析馬克思經濟理論中的工資與利率（《美國經濟評論》47 卷 6 期）。1959 年寫兩篇文章，刊在《經濟學季刊》（73 卷 1-2 期），分析李嘉圖的經濟體系。1960 年在《美國經濟評論》（50 卷 4 期），回覆學界對 1957 年那篇用現代觀點分析馬克思體系工資與利率的批評。

簡言之，1946 ～ 1961 年間他對凱因斯、熊彼德、馬克思、李嘉圖的四項研究，一方面用最新的數理模型，二方面都刊在頂尖期刊上，引起學界廣泛注意與評論。這讓他的興趣大大提升，認為這種數理分析是理解、釐清、更正「死人錯誤見解」的利器，更能讓他有博古通今的光環。1961 年這 18 頁的主席講辭，可視為年輕雄獅的新戰場宣言。

簡明有趣的一頁開場白後，薩穆爾森進入他最關懷，也最擅長的主題：經濟分析中使用與誤用數學。他說這項主題，「是世界上唯一不受高森邊際效用遞減法則約束的。」意思是說，數學在經濟分析的效用，只會遞增不會降減。為了加強這個信念，他引述湯瑪斯・哈代（Thomas Hardy，1840~1920，英國小說家與詩人）的話：「如果坎特伯里大主教說上帝存在，那是平日該預見的事。如果他說上帝不存在，那你就真的有些重要事了。」如果薩穆爾森要在上帝面前作證，說經濟分析中的數學是個嚴重的過錯，那就有點像要大主教作證，說上帝不存在一樣。他借用伽利略的話（地球確實在轉動！）來強調「數學確實（對經濟學）有幫助」。

宣稱立場後他調轉話題，說此次演講的主題不是技術性的分析，而是談經濟學者和他們的思想與意識形態，也就是談思想與思想史。首先他對比兩本 1950 年代知名的思想史巨著，一是他老師熊彼德的《經濟分析史》（1954），另一是法國查爾斯・季德（Charles Gide）與查爾斯・瑞斯（Charles Rist）的《經濟學說史》（1913 第 2 版，1915 英譯）。他說這兩本是 1940 年代哈佛博士班學生準備資格考的讀物（熊彼德的書在 1940 年代尚未正式出版）。

對比後可看出，季德與瑞斯書中所提的人名，在熊彼德書末的索引都找得到，但這兩本書的重點迥異：季德與瑞斯的書會讓你覺得羅伯特·歐文（英國烏托邦社會主義者）的重要性和馬爾薩斯一樣；也會讓人以為夏爾·傅立葉（法國哲學家與社會主義者）和聖西蒙（1760~1825，法國政治與經濟學者）同樣重要，甚至比華爾拉斯和巴瑞圖更重要。

熊彼德書中的主角是馬歇爾、華爾拉斯、維特塞爾這些人，當然亞當斯密也有應得的位置。這兩本思想史著作都只用文字描述，幾乎沒有技術性的分析，但主要的差異不只是隔了40年，而是季德與瑞斯只重視學說的歷史面，熊彼德完全是分析性的手法，談這些前輩在概念與分析上的貢獻。

1935年薩穆爾森在哈佛讀研究生時，熊彼德說過一句讓他震驚的話：全世界四大經濟學家中三位是法國人。他以為另一位是英國的亞當斯密，其實熊彼德說的是馬歇爾，可見熊彼德的重點是分析的長久貢獻，而不是學說的流傳性與社會影響度。那三位法國人是誰？首先是華爾拉斯（創見一般均衡的概念，也建立分析體系）。其次是古諾，就是大一教科書中建立產業競爭模型基礎的數學家。第三位更難猜，原來是重農派描繪〈經濟表〉的揆內，貢獻是為兩百年後的「經濟流通圖」與「產業關聯表」奠定概念性的基礎，也深刻影響馬克思《資本論》對再生產模式的分析，以及李昂提夫在1940年代的投入－產出分析。

對比過兩本思想史巨著（二戰前以「學說史」為主，戰後以「分析史」為主），薩穆爾森要從自己的觀點，說明哪幾位學者是他心目中的英雄，以及判斷的標準何在。他先問個重要問題：如何判定思想史大師？不知道1960年代的讀者，對薩穆爾森的答案感受如何，或許對數理學界，或是對思想史學界外行的人會覺得很有意思。若以今日的思想史知識來看，薩穆爾森讓內行人失望了。他列舉七位心目中的大師：亞當斯密、李嘉圖、邊沁（英國哲學家與社會改革者）、彌爾、馬克斯、馬歇爾、凱因斯。

他說亞當斯密排首位沒問題，但「我認為亞當斯密被視為經濟理論家，確實被低估了。他對政治經濟學的衝擊並不只是改善他朋友休謨的理論，也不是因為他的見解日後被馬爾薩斯、韋斯特（West）、李嘉圖、托倫斯（Torrens）、彌爾做了不同程度的細緻分析。亞當斯密的重要性在於，以他

對重商主義的攻擊、反對國家干預政策、提倡自由放任為例，這些見解不但影響學界也影響一般讀者。也就是說，能同時影響內行人與外行人，能深刻地影響工商界的聰明人士，也能影響學童」。

這當然是個好標準：能對圈內、圈外、知識界、平民大眾都有影響力，才稱得上大師，單是專業上的科學突破，尤其在人文社會科學界，只是必要條件，要對社會有廣泛影響力才是充分條件。依據這個判準，薩穆爾森的七人名單確實有道理。他對亞當斯密的評價（約半頁），主要已如上引述，並無更多重要見解。其餘六位他用最多篇幅的，是馬克思（三整頁）、李嘉圖（兩整頁）、馬歇爾（兩整頁）、凱因斯（一頁多）、彌爾（一頁）、邊沁（不足一頁），這也是他的顯現性偏好。

接下來的問題是：他用什麼重要見解來介紹這七大人物？以現今知識來看並無特殊之處。這是不公平的判斷，因為思想史研究在這半世紀間已有明顯進步。這篇 1962 年文章的解說已充分納入教科書，基本上是在綜述表面事實，缺乏力道也無深刻見解。

（二）1987 年思想史學會的 10 頁主題演講

這篇 10 頁的宣言〈出櫃：輝格經濟思想史研究綱領〉，是經濟思想史年會在波士頓召開時邀他做的演講，時年 72 歲。此時離 1961 年的美國經濟學會已超過 25 年，一方面他已退休，二方面歷經各項社會與經濟變動，三方面《全集》第 5 冊即將出版，最主要的學術分析成果已充分顯現了，四方面他的數理分析思想史也做得差不多了。如果 1962 年那篇 18 頁是雄獅的戰場宣言，1987 年這篇 10 頁的輝格史觀，是將帥檢視戰場驗收成果的勝利宣言。

一頁的開場白後，他說 1930 年代之後經濟學至少有過四項革命：獨占性競爭革命、凱因斯總體經濟革命、數學化革命、計量推論革命。在這四大革命的壓力下，「研究生至少每天要睡 4 時：這是普遍性的常數。」在這種壓力下，最先排擠掉的課程就是經濟思想史，之後是外語必修課，以及把經濟史的重要性降到最低。

接下來薩穆爾森要開處方。一方面他認同科學要與時俱進，二方面

1950～1980年代在思想史的長期耕耘，讓他明白先人的智慧未必全然無用。解決之道是：「我提議，研究經濟學史（即思想史）要更具有目的性。也就是要轉向，從當今經濟科學的觀點來研究過去。……我因而提倡用輝格史觀來做經濟分析史。……因為此事的成功與否，是由今日最新的科學審查者來判定。這些評審運用現今的眼光與見解，以及今日的知識來判斷。」

他用一個長括弧附帶說明，為何這種方法稱為輝格史觀：因為湯瑪斯·巴賓頓·麥考利（Thomas Babington Macaulay，1800~1859，英國歷史學者與輝格黨的政治家）完全用今日的眼光來判斷過去的事，日後學界就把這種以今日眼光審視歷史變遷的手法，稱為輝格史觀。為何薩穆爾森要做此主張？因為「經濟學是介於文學與冷科學之間」（Economics is in between belles-lettres and cold science）。

他以斯拉法主編的 11 冊《李嘉圖全集》為例，這套全集同時具備歷史面向與現代分析的洞見。從歷史重構的角度來看，這套全集是完美的範例。斯拉法在劍橋大學長期投入檔案裡，幾乎把李嘉圖寫過的所有文字蒐集齊全。就算對歷史完全沒興趣的學者，也會對這套全集感到讚嘆，因為斯拉法用簡潔的手法，讓李嘉圖和他的朋友們能自在地表達，不會展現出觀眾的讚許或不以為然。

薩穆爾森對斯拉法的尊崇高到有點讓人意外。他曾說過，單以斯拉法 1926 年發表的一篇論文，就值得在世界任何大學取得終身職。翻看《全集》第 6 冊，頁 285~558（論文 #410~426），他在 1987~2006 年間寫了 16 篇充滿方程式的論文來詮釋斯拉法的體系。

斯拉法生前最重要的專書是一本大字寬行距 99 頁的《透過商品生產商品：經濟理論批評的序曲》。這是仿效李嘉圖的「標準商品概念」所建構出的體系。斯拉法能得到薩穆爾森這樣高規格的知遇，真是太榮幸了。那也必須佩服凱因斯的眼光，1920 年代把斯拉法從義大利帶到劍橋。

薩穆爾森說一件軼聞：1982 年有家義大利的重要報紙，打國際緊急電話給他，說斯拉法快過世了，要他「趕快、趕快、趕快」寫篇紀念文。薩穆爾森說，我對斯拉法個人和專業上都很景仰，所以「我就趕快、趕快、趕快」寫了這篇文章。然而斯拉法並沒死，報社保留住這篇文章翌年才用上。

在這篇辯論輝格史觀的 10 頁講辭中，薩穆爾森用將近 3 整頁的篇幅大談斯拉法，一方面再度表達對斯拉法的景仰，二方面要以此 11 冊《李嘉圖全集》和斯拉法的後續研究，說明這就是輝格史觀的範例。

這麼長的開場白之後，接下來才是此文的核心，只有兩整頁，但立場堅定：輝格史觀的思想史該怎麼做。以下依他的見解逐點析述。

1. 最具代表性的是熊彼德的《經濟分析史》。此書在他過世前尚未完成，逝後由夫人編輯出版。薩穆爾森說這本書實質上要比它的名聲更偉大。可惜作者早逝，猶如「上帝讓摩西走近應允之地，但拒絕讓他進入門內」。

2. 進入任何圖書館，你會發現馬克‧布勞格的《經濟理論的回顧》，比其他知名的思想史著作被人翻得更髒亂，甚至比布勞格自己的《李嘉圖經濟學》有更多人翻閱。這就是「顯現性偏好」，展現讀者的品味取向。

3. 就我自己（薩穆爾森）所寫的諸多思想史文章中，有幾篇是典型的輝格史觀產品。(a)〈杜能 200 歲〉（Thünen at two hundred，1983）。我扮演接生婆的角色，把這篇天才的作品接續寫出完整模型。(b)〈政治經濟學的典型標準模型〉（Canonical classical model of political economy，1978），我用一個圖來說明李嘉圖、彌爾、馬爾薩斯、馬克思、亞當斯密之間的共同點。輝格史觀就是要用現代更一般化的架構，找出各門各派之間的相同與相異點。(c)〈身為理論家，今天會如何闡述揆內的經濟表〉（Quesnay's 'Tableau économique' as a theorist would formulate it today，1982）。前兩篇文章較少人讀，但第三篇的讀者多反應不錯。〈經濟表〉的重要性是預見日後的一般均衡分析體系，刺激馬克思、熊彼德、李昂提夫，也間接影響斯拉法。現今學者受揆內影響的也不少，例如喬治‧馬拉諾斯（George Malanos）、阿爾馬林‧菲利浦斯（Almarin Phillips）、施洛莫‧麥塔爾（Shlomo Maital）、蒂伯納‧巴爾納（Tibor Barna）、哈利‧強生（Harry Johnson）、沃爾特‧埃爾蒂斯（Walter Eltis）、羅納德‧米克（Ronald Meek）。

4. 李嘉圖在《經濟與賦稅原理》第 31 章談引入機械生產的效果。許多社會主義者批評他是在對資本主義做出讓步，現在有不少經濟學者也對李嘉圖的這個觀點不滿。我（賴）強烈地不同意這些批評，我認為李嘉圖基本

上是對的，而且對得很有道理，批評他的人都錯了。第 31 章是李嘉圖《原理》中最好的一章，所處理的是經濟理論重要議題，也分析得很好。

是的，薩穆爾森的經濟分析史研究，就是輝格史觀產品的典範。形式上科學性十足，也得出不少前所未見的新見解，然而專業思想史學者似乎對這種方法不以為然。正如卡爾・施密特（Carl Schmitt）說的：「勝利者不需感受失敗者的智慧。」意思是說：勝利者不會對失敗者表示智慧上的認同。

這種毫不遮掩的輝格史觀立場太堅定，甚至在指導思想史學者「如何正確地做研究」，必然引起學會多數成員的反應，代表性的論文至今不斷。《劍橋經濟學期刊》（*Cambridge Journal of Economics*）在 2014 年 38 卷 3 期還以此議題做了專輯，共有十篇論文。這呈現出思想史學界和經濟學界的基本差異，不完全是（數理）分析工具上的，而是在更根本的層次上，有史觀、概念、手法上的反差。

＊　　　　＊　　　　＊

> 如果我們認為物理學的任務是在發掘大自然的真相，那就錯了。物理學所關心的是，關於大自然我們能夠說些什麼。
> 物理學相信，有可能用簡單且一致的手法來描述大自然。
> 其實你不是在思考，你只是有邏輯而已。
>
> ——尼爾斯・波爾
> （Niels Bohr，1885~1962，1922 年物理學諾貝爾獎）
> （其實數學和經濟學的關係也一樣）

對輝格史觀的批評

《劍橋經濟學期刊》專輯的十篇論文名為〈薩穆爾森的幽靈：輝格史觀與經濟理論的解釋〉（Samuelson's ghosts: Whig history and the reinterpretation of economic theory）。主要目的是：重探輝格史觀的意義；如何用這種史觀詮釋理論；薩穆爾森用這種史觀研究思想史，成果與意義何在。

輝格史觀的基本概念，認為歷史發展的途徑不可避免地會走向更自由、

更開明的過程，終必形成現代的自由民主與君主立憲。研究者廣泛借用這個信念，來強調做科學史要有個信念：理論與實驗的進展，是沿著一條邁向成功的索鍊，至於那些失敗的理論與行不通的實驗，可以忽略忘卻。這有點像馬克思式的社會進化史觀，從奴隸社會到莊園、到封建、到資本主義、到社會主義，一路邁向更自由平等的社會。

雖然名稱來自英國的政黨，但輝格史觀與政黨完全無關（不論是英國的輝格黨 British Whig，或是美國的輝格黨 American Whig），也和輝格主義（Whiggism，一種政治意識形態）無關。輝格史觀是一種歷史詮釋的觀點，是一系列由過去的失誤，邁向今日的進步故事。英國史上的輝格史觀學者，薩穆爾森認為有休謨、湯瑪斯·巴賓頓·麥考利。這是諸多歷史學派中的一種，以英美體系為主，是一種樂觀性的認知：人類文明是不可逆轉地從落後邁向先進，從愚昧走向開明，從失敗通往成功。

這種思維稱為「絕對主義」（或稱為「理性重構」）：經濟理論和科學見解一樣，都是推翻過去的錯誤逐漸邁向真理。所以過去的理論其實都是「死人的錯誤見解」。現在要用現代最新最好的理論，重新幫前人整理過去的混淆，使之成為更正確、更能為今日服務的思想。絕對主義（理性重構）的特點是：(1)今日比昨日正確；(2)今日的科學能從過去錯誤，找尋出正確且對今日有益之事；(3)這是當今思想史研究者的職責。

著名思想史學者馬克·布勞格在《經濟理論的回顧》導言的前兩頁（任何版本）有精簡的解說：「相對主義把每種理論，都視為可以忠實反映當時各種狀態的代言者，每項理論在自己的歷史脈絡內，都有其平等存在的意義。絕對主義只關心某項主題的嚴格智識發展過程，認為所有理論都是由錯誤邁向真理。相對主義者無法對不同時期的各種理論，排列出優劣先後序列，但絕對主義者則非此不為。……評價某項經濟理論是否有效時，相對主義者必然會傾向於忽視內在的一致性，以及此種理論的解釋範圍，而把注意力著重在與歷史和政治環境的配套裡。」布勞格認為輝格史觀的想法，不只是要把前輩重要學者的見解，用今日的概念和語言來重塑，甚至更奇妙地，還自認比發明這些概念的前人，更理解這些概念的每項特質。

薩穆爾森是經濟學界堅持這種信念的頭號代表人物。戰後他對理論的貢

獻舉世公認，是美國第一位得諾貝爾獎的學者，竟然肯降貴紆尊踏入思想史領域。這應該是這個學門的福氣，為什麼思想史學界反而抗拒？難道進步的科學觀不好？或是無法帶來真正的歷史洞見？其中有一項原因：相對於絕對主義，思想史學界比較著重相對主義（或稱為歷史重構）。

前人提出某種見解，必然與當時的社會、政治、文化環境密切相關。若抽離這些背景，理論就失去當初的用意與力量。絕對主義（理性重構）完全不顧史實，主觀地判斷現今科學是較進步的，前人是錯誤的，或甚至是愚昧的。這種把今日的概念強制套在前人身上，必然得到削足適履、只求快意、昧於史實、方柄圓鑿的扭曲性結論，然後用客觀的科學語氣，宣稱比前人更了解前人。

輝格史觀有那麼神奇？那我們還需要歷史學家？用方程式表達的馬克思模型還能激起階級革命嗎？自傲的輝格史觀，會不會本身就是一種「體系性的失敗」？薩穆爾森會不會被自己的框架與概念綁架了？他會不會被方程式的美感迷惑了，致力於追求形式之美與邏輯的完整性，而忽視原初概念的複雜度與社會理念？多元化的方法論，不是會產生更豐富的知識嗎？單一的輝格史觀或死板的數學分析，真的那麼獨特優秀？我們的重點不在反對薩穆爾森和他的同道，而在護衛方法論的多元性，維護歷史議題的原貌與時代脈絡。不是輝格史觀不好，但它不是最好，也非研究思想史的唯一途徑。

亞當斯密、李嘉圖、馬克思都是有血有肉有激情的人，被化約為方程式後，就像是一片片的 X 光照片：確實有透視力，但不是我們所認識的人，血性、情感、理念、抱負全不見了。這樣才算科學？若思想史學界必須在科學與人性間抉擇，恐怕大多會放棄薩穆爾森。用現象學者胡塞爾的名言來說，還是該「回到事物的本質上」。

接下來是個較根源性的問題：為什麼要研究經濟思想史？ 1969 年史蒂格勒寫過一篇名文〈經濟學的過去有用嗎？〉，雖然他以訊息經濟學獲得 1982 年諾貝爾獎，但他在思想史的造詣也相當可觀：他的博士論文就是寫思想史，馬克・布勞格的博士論文寫李嘉圖經濟學，就是他指導的。史蒂格勒這篇 1969 年的文章，用意當然是替這個領域辯護，他這篇文章的標題〈過去的經濟學對現代有用嗎？〉（Does economics have a useful past?）已

成為思想史學界的「護身符」。之後被經濟史學界借用，調整句子之後也當作護身符：可以從歷史學到有用的經濟學嗎？（Does the past have a useful economics?）

艾倫·福里曼（Alan Freeman）2014 年的論文，批評薩穆爾森忽略一個重點：知識的進展過程中爭辯（controversy）扮演重要角色。薩穆爾森以科學至上主義來框套思想史，其實是買櫝遺珠，因為思想的根源才是重點，方程式是櫝不是珠。若急著給出理論的邏輯條件，反而容易忘卻更重要的「對立性假說」，而這才是爭辯與新知識（溫故知新）的泉源。

為什麼薩穆爾森對輝格史觀那麼執著？因為在他知識奠基的 1930 ～ 1940 年代，科學有顯著的進步，理論有重要成長，對社會經濟的影響廣泛深遠。這造成那一代人文社會學者的「物理學欽羨症」（physics envy）。薩穆爾森（1987 頁 51）有段重要文字，對當時著名的物理學者恩里柯·費米（Enrico Fermi，1901~1954，1938 年諾貝爾獎）有一段科學方法論上的讚揚。薩穆爾森的思想史研究是建立在輝格科學史觀上：不要浪費時間在「問題的矛盾性與根源性上」，而是要直接做「新發現」與「理論化」這種較具有實際意義的事。

薩穆爾森時常引述自然科學（以物理學和工程學為主），作為經濟分析的靈感與目標。然而這種跨學門的借取概念、工具、判準，對思想史學界來說，猶如把現代的西裝領帶硬套在古人身上，然後宣稱：這才是我們應該認識的前人真貌。

用菲利浦·米羅斯基（Philip Mirowski）的話來說，這會造成「熱度大於亮度」（引起學界熱潮，但沒有增加有用的洞見），主因在於經濟學已經被扭曲成「社會物理學」。薩穆爾森的輝格史觀並沒能讓思想史變成真科學，而只是以科學之名來滿足數學邏輯的偏好（與偏見）。思想史學界早就明白這個道理，看穿了這件國王的新衣，所以對薩穆爾森一直有抗拒心。有句話可形容這種強烈的科學主義：少爭辯，多計算（Shut up and calculate）。思想史要多寫方程式，不要再流於無益的口水戰。但我們知道，光是計算沒用，創意才是重點，所以此句應改為：少計算，多創發（Shut up and invent）。方程式並不等於創發，文字概念與思辯爭論未必全

然無用。

　　輝格史觀有一項利器：透過長篇的方程式，證明前人的著作內有「邏輯上的不一致性」。若能證明此點，依現代科學的判準原作就是錯的，接下來就要告訴前人怎樣才是正確的。這才是進步的科學觀，也正是思想史學界的目標。馬克‧布勞格對此說過：「若要把不一致性推給作者，那永遠是件危險的事。因為我們無從知道這種不一致性是內文的錯誤，或是我們對它的理解錯誤。」

　　輝格史觀一直擺出勝利者姿態：我是新的、最好的、正確的。這是勝利者的史觀，過去的一切要服膺於現代標準，否則都是錯誤且該揚棄。正如布勞格所言，有許多內文的不一致性，是輝格史觀者戴上有色眼鏡後，所做出的扭曲性解讀。西洋諺語說：當你手上有一把槌子，眼裡看到的全都是釘子。除了釘子你一概沒興趣，因為不符合你的工具。然而槌子並不是世界上唯一的價值標準。

　　邏輯的一致性並不等於真理，因為數理邏輯只是眾多邏輯中的一種。若被邏輯死死套住反而會妨礙思想的開展，輝格式的「科學扭曲」對前人不公平，因為它有個明確的判準：符合我邏輯的才對否則無意義。這正是犯了削足適履、以形害義、先射箭後畫靶、時空錯亂、替古人穿西裝的謬誤。思想史學界用「相對主義」（歷史重構）指出輝格史觀的缺點，大多數成員仍認為，注意時代差異與文化背景的歷史重構，更能公正地認識前人的初心。

　　最後引用一段公正的評價：

　　經濟思想史學家和薩穆爾森的經濟思想史著作之間，一直有愛惡交織的關係，而且是惡多過於愛。……最大的問題爭論點，是他公開支持輝格史觀的經濟思想。……以他的成就，其實不必來研究這個領域。而他竟然在這方面寫了大約 140 篇的論文，包含各式各樣的題材。他還在 1987 年的會議上宣讀一篇論文，對經濟思想史學會的成員談「我們的專業」和「我們的議題」。他的「非史學」研究中，也顯現出對經濟學史的非凡知識。他和大多數的數理派理論家不同，時常會探討某個正在研究的理論問題背後的歷史根源。這麼

有廣泛深刻影響力的諾貝爾獎級理論經濟學家，還很願意站在我們「這邊」，當然會讓思想史學者愛戴。這確實是一種愛憎交織的關係。（Hands 2016a: 391）

參考書目

Backhouse, Roger (2017): *Founder of Modern Economics: Paul A. Samuelson*, Oxford University Press, 2 volumes. Volume 1: *Becoming Samuelson, 1915-1948*; Volume 2: 尚未出版, Oxford University Press.

Boettke, Peter, Christopher Coyne and Peter Leeson (2014): "Earw(h)ig: I can't hear you because your ideas are old", *Cambridge Journal of Economics*, 38(3):531-44.

Freeman, Alan (2014): "Schumpeter's theory of self-restoration: a casualty of Samuelson's Whig historiography of science", *Cambridge Journal of Economics*, 38(3):663-80.

Freeman, Alan, Victoria Chick and Serap Kayatekin (2014): "Samuelson's ghosts: Whig history and the reinterpretation of economic theory", *Cambridge Journal of Economics*, 38 (3):519-29.

Goodacre, Hugh (2014): "The William Petty problem and the Whig history of economics", *Cambridge Journal of Economics*, 38(3):563-84.

Hands, Wade (2016a): Review of *Paul Samuelson on the History of Economic Analysis: Selected Essays*, Steven Medema and Anthony Waterman (2015 eds.)", *Journal of the History of Economic Thought*, 38(3):391-4.

Hands, Wade (2016b): "The individual and the market: Paul Samuelson on (homothetic) Santa Claus economics", *European Journal of the History of Economic Thought*, 23(3):425-52.

Kliman, Andrew (2014): "The Whiggish foundations of Marxian and Sraffian economics", *Cambridge Journal of Economics*, 38(3):643-62.

Medema, Steven and Anthony Waterman (2010): "Paul Anthony Samuelson: historian of economic thought", *History of Economic Ideas*, 18(3):67-86.

Medema, Steven and Anthony Waterman (2015): "Introduction", *Paul Samuelson on the History of Economic Analysis: Selected Essays*, pp. 1-21, Cambridge University Press.

Mirowski, Philip (1991): *More Heat than Light: Economics as Social Physics, Physics as Nature's Economics*, Cambridge University Press.

Mirowski, Philip (2013): "Does the victor enjoy the spoils? Paul Samuelson as historian of economics" (2012 HES Presidential address), *Journal of the History of Economic Thought*, 35(1):1-17.

O'Brien, D. P. (2007): "Samuelson: the theorist as historian of economic thought", chapter 12 in *History of Economic Thought as an Intellectual Discipline*, Cheltenham: Edward Elgar.

Samuelson, Paul (1962): "Economists and the history of ideas" (Presidential address delivered at the 74th Annual Meeting of the American Economic Association, December 1961), *American Economic Review*, 52(1):1-18.

Samuelson, Paul (1987): "Out of the closet: a program for the Whig history of economic science" (Keynote address at the History of Economics Society Boston Meeting), *History of Economics Society Bulletin*, 9(1):51-60.

Samuelson, Paul (1991): "Conversations with my history-of-economics critics", in *Economics, Culture, and Education: Essays in Honour of Mark Blaug*, edited by Graham Keith Shaw, UK: Elgar, pp. 3-13.

Weintraub, Roy (2016): "Paul Samuelson's historiography: more wag than Whig", *History of Political Economy*, 48(2):349-63.

"Whig history", *Wikipedia*, 2016/11/8.

附錄 3
諾貝爾經濟學獎得主列表

阿弗烈德・諾貝爾（Alfred Nobel，1833~1896）在 1895 年立下遺囑，每年頒獎給五個領域：生理學或醫學、化學、物理、文學、和平。1968 年瑞典中央銀行 300 週年時，增設「經濟學諾貝爾紀念獎」。原本設立的五大獎，得主稱為 Laureate，1968 年增設的經濟學獎，得主稱為 winner。

從下面的表格可以看出，美國籍的得主最多，芝加哥大學排首位：1970 年保羅・薩穆爾森（大學部畢業生）、1974 年海耶克、1976 年米爾頓・傅利曼、1978 年司馬賀（大學部畢業生）、

附 3-1　阿弗烈德・諾貝爾

1979 年迪奧多・舒茲（Theodore Schultz）、1982 年喬治・史蒂格勒、1986 年詹姆士・布坎南（博士學位）、1990 年哈利・馬可維茲、1991 年羅納德・科斯、1992 年蓋瑞・貝克、1993 年羅伯特・弗格、1995 年羅伯特・盧卡斯、1999 年羅伯特・孟岱爾、2000 年詹姆士・海克曼、2007 年羅傑・梅爾森、2013 年尤金・法馬與拉爾斯・漢森、2017 年理查・塞勒、2018 年保羅・羅莫、2022 年道格拉斯・戴蒙德。其次是哈佛、MIT、柏克萊、耶魯……。1969 ～ 2023 年間共頒過 55 次，共有 93 人得獎。得獎時最年輕的是艾絲特・杜芙洛（2019 年得獎時 46 歲），最年長的是李奧尼德・赫維克茲（2007 年90 歲），共有三位女性獲獎。豐富完整的介紹與演講影片，詳見官方網址 http://nobelprize.org/。

附 3-2　諾貝爾經濟學獎章正面銘文：
Sveriges Riksbank till Alfred Nobels Minne 1968
(The Sveriges Riksbank,
in memory of Alfred Nobel, 1968).

附 3-3　得獎者名字會刻在
背面下方

經濟學諾貝爾紀念獎

年度	得獎者	研究領域
1969	朗納・福里詩（Ragnar Frisch），挪威 楊・廷貝根（Jan Tinbergen），荷蘭	計量經濟學
1970	保羅・薩穆爾森（Paul Samuelson），美國	部分均衡與一般均衡理論
1971	賽門・庫茲涅茲（Simon Kuznets）， （俄裔）美國	經濟成長與經濟史
1972	約翰・希克斯（John Hicks），英國 肯尼斯・阿羅（Kenneth Arrow），美國	一般均衡理論、福利理論 （數理經濟學）
1973	瓦希里・李昂提夫（Wassily Leontief）， （俄裔）美國	投入－產出分析
1974	貢納爾・默達爾（Gunnar Myrdal），瑞典 海耶克（Friedrich von Hayek），（奧匈帝 國）英國	總體經濟學與制度經濟學

年度	得獎者	研究領域
1975	利奧尼德・康托羅維奇（Leonid Kantorovich），俄羅斯 特亞林・科普曼斯（Tjalling Koopmans），（荷裔）美國	最適資源配置理論（社會主義）
1976	米爾頓・傅利曼（Milton Friedman），美國	總體經濟學（芝加哥學派）
1977	貝蒂爾・奧林（Bertil Ohlin），瑞典 詹姆士・米德（James Meade），英國	國際經濟學
1978	司馬賀（Herbert Simon），美國	管理科學（數理經濟學）
1979	迪奧多・舒茲（Theodore Schultz），美國 亞瑟・路易斯爵士（Sir Arthur Lewis），（聖露西亞）英國	發展經濟學
1980	勞倫斯・克萊因（Lawrence Klein），美國	總體經濟計量學（數理經濟學）
1981	詹姆士・托賓（James Tobin），美國	總體經濟學（數理經濟學）
1982	喬治・史蒂格勒（George Stigler），美國	產業組織
1983	傑拉德・德布魯（Gérard Debreu），法國	一般均衡理論（數理經濟學）
1984	理查・史東（Richard Stone），英國	國民所得帳
1985	法蘭柯・莫迪帝安尼（Franco Modigliani），義大利	總體經濟學
1986	詹姆士・布坎南（James Buchanan），美國	財政學
1987	羅伯特・梭羅（Robert Solow），美國	經濟成長理論
1988	莫里斯・阿萊（Maurice Allais），法國	部分均衡與一般均衡理論
1989	泰瑞夫・哈維默（Trygve Haavelmo），挪威	計量經濟學
1990	哈利・馬可維茲（Harry Markowitz），美國 莫頓・米勒（Merton Miller），美國 威廉・夏普（William Sharpe），美國	財務經濟學

年度	得獎者	研究領域
1991	羅納德‧科斯（Ronald Coase），英國	市場制度理論
1992	蓋瑞‧貝克（Gary Becker），美國	個體經濟學與經濟社會學
1993	羅伯特‧弗格（Robert Fogel），美國 道格拉斯‧諾斯（Douglass North），美國	經濟史
1994	約翰‧哈薩尼（John Harsanyi），匈牙利 約翰‧納許（John Nash），美國 萊茵哈德‧賽爾騰（Reinhard Selten），德國	賽局理論
1995	羅伯特‧盧卡斯（Robert Lucas），美國	總體經濟學
1996	詹姆士‧莫里斯（James Mirrlees），英國 威廉‧維克里（William Vickrey），加拿大	資訊經濟學
1997	羅伯特‧莫頓（Robert Merton），美國 麥倫‧舒爾茲（Myron Scholes），加拿大	財務經濟學
1998	阿瑪帝亞‧沈恩（Amartya Sen），印度	福利經濟學
1999	羅伯特‧孟岱爾（Robert Mundell），加拿大	國際總體經濟學
2000	詹姆士‧海克曼（James Heckman），美國 丹尼爾‧麥克法登（Daniel McFadden）， 　美國	計量經濟學
2001	喬治‧艾克羅夫（George Akerlof），美國 麥克‧史賓斯（Michael Spence），美國 約瑟夫‧史迪格里茲（Joseph Stiglitz）， 　美國	資訊經濟學
2002	丹尼爾‧康納曼（Daniel Kahneman）， 　以色列 維農‧史密斯（Vernon Smith），美國	經濟心理學與實驗經濟學
2003	羅伯特‧恩格爾（Robert Engle），美國 克萊夫‧格蘭傑（Clive Granger），英國	計量經濟學
2004	芬恩‧基德蘭德（Finn Kydland），挪威 愛德華‧普雷史考特（Edward Prescott）， 　美國	總體經濟學

年度	得獎者	研究領域
2005	羅伯特・歐曼（Robert Aumann），（德裔）以色列 湯瑪斯・謝林（Thomas Schelling），美國	賽局理論
2006	艾德蒙・費爾普斯（Edmund Phelps），美國	總體經濟學
2007	李奧尼德・赫維克茲（Leonid Hurwicz），（波裔）美國 艾瑞克・馬斯金（Eric Maskin），美國 羅傑・梅爾森（Roger Myerson），美國	個體經濟學
2008	保羅・克魯曼（Paul Krugman），美國	國際與區域經濟學
2009	伊利諾・歐斯壯（Elinor Ostrom），美國 奧利佛・威廉遜（Oliver Williamson），美國	經濟治理
2010	彼得・戴蒙德（Peter Diamond），美國 戴爾・莫騰森（Dale Mortensen），美國 克里斯多夫・皮薩里德斯（Christopher Pissarides），英國、賽普勒斯	搜尋理論、勞動經濟學
2011	湯瑪斯・薩金特（Thomas Sargent），美國 克里斯多夫・希姆斯（Christopher Sims），美國	總體計量經濟學
2012	艾文・羅斯（Alvin Roth），美國 勞埃德・夏普利（Lloyd Shapley），美國	實驗經濟、數理經濟學
2013	尤金・法馬（Eugene Fama），美國 拉爾斯・漢森（Lars Hansen），美國 羅伯特・席勒（Robert Shiller），美國	資產價格實證分析、
2014	尚・提諾爾（Jean Tirole），法國	分析大型企業、市場力量與監管
2015	安格頓・迪頓（Angus Deaton），英國	個體經濟學
2016	奧立佛・哈特（Oliver Hart），英國 班特・霍姆斯壯（Bengt Holmström），芬蘭	契約理論
2017	理查・塞勒（Richard Thaler），美國	行為經濟學

年度	得獎者	研究領域
2018	威廉·諾德豪斯（William Nordhaus），美國 保羅·羅莫（Paul Romer），美國	總體經濟學、經濟增長
2019	麥可·克里莫（Michael Kremer），美國 艾絲特·杜芙洛（Esther Duflo），（法裔）美國 阿巴希·巴納吉（Abhijit Banerjee），（印度裔）美國	發展經濟學
2020	保羅·米爾格龍（Paul R. Milgrom），美國 羅伯特·B·威爾遜（Robert B. Wilson），美國	拍賣理論
2021	戴維·卡德（David Card），（加拿大裔）美國 約書亞·D·安格里斯特（Joshua D. Angrist），（以色列裔）美國 吉多·因本斯（Guido W. Imbens），（荷裔）美國	勞動經濟學、因果關係分析
2022	班·柏南奇（Ben Bernanke），美國 道格拉斯·戴蒙德（Douglas Diamond），美國 菲利普·迪布維格（Philip Dybvig），美國	銀行與金融危機
2023	克勞蒂亞·戈丁（Claudia Goldin），美國	勞動經濟學

延伸閱讀

1 讀物

Backhouse, Roger (2002): *The Ordinary Business of Life: the History of Economics from the Ancient World to the 21st Century*, Princeton University Press.《西方經濟學史》，莫竹芩、袁野譯，海南出版社，2007。

Buchholtz, Todd (2021): *New Ideas from Dead Economists*, Penguin Books (Plume).《經濟大師的迴響》，葉婉智、林子揚譯，臺北：一起來出版社（2000）。

Heilbroner, Robert (1999): *The Worldly Philosophers*, New York: Simon and Schuster（第7版）。《俗世哲學家》，唐欣偉譯，臺北：商周（2020）。

Skousen, Mark (2009): *The Making of Modern Economics: The Lives and Ideas of the Great Thinkers*, New York: M.E. Sharpe, 2nd edition. 馬春文譯（2006）《現代經濟學的歷程：大思想家的生平和思想》，長春出版社。

2 教科書

Brue, Stanley and Randy Grant (2012): *The Evolution of Economic Thought*, Thomson Higher Education, 8th edition.《經濟思想史》第7版中譯本，北京大學出版社，邸曉燕等譯，2008。

Canterbery, E. Ray (2010): *The Literate Economist: A Brief History of Economics*, Singapore: World Scientific, 2nd edition.

Ekelund, Robert and Robert Hébert (2013): *A History of Economic Theory and Method*, New York: McGraw-Hill, 6th edition.《經濟理論和方法史》第4版中譯本，人民大學出版社，楊玉生、張鳳林等譯，2002。

Landreth, Harry and David Colander (2002): *History of Economic Thought*, Boston: Houghton Mifflin, 4th edition.《經濟思想史》，周文譯，人民郵電出版社，2011。

3 碩博班

Blaug, Mark (1997): *Economic Theory in Retrospect*, Cambridge University Press, 5th edition. 《經濟理論的回顧》第 5 版，中國人民大學出版社，姚開建譯校，2009。

Brems, Hans (1986): *Pioneering Economic Theory, 1630-1980: A Mathematical Restatement*, Johns Hopkins University Press.

Negishi, Takashi (1989): *History of Economic Theory*, Amsterdam: North-Holland.

Niehans, Jrg (1990): *A History of Economic Theory: Classic Contributions, 1720-1980*, Johns Hopkins University Press.

Screpanti, E. and S. Zamagni (2005): *An Outline of History of Economic Thought*, Oxford University Press (translated from the Italian by David Field), 2nd edition.

4 研究用

Backhaus, Jürgen (2012) ed.: *Handbook of the History of Economic Thought: Insights on the Founders of Modern Economics*, New York: Springer.

Pribram, Karl (1983): *A History of Economic Reasoning*, Johns Hopkins University Press.

Roncaglia, Alessandro (2005): *The Wealth of Ideas: A History of Economic Thought*, Cambridge University Press. 《西方經濟思想史》，阿列桑德洛·榮卡格利亞著，上海社會科學院出版社，羅漢等譯，2009。

Samuels, Warren, Jeff Biddle and John Davis (2003) eds.: *A Companion to the History of Economic Thought*, London: Blackwell Publishing.

Schumpeter, Joseph (1954): *History of Economic Analysis*, Oxford Unievrsity Press. 《經濟分析史》（中譯本套裝 3 冊）

5 期刊

European Journal of the History of Economic Thought (http://www.informaworld.com/smpp/title~content=t713698194)

History of Economic Ideas (http://www.historyofeconomicideas.com/)

History of Economics Review (http://hetsa.fec.anu.edu.au/review/)

History of Political Economy (http://hope.dukejournals.org/)

Journal of the History of Economic Thought (http://journals.cambridge.org/action/
displayJournal?jid=HET)

6 網址

Adam Smith Society (http://www.adamsmithsociety.net/)

Duke University History of Political Economy Group (http://www.econ.duke.edu/HOPE/)

Famous Economists' Grave Sites (http://web.uvic.ca/~rutherfo/mr_grvs.html)

History of Economics Playground (http://historyofeconomics.wordpress.com/)

History of Economics Society (http://eh.net)

Mark Blaug 專屬網站 (http://markblaug.wordpress.com/)

Marxists Internet Archive (http://www.marxists.org/)

7 叢書

Historical Perspectives on Modern Economics (Cambridge)

Oxford Studies in the History of Economics

Palgrave Studies in the History of Economic Thought

Routledge Studies in the History of Economics

後記

　　思想史可以從許多角度切入，有人從歷史背景與傳記的觀點，有人從時代思潮變化來分析。本書從理論發展史的脈絡來探討，也就是不談生平傳記（當然會帶到一些），也不談思潮變遷（例如社會主義的演變）。

　　我們習慣賤古貴今，以為時代在進步怎麼還要向古人學習？就表面事實來看（例如電腦與飛機），古人確實不如我們；但就人生智慧來說，前人的經驗結晶就不宜小看。有詩為證：「山近月遠覺月小，便道此山大於月。若人有眼大如天，當見山高月更闊。」

　　經濟思想史的吸引力何在？學說繽紛競逐：三百多年來各門各派的見解，此起彼落精采不絕，「試看書林隱處，幾多俊逸儒流」。人物興替起落：「滾滾長江東逝水，浪花淘盡英雄。……一壺濁酒喜相逢，古今多少事，都付笑談中。」別小看這個卑微的領域，先不說各國歷代的重要經典，光是當代的期刊論文與專著一輩子都讀不完。單從這本書的小窗口，就可以推想整座冰山的體積；這個領域的爭辯活躍，每位作者都能寫出大異其趣的角度與觀點。

　　歷史就像汽車的後照鏡，不能保證往前開不會出車禍。後照鏡可以讓司機（決策者）預見左右後方的危險。乘客可以對後照鏡沒感覺，但沒有後照鏡的司機豈能開車？層級愈高、決策度愈強，歷史感的重要性愈顯著，反之亦然。

　　本書是拾人牙慧的讀者文摘，用對話形式講五花八門的事。這種摘述容易看懂，但不能取代書末的延伸閱讀。同樣的道理，教科書不能取代經典原著。如果想進一步了解某個概念或人物，簡單的方法是：(1)在網路搜尋；(2)查英文版的維基百科；(3)查 EconLit 經濟學資料庫；(4)《新帕爾格雷夫經濟學辭典》第 3 版（2018，14,899 頁）。「見聞轉誦是小乘，悟法解義是中乘，依法修行是大乘。」我們只做小乘，希望讀者做中乘，更進一步做出

讓學界受益的大乘。

為什麼用對話體？好處是對複雜的題材與背景，用「點」來呈現諸多側面。缺點是讀者需要掌握未在字裡行間明說的事。史迪芬‧平克（Steven Pinker）在 2014 年出版的《寫作風格的意識》（*The Sense of Style*）說：「作者用對談的方式引導讀者的眼光，但作者與讀者是平等的，……他們是夥伴，作者不用把什麼都講出來，他相信讀者能夠自行讀懂字裡行間的意思。」

本書定位為簡明科普，目標是把基本概念與核心觀點，介紹給初次接觸經濟思想史的讀眾。初版由允晨文化發行（2011）。改版修正了諸多內容、添加新近文獻、圖形重新繪製。非常感謝鵬元和瑞芳的專業編輯。

圖片來源

經濟思想史譜系圖

來源：Stanley Brue and Randy Grant (2007): *The History of Economic Thought*, US: Thomson/South-Western（第 7 版封面）。斯坦利·布魯、藍迪·格藍特：《經濟思想史》（第七版），邱曉燕等譯，北京：北京大學出版社，2008。另參照：cee-portal.at/Econ/poster.pdf

圖 4-1 大衛·休謨

https://commons.wikimedia.org/wiki/File:Painting_of_David_Hume.jpg

（2024 年 1 月 29 日）

圖 4-2 1800 年後英國實質所得以將近 80 度仰角急速上升

來源：Gregory Clark (2007): *A Farewell to Alms* 圖 1.1

圖 5-2 揆內

https://commons.wikimedia.org/wiki/File:Fran%C3%A7ois_Quesnay.jpg

（2024 年 1 月 29 日）

圖 5-3 經濟表

https://commons.wikimedia.org/wiki/File:Quesnay_-_Tableau_economique,_1965_-_5891137.tif（2024 年 1 月 29 日）

圖 6-1 亞當斯密

https://commons.wikimedia.org/wiki/File:AdamSmith.jpg（2024 年 1 月 29 日）

圖 6-2 《原富》書名頁

https://commons.wikimedia.org/wiki/File:The_Wealth_of_Nations.jpg

（2024 年 1 月 29 日）

圖 6-3 製針廠的流程

https://www.semanticscholar.org/paper/Division-of-Labor-and-Productivity-Advantage-of-%3A-%E2%88%97-Tian/0cef82701fcd8a682d28caff8c08b54ed37f54f3

（2024 年 1 月 29 日）

圖 7-1　馬爾薩斯

https://commons.wikimedia.org/wiki/File:Thomas_Robert_Malthus_Wellcome_L0069037_-crop.jpg（2024 年 1 月 29 日）

圖 7-2　1280 年代～ 1860 年代工資與人口的交會點

來源：Clark (2005) "The condition of the working class in England, 1209-2004", *Journal of Political Economy*, 113:1312, Figure 5

圖 7-3　賽依

https://commons.wikimedia.org/wiki/File:Jean-Baptiste_Say.jpg（2024 年 1 月 29 日）

圖 8-1　李嘉圖

https://commons.wikimedia.org/wiki/File:Portrait_of_David_Ricardo_by_Thomas_Phillips.jpg（2024 年 1 月 29 日）

圖 8-2　哥白尼（1543）的圓形太陽系模型

https://commons.wikimedia.org/wiki/File:Copernican_heliocentrism_diagram-2.jpg（2024 年 1 月 29 日）

圖 9-1　彌爾

https://commons.wikimedia.org/wiki/File:John_Stuart_Mill_by_London_Stereoscopic_Company,_c1870.jpg（2024 年 1 月 29 日）

圖 9-2　詹金的圖示

https://commons.wikimedia.org/wiki/File:Jenkincurves.gif（2024 年 1 月 29 日）

圖 10-1　歐文

https://en.wikipedia.org/wiki/File:Robert_Owen_by_William_Henry_Brooke.jpg（2024 年 1 月 29 日）

圖 10-2　歐文的烏托邦和諧新社區

https://commons.wikimedia.org/wiki/File:New_Harmony,_Indiana,_por_F._Bates.jpg#mw-jump-to-license（2024 年 1 月 29 日）

圖 11-1　馬克思的墳墓

https://commons.wikimedia.org/wiki/File:Highgate_Cemetery_-_Karl_Marx%27s_grave,_Highgate,_London.jpg（2024 年 3 月 2 日）

圖 12-1　李斯特

https://commons.wikimedia.org/wiki/File:Friedrich_List_1845_crop.jpg

（2024 年 1 月 29 日）

圖 12-2　韋伯

https://commons.wikimedia.org/wiki/File:Max_Weber_in_1918.png

（2024 年 1 月 29 日）

圖 12-3　史莫勒

https://commons.wikimedia.org/wiki/File:Gustav_von_Schmoller_by_Nicola_
Perscheid_c1908.jpg（2024 年 3 月 2 日）

圖 12-4　陶尼

https://commons.wikimedia.org/wiki/File:R._H._Tawney.png（2024 年 1 月 29 日）

圖 13-1　古諾

https://commons.wikimedia.org/wiki/File:Antoine_Augustin_Cournot.jpg

（2024 年 1 月 29 日）

圖 13-3　古諾在巴黎的住宅

https://commons.wikimedia.org/wiki/File:Plaque_Augustin_Cournot,_2_rue_de_
Tournon,_Paris_6.jpg（2024 年 1 月 29 日）

圖 13-4　杜比

https://www.bridgemanimages.com/en/french-photographer/jules-dupuit-1804-66-c-
1860-b-w-photo/black-and-white-photograph/asset/235337

（2024 年 2 月 19 日取得下載許可）

圖 14-1　高森

https://commons.wikimedia.org/wiki/File:Gossen.png（2024 年 1 月 29 日）

圖 14-2　杜能

https://commons.wikimedia.org/wiki/File:Johann_Heinrich_von_Th%C3%BCnen_
1840_portrait.png（2024 年 1 月 29 日）

圖 14-4　孟格爾

https://commons.wikimedia.org/wiki/File:Carl-Menger-(enhanced).jpg

（2024 年 1 月 29 日）

圖 14-5 馮衛舍

https://commons.wikimedia.org/wiki/File:Wieser.gif（2024 年 1 月 29 日）

圖 14-6 博姆・巴維克

https://commons.wikimedia.org/wiki/File:1Bawerk.png（2024 年 1 月 29 日）

圖 14-7 傑方士

https://commons.wikimedia.org/wiki/File:William_Stanley_Jevons_portrait_extract.jpg
（2024 年 1 月 29 日）

圖 15-1 埃奇沃斯

https://commons.wikimedia.org/wiki/File:Edgeworth.jpeg（2024 年 1 月 29 日）

圖 15-5 克拉克

https://commons.wikimedia.org/wiki/File:John_Bates_Clark.jpg（2024 年 1 月 29 日）

圖 16-1 馬歇爾

https://commons.wikimedia.org/wiki/File:Alfred_Marshall.jpg（2024 年 1 月 29 日）

圖 17-1 華爾拉斯

https://commons.wikimedia.org/wiki/File:Walrass.jpg（2024 年 1 月 29 日）

圖 17-2 巴瑞圖

https://commons.wikimedia.org/wiki/File:Vilfredo_Pareto_1870s2.jpg
（2024 年 1 月 29 日）

圖 18-1 斯拉法

https://it.wikipedia.org/wiki/File:Sraffa.jpg（2024 年 3 月 3 日）

圖 18-2 喬安・羅賓遜

https://commons.wikimedia.org/wiki/File:Joan_Robinson_(1973).jpg（2024 年 3 月 3 日）

圖 19-1 約翰・希克斯

https://commons.wikimedia.org/wiki/File:John_Hicks_1972.jpg（2024 年 1 月 29 日）

圖 19-2 瓦希里・李昂提夫

https://commons.wikimedia.org/wiki/File:Wassily_Leontief_1973.jpg
（2024 年 1 月 29 日）

圖 19-3　馮紐曼

https://commons.wikimedia.org/wiki/File:JohnvonNeumann-LosAlamos.gif
（2024 年 1 月 29 日）

圖 19-4　約翰‧納許

https://commons.wikimedia.org/wiki/File:John_Forbes_Nash,_Jr._by_Peter_Badge.jpg
（2024 年 1 月 29 日）

圖 19-5　司馬賀

https://commons.wikimedia.org/wiki/File:Herbert_Simon,_RIT_NandE_Vol13Num11_
1981_Mar19_Complete.jpg（2024 年 1 月 29 日）

圖 19-6　歐斯壯

https://commons.wikimedia.org/wiki/File:Nobel_Prize_2009-Press_Conference_KVA-
30.jpg（2024 年 1 月 29 日）

圖 20-1　韋伯倫

https://commons.wikimedia.org/wiki/File:Veblen3a.jpg（2024 年 1 月 29 日）

圖 20-2　羅伯特‧季芬爵士

https://commons.wikimedia.org/wiki/File:Robert_Giffen_(engraved_portrait).png
（2024 年 1 月 29 日）

圖 20-3　科斯

https://en.wikipedia.org/wiki/File:Coase_scan_11_edited_(cropped).jpg
（2024 年 1 月 29 日）

圖 20-4　諾斯

https://en.wikipedia.org/wiki/File:Douglass_North_1967.jpg（2024 年 1 月 29 日）

圖 20-5　大紡車，出自王禎《農書‧農器圖譜》

https://commons.wikimedia.org/wiki/File:%E7%8E%8B%E7%A6%8E%E8%BE%B2
%E6%9B%B8%EF%BC%8D%E5%A4%A7%E7%B4%A1%E8%BB%8A.png
（2024 年 1 月 29 日）

圖 21-1　凱因斯與妻子

https://en.wikipedia.org/wiki/File:Lopokova_and_Keynes_1920s_(cropped).jpg
（2024 年 1 月 29 日）

圖 21-2　漢森

https://commons.wikimedia.org/wiki/File:Prof._Alvin_W._Hansen_of_Harvard_U._before_Senate_Unemployment_%26_Relief_Comm._Hearings_LCCN2016878028_(cropped).jpg

圖片來源：美國國會圖書館

https://cdn.loc.gov/service/pnp/hec/29100/29144v.jpg（2024 年 3 月 3 日）

圖 22-1　米塞斯

https://commons.wikimedia.org/wiki/File:Ludwig_von_Mises.jpg（2024 年 1 月 29 日）

圖 22-2　海耶克

https://commons.wikimedia.org/wiki/File:Friedrich_Hayek_portrait.jpg

（2024 年 1 月 29 日）

圖 22-3　熊彼德

https://commons.wikimedia.org/wiki/File:Joseph_Schumpeter_ekonomialaria.jpg

（2024 年 1 月 29 日）

圖 23-1　傅利曼

https://commons.wikimedia.org/wiki/File:Portrait_of_Milton_Friedman.jpg

（2024 年 1 月 29 日）

圖 23-2　貝克

https://commons.wikimedia.org/wiki/File:GaryBecker-May24-2008.jpg

（2024 年 1 月 29 日）

圖 23-3　盧卡斯

https://commons.wikimedia.org/wiki/File:La_Revoluci%C3%B3n_Industrial_Pasado_y_Futuro,_Robert_E._Lucas_Jr._screenshot_(cropped).jpg（2024 年 1 月 29 日）

圖 24-1　約翰・羅

https://commons.wikimedia.org/wiki/File:John_Law.jpg（2024 年 1 月 29 日）

圖 27-1　維農・史密斯

https://commons.wikimedia.org/wiki/File:Vernon_L._Smith_2011.jpg（2024 年 3 月 3 日）

圖 27-2　卡爾・克尼斯

https://commons.wikimedia.org/wiki/File:Karl_Knies_(HeidICON_28694)_(cropped).jpg

（2024 年 1 月 29 日）

索引

12 畫

論文、文獻

書名

1-8 畫

9-10 畫

經濟思想史的趣味（全新增訂版）

作　　　者　賴建誠、何泰寬
選 書 人　張瑞芳
責任主編　張瑞芳
編輯協力　徐文傑
專業校對　童霈文
版面構成　張靜怡
封面設計　開新檔案製作委託所
行銷總監　張瑞芳
行銷主任　段人涵
版權主任　李季鴻
總 編 輯　謝宜英
出 版 者　貓頭鷹出版 OWL PUBLISHING HOUSE
事業群總經理　謝至平
發 行 人　何飛鵬
發　　　行　英屬蓋曼群島商家庭傳媒股份有限公司城邦分公司
　　　　　　115 台北市南港區昆陽街 16 號 8 樓
　　　　　　劃撥帳號：19863813 ／戶名：書蟲股份有限公司
城邦讀書花園：www.cite.com.tw　購書服務信箱：service@readingclub.com.tw
購書服務專線：02-2500-7718~9（週一至週五 09:30-12:30；13:30-18:00）
24 小時傳真專線：02-2500-1990~1
香港發行所　城邦（香港）出版集團／電話：852-2508-6231 ／ hkcite@biznetvigator.com
馬新發行所　城邦（馬新）出版集團／電話：603-9056-3833 ／傳真：603-9057-6622
印 製 廠　中原造像股份有限公司
初　　　版　2024 年 3 月
定　　　價　新台幣 490 元／港幣 163 元（紙本書）
　　　　　　新台幣 343 元（電子書）
Ｉ Ｓ Ｂ Ｎ　978-986-262-677-1（紙本平裝）／ 978-986-262-679-5（電子書 EPUB）

讀者意見信箱　owl@cph.com.tw
投稿信箱　owl.book@gmail.com
貓頭鷹臉書　facebook.com/owlpublishing

【大量採購，請洽專線】(02) 2500-1919

國家圖書館出版品預行編目資料

經濟思想史的趣味／賴建誠、何泰寬著 . -- 初
　版 . -- 臺北市：貓頭鷹出版：英屬蓋曼群島
　商家庭傳媒股份有限公司城邦分公司發行，
　2024.03
　面；　公分
　ISBN 978-986-262-677-1（平裝）

1. CST：經濟思想史　2. CST：通俗作品

550.9　　　　　　　　　　　　　112022674

城邦讀書花園
ｗｗｗ．ｃｉｔｅ．ｃｏｍ．ｔｗ

本書採用品質穩定的紙張與無毒環保油墨印刷，以利讀者閱讀與典藏。